钱学森讲谈录

——哲学、科学、艺术

（增订版）

钱学森 ◎ 著

为什么我们的学校培养不出杰出人才？

我们的教育要改革

「伟大的科学家，渺小的哲学家」？

上帝到底掷不掷骰子？

人脑会不会「别出心裁」？

哲学·建筑·民主

中国应该建山水城市

音乐的美在何处？

养花是民族文化的一部分

火箭为什么会上升

九州出版社 JIUZHOUPRESS ｜ 全国百佳图书出版单位

图书在版编目（CIP）数据

　　钱学森讲谈录：哲学、科学、艺术 / 钱学森著 . --
增订本 . -- 北京：九州出版社，2012.9（2025.9重印）
　　ISBN 978-7-5108-1616-1

　　Ⅰ．①钱… Ⅱ．①钱… Ⅲ．①自然科学－文集②社会
科学－文集 Ⅳ．① Z427.6

　　中国版本图书馆 CIP 数据核字（2012）第 202549 号

钱学森讲谈录：哲学、科学、艺术（增订本）

作　　者	钱学森　著
责任编辑	王文湛
出版发行	九州出版社
地　　址	北京市西城区阜外大街甲 35 号（100037）
发行电话	（010）68992190/3/5/6
网　　址	www.jiuzhoupress.com
印　　刷	北京旺都印务有限公司
开　　本	720 毫米 ×1020 毫米　16 开
印　　张	20.5
字　　数	322 千字
版　　次	2013 年 8 月第 1 版
印　　次	2025 年 9 月第 6 次印刷
书　　号	ISBN 978-7-5108-1616-1
定　　价	39.80 元

出版前言

　　钱学森（1911.12.11～），浙江杭州人，生于上海。他是世界著名火箭专家，是中国航天科技事业的先驱和杰出代表，被誉为"中国航天之父"、"中国导弹之父"和"火箭之王"。

　　钱学森出生于一个书香之家，父亲钱均夫先生就是一位博学之士，曾东渡日本学习教育、历史、地理，回国后就职于当时北平的教育部。钱均夫先生非常喜爱中国古典文学、诗词、绘画，文笔超凡脱俗，幼年的钱学森耳濡目染，各方面都受到良好的教育。

　　学生时代的钱学森有幸就读于当时最好的学校——师大附小、附中，学校老师不仅博学多才，且教学形式多样，使他不仅在科学方面，而且在文学艺术方面都得到全面教育。这段时光是他一生中最难忘的，直到晚年他仍时时回忆那时美好的学习氛围。

　　1929年，他考取上海交通大学机械工程系，1934年毕业后考取清华大学的公费留学生，1935年8月赴美国麻省理工学院航空系学习航空工程和空气动力学。次年10月他转学到加州理工学院，师从当时航空领域的顶尖级专家冯卡门教授，1939年6月获得航空和数学博士学位。几年后，他成为当时的一流火箭专家，由于发表了"时速为一万公里的火箭已成为可能"的惊人火箭理论而誉满全球。"二战"期间，他跟导师冯卡门参与了当时美国绝密的"曼哈顿工程"——导弹核武器的研制开发工作，成为美国屈指可数的稀世之才。1947年初，36岁的钱学森成为麻省理工学院的正教授，也是在这一年夏天，他与女高音歌唱家蒋英结为伉俪。1949年至1955年他任美国加州理工学院喷气推进中心主任、教授。

1949 年 10 月 1 日，当新中国成立的消息传到美国后，钱学森和夫人蒋英按捺不住内心的喜悦，商量着早日赶回祖国，为自己的国家效力。可是，就在他们打起行装，满怀期望准备回国之际，朝鲜战争爆发了，美国国内掀起一股疯狂的反共逆流。钱学森被指控为美国共产党员，美国政府决定取消他参加机密研究的资格。钱学森一边据理驳斥美国联邦的指控，一边正式申请回国。然而，他万万没想到，他的回国夙愿竟会带来一场劫难！美国海军部次长金波尔恶狠狠地说："他知道所有美国导弹工程的核心机密，一个钱学森抵得上五个海军陆战师，我宁可把这个家伙枪毙了，也不能放他回红色中国去！"

从此，美国对他的政治迫害接踵而至。移民局抄了他的家，在特米那岛上将他拘留十四天，直到收到加州理工学院送去的一点五万美元巨额保释金后才释放了他。

软禁的岁月长达五年之久。

钱学森在美国受迫害的消息很快传到国内，新中国震惊了！国内科技界的朋友通过各种途径声援钱学森。党中央对钱学森在美国的处境极为关怀，中国政府公开发表声明，谴责美国政府在违背本人意愿的情况下监禁了钱学森。然而美国方面以中国拿不出钱学森要求回国的真实理由，不予松口。

正当周恩来总理为此非常着急的时候，时任全国人大常委会副委员长的陈叔通收到了一封从大洋彼岸辗转寄来的信。他拆开一看，署名"钱学森"，禁不住心头一震。他迅速地读完了这封信。原来，信中的内容是请求祖国政府帮助他回国。

这封信写在一张小香烟纸上，是钱学森摆脱特务监视，在寄给比利时的亲戚的家书中，夹带给陈叔通副委员长的。对于这样一封非同寻常的海外来信，陈叔通深知它的分量，当天就送到周总理那里。"这真是太好了，据此完全可以驳倒美国政府的谎言！"周恩来总理当即作出了周密部署，叫外交部火速把信转交给正在日内瓦举行中美大使级会谈的王炳南，并对王炳南指示道："这封信很有价值。这是一个铁证，美国当局至今仍在阻挠中国平民归国。你要在谈判中，用这封信揭穿他们的谎言。"

1955 年 8 月 1 日中美大使级会谈一开始，王炳南率先对约翰逊说："大使先生，在我们开始讨论之前，我奉命通知你下述消息：中国政府在 7 月 31 日按照中国的法律程序，决定提前释放阿诺维等十一名美国飞行员，他们已于 7

月31日离开北京，估计8月4日即可到达香港。我希望，中国政府所采取的这个措施，能对我们的会谈起到积极的影响。"可谈到钱学森回国问题时，约翰逊还是老调重弹："没有证据表明钱学森要归国，美国政府不能强迫命令！"于是，王炳南便亮出了钱学森给陈叔通的信件，理直气壮地予以驳斥："既然美国政府早在1955年4月间就发表公告，允许留美学者来去自由，为什么中国科学家钱学森博士在6月间写信给中国政府请求帮助呢？显然，中国学者要求回国依然受到阻挠。"在事实面前约翰逊哑口无言。美国政府不得不批准钱学森回国的要求。1955年8月4日，钱学森收到了美国移民局允许他回国的通知。

1955年9月17日，钱学森梦寐以求的回国愿望终于实现了！这一天钱学森一家终于登上了"克利夫兰总统号"轮船，踏上返回祖国的旅途。

在钱学森离美返国若干年之后，美国一位专栏作家曾经写过这样一段话："金波尔（美国当年的海军次长）的话说错了，钱学森在科学上的价值，岂止抵三个师或五个师的兵力。他替中共研制的飞弹，不但完全平衡了中共与美国之间战略武力的差距，也使中国对苏联的威胁具备了抗衡能力，同时，在美、苏两大军事强权之间，中国以其飞弹实力加上十亿人口，与苏美形成鼎足而立的局面，简直是以一人之力换一国之力。"不管这位作家的评价是否确切，是否有夸大其词的成分，但足以估量钱学森这位伟大科学家的价值。钱学森回国后，为我国运载火箭、导弹的研制和发射做出了卓越的贡献，使中国导弹、原子弹的发射至少向前推进了二十年。

炽热的爱国主义情感，是贯穿钱学森整个生命的主旋律。当他身在异国，羁縻难归时，在美国法庭上庄严宣告："我是大唐的后代，我的一腔热血只图报国。我的根在中国。"回国以后，作为当时已经享誉国际的火箭专家，他一刻不停地投入到祖国的建设中，以一个普通的科学工作者的身份，穿行在风沙弥漫的西北荒漠，风餐露宿，爬冰卧雪，默默奉献。直到晚年，他仍然关心着祖国的科学技术发展，对中国的教育体制忧心忡忡，表现出一位伟大科学家对国家民族的深刻关怀。

2007年钱学森被评为《感动中国》的年度人物，位列第一。《感动中国》组委会授予钱学森的颁奖词这样写道："在他心里，国为重，家为轻，科学最重，名利最轻。五年归国路，十年两弹成。他是知识的宝藏，是科学的旗帜，是中华民族知识分子的典范。"

《感动中国》推选委员陈章良，在推荐钱学森老人的时候这样写："他不仅以自己严谨和勤奋的科学态度在航天领域为人类的进步做出卓越的贡献，更以淡泊名利和率真的人生态度诠释了一个科学家的人格本质。"

作为一名科学巨匠，钱学森不仅拥有一个广阔的科学世界，而且拥有一个绚烂多彩的艺术世界。曾经有人问过钱老，您和夫人一位是科学家，一位是音乐家，在事业上是怎样相互影响的呢？钱学森这样回答："蒋英是女高音歌唱家，而且是专门唱最深刻的德国古典艺术歌曲的。正是她给我介绍了这些音乐艺术，这些艺术里所包含的诗情画意和对于人生的深刻理解，使我丰富了对世界的认识，学会了艺术的广阔思维方法。或者说，正因为我受到这些艺术方面的熏陶，所以我才能够避免死心眼，避免机械唯物论，想问题能够更宽一点、活一点，所以在这一点上我也要感谢我的爱人蒋英同志。"

他对文学艺术有着浓厚的兴趣，有着很深的艺术修养。对于文艺理论、音乐、诗歌、戏剧、电影、电视、绘画、书法，以及建筑、园林、工艺美术等等，都用心体会，深深热爱，且有着独到的见解。他尤其喜欢读古今中外的文学名作，过目不忘，李清照的《夏日绝句》、岳飞的《满江红》等这些充满爱国激情的诗句，更是经常脱口而出。因而，他的思维和语言活泼而深刻、清晰又丰富，常常即兴谈来，就是一片生动的好文章。

经过我们编辑，《钱学森讲谈录》收录了钱老在哲学、科学、艺术等方面适合大众阅读的著述（编辑将之分为十三讲，并做了标题的拟设处理），这些方面都充分展现了一位科学巨人广博的知识和丰富的内心世界，以及一颗赤忱的爱国之心，也是钱老晚年研究的"大成智慧学"的完美诠释。

九州出版社
2009 年 1 月

再版前言

　　《钱学森讲谈录——哲学、科学、艺术》于 2009 年 2 月初版，自面世以来，受到广大读者的喜爱。出版社不断收到读者来电来信，有欲购书者，有热心寄来书评者，也有对我们出版此书表示感谢者。这些反馈于我们而言，既在意料之中，又在意料之外。意料之中的是钱老作为一代科学巨擘在人们心中，尤其是在青年学子心目中的巍巍地位，他的著作定然会受到大家的欢迎。意料之外的则是读者之众、之广，完全超出了之前我们认为的"科学"圈子。事实上，这个结果与我们编辑出版此书的初衷是一致的：希望钱老的智慧能够一代一代地传承下去，希望所有的人都能够从中获益。显然，我们的希望没有落空，只是还远远不够。

　　2009 年 10 月 31 日，钱老，这位伟大的传奇人物，影响了中国乃至世界的科学巨人，停息了他那高倍运转的大脑，安详辞世。

　　我哭着来到这个世界，
　　却微笑着离开，
　　因为，
　　我已将我的一生
　　都奉献给了
　　我挚爱的事业
　　和伟大的祖国。

　　或许这短短的几行字难以说尽他那波澜壮阔的一生，却足以表达他的一腔爱国热血。

　　钱老走了，在他的身后，留下的是更宽更广的科学道路和更多更复杂的科学难题，等着我们去继承，去攻克。钱老走了，他的精神不会走，他的智慧不会走。尤其是他那最后的一问，还等着我们整个民族，整个社会，整个国家去思索和破解。这一问就是：为什么我们的学校培养不出杰出人才？这一问是那么深刻，那么沉痛，那么迫切。

　　为了表达对钱老的无尽追思和敬仰，也为了他那最后的一问，我们决定再版此书。经过责任编辑李荣的收集、整理、编辑，在此书原有的基础上，增加了《用大脑思考，用双脚走路——谈科技工作者》和《为什么我们的学校培养不出杰出人才？——谈教育》这两部分内容，作为第十四讲和第十五讲，使得此书更加充实。

九州出版社

2013 年 7 月

目　录

第一讲

世界就是大大小小系统的集合

——论系统

系统不是个新东西 *

今天是中央电视台系统工程讲座的第一讲，题目叫《系统思想和系统工程》，是个开场白，稿子是王寿云同志和我写的，由我来讲。

系统作为一个概念既不是人类生来就有，也不是像有些外国人讲的那样，是 20 世纪 40 年代突然出现的东西。系统概念来源于古代人类的社会实践经验，所以一点也不神秘。人类自有生产活动以来，无不在同自然系统打交道。《管子·地员篇》、《诗经》农事诗《七月》、秦汉氾胜之著《氾胜之书》等古籍，对农作与种子、地形、土壤、水分、肥料、季节、气候诸因素的关系，都有辩证的叙述。齐国名医扁鹊主张按病人气色、声音、形貌综合辨症，用砭（音边）法、针灸、汤液、按摩、熨帖多种疗法治病，周秦至西汉初年古代医学总集的《黄帝内经》，强调人体各器官的有机联系、生理现象和心理现象的联系、身体健康与自然环境的联系。战国时期秦国李冰设计修造了伟大的都江堰，包括"鱼咀"岷江分水工程、"飞沙堰"分洪排沙工程、"宝瓶口"引水工程三大主体工程和一百二十个附属渠堰工程，工程之间的联系关系处理得恰到好处，形成一个协调运转的工程总体。我国古天文学很早就揭示了天体运行与季节变化的联系，编制出历法和指导农事活动的二十四节气。所有这些古代农事、工程、医药、天文知识和成就，都在不同程度上反映了朴素的系统概念的自发应用。人类在知道系统思想、系统工程之前，就已在进行辩证地系统思维了，这正如恩格斯所说，"人们远在知道什么是辩证法以前，就已经辩证地思考了"。

朴素的系统概念，不仅表现在古代人类的实践中，而且在古中国和古希腊的哲学思想中得到了反映。古中国和古希腊唯物主义思想家都从承认统一的物质本原出发，把自然界当做一个统一体。古希腊辩证法奠基人之一的赫拉克利特（约公元前 460~370 年），在《论自然界》一书中说过："世界是包括一切的整体。"古希腊唯物主义者德谟克利特（约公元前 540~480 年）的一本没有留

---

* 选自钱学森 1980 年在中央电视台系统工程讲座的讲稿《系统思想和系统工程》的第一部分"系统思想"，原载中国科协普及部《系统工程普及讲座汇编》（上），标题为编者所加。

传下来的著作名为《宇宙大系统》。公元前 6 世纪至 5 世纪之间，我国春秋末期思想家老子强调自然界的统一性；南宋陈亮（公元 1143 ～ 1194）的理一分殊思想，称理一为天地万物的理的整体，分殊是这个整体中每一事物的功能，试图从整体角度说明部分与整体的关系。用自发的系统概念考察自然现象，这是古代中国和希腊唯物主义哲学思想的一个特征。古代辩证唯物的哲学思想包含了系统思想的萌芽。

古代朴素唯物主义哲学思想虽然强调对自然界整体性、统一性的认识，却缺乏对这一整体各个细节的认识能力，因而对整体性和统一性的认识也是不完全的。恩格斯在《自然辩证法》中指出："在希腊人那里——正因为他们还没有进步到对自然界的解剖、分析——自然界还被当做一个整体而从总的方面来观察。自然现象的总联系还没有在细节方面得到证明，这种联系对希腊人来说是直接的直观的结果。这里就存在着希腊哲学的缺陷，由于这些缺陷，它在以后就必须屈服于另一种观点"。对自然界这个统一体各个细节的认识，这是近代自然科学的任务。

15 世纪下半叶，近代科学开始兴起，力学、天文学、物理学、化学、生物学等科目逐渐从混为一体的哲学中分离出来，获得日益迅速的发展。近代自然科学发展了研究自然界的独特的分析方法，包括实验、解剖和观察，把自然界的细节从总的自然联系中抽出来，分门别类地加以研究。这种考察自然界的方法移植到哲学中，就成为形而上学的思维。形而上学的出现是有历史根据的，是时代的需要，因为在深入的、细节的考察方面它比古代哲学是一个进步。但是，形而上学撇开总体的联系来考察事物和过程，因而它就"以这些障碍堵塞了自己从了解部分到了解整体，到洞察普遍联系的道路"。

19 世纪上半期，自然科学已取得了伟大的成就。特别是能量转化、细胞和进化论的发现，使人类对自然过程的相互联系的认识有了很大提高。恩格斯说："由于这三大发现和自然科学的其他巨大进步，我们现在不仅能够指出自然界中各个领域内的过程之间的联系，而且总的说来也能指出各个领域之间的联系了，这样，我们就能够依靠经验自然科学本身所提供的事实，以近乎系统的形式描绘出一幅自然界联系的清晰图画。描绘这样一幅总的图画，在以前是所谓自然哲学的任务。而自然哲学只能这样来描绘：用理想的、幻想的联系来代替尚未知道的现实的联系，用臆想来补充缺少的事实，用纯粹的想象来填补现实的空白，它在这样做的时候提出了一些天才的思想，预测到一些后来的发现，但是也说出了十分荒唐的见解，这在当时是不可能不这样的。今天，当人们对自然研究的结果只是辩证地即从它们自身的联系进行考察，就可以制成一个在我们这个时代是令人满意的'自然体系'的时候，当这种联系的辩证性质，甚至迫使自然哲学家的受过形而上学训练的头脑违背他们的意志而不得不接受的时候，自然哲学最终被清除了。"19世纪的自然科学"本质上是整理材料的科学，关于过程、关于这些事物的发生和发展以及关于把这些自然过程结合为一个伟大整体的联系的科学"，这样的自然科学，为唯物主义自然观建立了更加坚实的基础，为马克思主义哲学提供了丰富的材料。马克思、恩格斯的辩证唯物主义认为，物质世界是由无数相互联系、相互依赖、相互制约、相互作用的事物和过程所形成的统一整体。辩证唯物主义体现的物质世界普遍联系及其整体性的思想，也就是系统思想。系统思想是辩证唯物主义的内容，绝不是国外一些人所说那样是20世纪中叶的新发现和现代科学技术独有的创造。

当然，现代科学技术对于系统思想方法是有重大贡献的。第一个贡献在于使系统思想方法定量化，成为一套具有数学理论、能够定量处理系统各组成部分联系关系的科学方法，第二个贡献在于为定量化系统思想方法的实际应用提供了强有力的计算工具——电子计算机。这两大贡献都是在20世纪中期实现的。

社会实践活动的大型化和复杂化，要求系统思想方法不仅能定性，而且能定量。解决现代社会种种复杂的系统问题，对材料的定量要求越来越强烈，这尤其表现在军事活动中，因为战争中决策的成败关系到国家民族的生死存亡。第二次世界大战是定量化系统方法发展的里程碑。这次战争在方法和手段上的复杂程度较以往的战争有很大增长，交战双方都需要在强调全局观念、从全局出发合理使用局部、最终求得全局效果最佳的目标下，对所拟采取的措施和反措施进行精确的定量分析，才有希望在对策中取胜。这样一种强烈的需要，以极大的力量把一大批有才干的科学工作者吸引到拟订与评价战争计划、改进作战技术与军事装备使用方法的研究工作中，其结果就是定量化系统方法及强有力的计算工具电子计算机的出现，并成功地应用于作战分析。战后，定量化系统方法开始广泛地用来分析工程、经济、政治领域的大型复杂的系统问题。一旦取得了数学表达形式和计算工具，系统思想方法就从一种哲学思维发展成为专门的科学。

现在我们把以上所说的再小结一下。恩格斯说:"思维既把相互联系的要素联合为一个统一体,同样也把意识的对象分解为它们的要素。没有分析就没有综合。"系统思想是进行分析与综合的辩证思维工具,它在辩证唯物主义那里取得了哲学的表达形式,在运筹学和其他系统科学那里取得了定量的表述形式,在系统工程那里获得了丰富的实践内容。古代农事、工程、医药、天文方面的实践成就,建立在这些成就之上的古代中国和希腊朴素的唯物主义自然观(以抽象的思辨原则来代替自然现象的客观联系);近代自然科学的兴起,由此产生的形而上学自然观(把自然界看做彼此隔离、彼此孤立、彼此不相依赖的各个事物或各个现象的偶然堆积);19 世纪自然科学的伟大成就,以及建立在这一成就基础之上的辩证唯物主义自然观(以实验材料来说明自然界是有内部联系的统一整体,其中各个事物、现象是有机地相互联系、相互依赖、相互制约着的);20 世纪中期现代科学技术的成就,为系统思维提供的定量方法和计算工具;这就是系统思想如何从经验到哲学到科学,从思辨到定性到定量的大致发展情况。

都江堰的现代意义 *

系统工程就是从系统的认识出发，设计和实施一个整体，以求达到我们所希望得到的效果。我们称之为工程，就是要强调达到效果，要具体，要有可行的措施，也就是实干，改造客观世界。

系统有自然界本来存在的系统，如太阳系，自然生态系统等，这并不是系统工程。系统工程是要改造自然界系统或创造出人所要的系统。现代科学技术对系统工程的贡献在于把这一概念具体化。就是说不能光空谈系统，要有具体分析一个系统的方法，要有一套数学理论，要定量地处理系统内部的关系。而这些理论工具到本世纪中叶，即 40 年代才初步具备。所以系统工程的前身，即运行分析（Operations Analysis）与运筹学（Operations Research）到 20 世纪 40 年代才出现。当然系统工程的实践一旦产生实际效果，社会上就有一股强大的力量推动它发展，因此也就促使系统工程理论的发展，理论与实际相互促进。

在国外常常把复杂工程系统的工程工作和大企业组织的经营管理工作并为一门科学系统，叫做"运筹学"。其实这些概念都是近三十多年来实践中发展起来的，当时认识不够深刻，用词也不一定妥当，现在该是总结明确的时候了。

不论复杂的工程还是大企业，以至国家的部门，都可以作为一个体系。组织建立这个体系，经营运转这个体系是一项工程实践，就如水利枢纽，电力网，或钢铁联合企业的建设那样，是工程技术。所以应该统统看成是系统工程。当然，也正如我们习惯讲的工程技术又各有专门，如水力工程、机械工程、土木工程、电力工程、电子工程、冶金工程、化学工程等等一样，系统工程也还是一个总类名称。因体系性质不同，还可以再分：如工程体系的系统工程（像复杂武器体系的系统工程）叫工程系统工程；生产企业或企业体系的系统工程叫经济系统工程；国家机关的行政办公叫行政系统工程；科学技术研究工作的组织管理叫科学研究系统工程；打仗的组织指挥叫军事系统工程；后勤工作的组

---

* 选自《社会主义现代化建设的科学和系统工程》一书，原书中题为《系统工程》，现标题为编者所加。

织管理叫后勤系统工程等等。也还可以再以专门工作方面来分，如档案资料的组织管理叫资料库系统工程，控制产品质量的组织管理叫质量保障系统工程等。

系统工程的概念和方法还可以用于更广泛的实践。除了上面讲的比较大的系统之外，设计一项不大的设备也要考虑设备各部件的协调，所以也要用系统工程的概念，因此在现有高等院校的工科专业课中也讲一点系统工程。我们这里说的组织管理科学也是吸取了这些实践经验而发展扩大的。其实再小一点的事也用得上系统工程的思想，如治病，要人、病、症三结合，以人为主统筹考虑。这就是说要把人体作为一个复杂的体系，还要把人和环境作为一个复杂体系来考虑。

说到这里，大家会感到系统工程的概念并不神秘，这是我们自有生产活动以来，已经干了几千年的事。在人类历史上，凡是人们成功地从事比较复杂的工程建设时，就已不自觉地运用了系统工程方法，而且这里面也自然孕育着理论。公元前 250 年，李冰父子带领四川劳动人民修筑的都江堰，由"鱼嘴"岷江分水工程、"飞沙堰"分洪排沙工程、"宝瓶口"引水工程这三项工程巧妙结合而成，即使按照今天系统工程的观点，这也是一项杰出的大型工程建设。当然人类的历史，是一个由必然王国向自由王国不断发展的历史，社会劳动规模的日益扩大，使人们日渐自觉地认识到了系统工程方法的必要性和重要性，要求我们对统筹兼顾、全面规划、局部服从全局等等原则从朴素的自发的应用提高到科学的自觉的应用，把它们从日常的经验提高到反映组织管理工作客观规律的科学理论。所谓科学理论就是要把规律用数学的形式表达出来，最后要能上电子计算机去算。这种科学理论是系统工程的基础，系统工程则是这门科学理论的具体运用。这门科学理论可以沿用一个已经建立的名词，还叫运筹学，但内容和范围更明确了，它是体系组织管理的实践所总结出来的、有普遍意义的科学理论，但有别于组织管理的具体科学实践——系统工程。

系统工程是工程技术，是技术就不宜像有些人那样泛称为科学。工程技术有特点，就是要改造客观世界并取得实际成果，这就离不开具体的环境和条件，必须有什么问题解决什么问题。工程技术避不开客观事物的复杂性，所以必然要同时运用多个学科的成果。一切工程技术无不如此。例如水力工程，它要用水力学、水动力学、结构力学、材料力学、电工学以及经济、环境、工农业生产等多方面的知识。所以凡是工程技术都是综合性的，综合性并非系统工程所独有。有人说系统工程是"高度综合的"这一说法也许由于系统工程综合了人们本来认为好像不相关的学科，一旦习惯了，也可以把"高度"这两个字省略。

系统工程是一类包括许多门工程技术的一大工程技术门类。因而各门系统工程都是一个专业，比如工程系统工程是个专业，军事系统工程是个专业，企业系统工程是个专业，信息系统工程是个专业，经济系统工程（社会工程）是个专业。要从一个专业转到另一个专业当然不是不可能，但要有一个重新学习的阶段。这就如同干水力工程的要转而搞电力工程要重新学习一段时间才能胜任。既然不是一门专业，提"系统工程学"这样一个词就太泛了。这如同说一个人专业是"工程学"，那人们会问，他专长的是哪一门工程？因此不必在系统工程这一大类工程技术总称之后加一个"学"字，以免引起误解，好像真有一门工程技术叫系统工程学。不在系统工程后面加一个"学"字，也还有另外一个意思，那就是想强调系统工程是要改造客观世界的，是要实践的。

表一列了十四门系统工程，其实还不全，还会有其他的系统工程专业，因为在现代这样一个高度组织起来的社会里，复杂的系统几乎是无所不在的，任何一种社会活动都会形成一个系统，这个系统的组织建立、有效运转就成为一项系统工程。同类的系统多了，这种系统工程就成为一门系统工程的专业。所以我们还可以再加上许多其他系统工程专业。

表一

系统工程的专业	专业的特有学科基础
工程系统工程	工程设计
科研系统工程	科学学
企业系统工程	生产力经济学
信息系统工程	信息学、情报学
军事系统工程	军事科学
经济系统工程	政治经济学
环境系统工程	环境科学
教育系统工程	教育学
社会（系统）工程	社会学、未来学
计量系统工程	计量学
标准系统工程	标准学
农业系统工程	农事学
行政系统工程	行政学
法治系统工程	法学

系统工程有没有共同的学科基础？ [*]

系统工程这一大类工程技术有没有共同的学科基础呢？如果有，又是什么呢？

为了更好地回答这个问题，我们先来考虑一下工程技术和其基础理论之间的关系，也就是现代科学技术的体系。现代科学技术包括马克思主义哲学形成一个完整的体系，从这个现代科学技术总体系来看，系统工程是工程技术，问题是什么技术科学是其共同的理论基础？许国志、王寿云和我曾提出称这一共同基础为运筹学，我们当时也指出这是借用了一个旧有的名词，也就是国外叫 Operations Research 而我们以前把它译作运筹学的这个词。老的运筹学包括了某些系统工程的内容，如军事系统工程，那是历史的原因。我们的运筹学不包括系统工程的内容，而只包括了系统工程的特殊数学理论，即线性规划、非线性规划、博弈论、排队论、库存论、决策论、搜索论、可靠性理论等。运筹学是属于技术科学范畴的。

系统工程的数学基础，除了一般常常说到的数学基础之外，还有统计数学、概率论。控制论，包括大系统理论，也是系统工程的基础。

自动控制是建立在系统概念上的，所以控制论也要作为系统工程的一个主要理论基础。当然我们也要看到一个具体事实：一个系统当然有人的干预，在概念上可以把人包括在系统之内，但现在理论的发展还没有达到能掌握人在一定情况下的全部机能和反应，所以把人包括到系统之中还形不成通用的理论；另一方面，系统工程的目前水平又一般地要有人干预，包括有时要发动群众出谋献策，所以还不能一般地搞一个没有人的系统，完全自动化。出于这些原因，我们认为控制理论的大系统以至巨系统、多级控制发展是很有意义的，一定要提倡。

除了运筹学以及控制论这个系统工程的重要共同理论基础之外，还有一个

---

* 选自《社会主义现代化建设的科学和系统工程》一书，原书中题为《系统工程共同的学科基础》，现标题为编者所加。

重要共同基础，即关于信息传递理论的信息论。

系统工程不仅需要科学理论工具，而且需要强有力的运算手段——电子计算机。对于具有复杂关系的系统工程问题，在使用运筹学方法确定对系统的要求、系统的总指标、系统的总体方案以及系统的使用方法时，都需要用电子计算机。例如，为了在实际系统研制成功以前拟定与验证系统的总体方案，估计系统各组成部分之间的相互适应性，考察系统在实际的或模拟的外部因素作用下的响应，按照系统工程的方法，总是把与系统有关的数量关系归纳成为反映系统机制和性能的数学方程组，即数学模型，然后在约束条件下求解这个数学方程组，找出答案。这个过程就叫系统的数学模拟，它是用电子数字计算机来实现的。

电子数字计算机还是实施系统工程计划协调的重要工具。1958年美国在北极星导弹研制的计划管理中，首次采用了计划协调技术，把电子计算机用于计划工作，获得显著成功，加快了整个系统的研制进度。1962年，我国在国防尖端技术科研工作中，进行了类似的试验，为在我国大型系统工程的计划工作中推广应用电子数字计算机作了开创性的尝试。

对于不太复杂的研制任务，采用计划协调技术所需要的算术运算工作量还是人工所能胜任的。但是，对于复杂的研制任务，计算工作量就成为十分突出的问题。由各分系统组成的整个系统包括成千上万项工作任务，处理这种大规模的网络计划就需要电子数字计算机。在系统工程的计划工作中，采用电子计算机的几点好处：一是电子计算机能形成一个高效的数据库，它可以按照计划部门和领导者的需要，把任何一项工作的历史情况和最新进度显示出来；二是通过电子计算机对经常变动的计划进展情况进行快速处理，计划管理人员能够及时掌握整个计划的全面动态，及时发现"短线"和窝工，采取调度措施改变这种状况；三是电子计算机能在短时间内对可能采取的几个调度措施的效果进行计算比较，帮助计划部门确定最合适的调度方案。因此我们可以说系统工程的建立是由于现代大规模工农业生产和复杂科学技术体系的需要，而系统工程实践的广泛发展，是由于电子计算机的出现。没有大型电子计算机和各种中、小型电子计算机的配合，尽管有高超的运筹科学理论；系统工程还是无法发展的。这就又一次说明电子计算机的划时代意义，又一次证明电子计算机是一项毛主席所说的技术革命。随着系统工程实践规模的扩展，我们将需要运算能力更大的计算机或计算机体系。我们不会满足于运算速度为每秒一百万次的机器，我们还要制造每秒运算一亿次以及一百亿次的机器。所以，系统工程的学科基础当然也还有计算科学和计算技术。

有的同志把各门系统工程的共同基础连同其他数学工具通称为"系统工程学"，我认为这样做不一定妥当，名词和内容不相符。因为系统工程的理论基础，除了共同性的基础之外，每门系统工程又有其各自的专业基础。这是因为对象不同，当然要掌握不同对象本身的规律。例如工程系统工程要靠工程设计，军事系统工程要靠军事科学等。

表一中前七种系统工程大家可能比较熟悉，不需要解释。后七种系统工程中的第一种是教育系统工程，那是专门针对一所学校，一个地区的学校以及一个国家教育系统的组建、管理和运转的，它的特有学科基础是作为社会科学的教育学。我认为宏观经济规划问题，就是社会系统工程。社会系统工程也可以简称社会工程，是组织和管理社会主义建设的，也就是在中央决定一个历史时期的大政方针之后，社会工程要设计出建设总图，并制订计划、规划，它特需的理论学科是社会学和未来学。计量系统工程和标准系统工程是针对一个地区、一个国家的计量和标准体系的，它们的组织、建立和正常执行，这在现代社会已成为非常重要的职能。包括农、林、牧、副、渔的农业，其重要性是无疑的了，现代农业是一种系统工程，农业系统工程的特有理论，张沁文称为"农事学"。行政系统工程是说在社会主义制度下，行政工作、机关办公完全可以科学化，加上现代档案检索技术，也可以计算机化。计算机可以拟出文件或批文草稿，可能包含几种抉择，供领导采用，它的理论也许是行政学吧。法制有一系列法律、法规、条例，从国家宪法直到部门的规定，集总成为一个法治的体系，严密的科学体系，这也是系统工程，法治系统工程，它的特有基础学科是法学。从我国目前所迫切需要解决的问题来看，这后三门系统工程关系到农业发展，关系到提高行政效率，关系到加强社会主义法制，其重要性是很明显的。

当然目前系统工程概念具体化才不过十几年，只有表中头几种系统工程专业算是建立了，有了一些比较稳定的工作方法，算是有些教材可以教学生。大概从环境系统工程开始，往下这八种系统工程，有的尚在形成，有的只不过是一个设想，要靠我们今后的努力才能实现。

从以上的阐述来看，系统工程可以解决的问题涉及到改造自然，改造、提高社会生产力，改造、提高国防力量，改造各种社会活动，直到改造我们国家的行政、法治等等。一句话，系统工程涉及到整个社会。所以我们面临由于系统工程而引起的社会变革绝不亚于大约一百二十多年前的那一次：那时因为自然科学的发展壮大，从而创立了科学的工程技术，即把千百年来人类改造自然的手艺上升到有理论的科学，由此爆发了一场大变革。系统工程是一项伟大的创新，整个社会面貌将会有一个大改变。所以系统工程的发展是又一项新的技术革命。

当然，我们现在仅仅在这一过程的开端，像我们以前已经提到的那样，我们现在能够看到的只是很小的一部分，就是表中所列举的十四种系统工程也不过是全部系统工程中的一部分。也因为同一理由，我们说到的也不一定确切，十四种系统工程的划分也会在将来的实践中有调整。但更重要的一点是系统工程一定会在整个社会规模的实践中对理论提出许多现在还想不到的问题，系统工程的理论还要大发展。这又有两个方面；一个方面是对每一门系统工程所特有而联系着的学科，正如表中所示，他们有的是自然科学或从自然科学派生出来的技术科学，但看来将会更多的是社会科学或主要从社会科学派生出来的技术科学，这里有大量的新学科。另一方面，作为系统工程的方法理论的运筹学会有更广泛的发展，因为实践会对它提出更高的要求。正如前面已经讲过的，系统工程将来一定会更多地用控制论，不但用工程控制论，而且用社会控制论。我们还要创造一些特别为系统工程使用的数学方法，特别是在统计数学和概率论等不定值的数学运算方面。计算数学也会因系统工程实践而有某些特定方面的发展。

第二讲

"运筹帷幄，决胜千里"的智慧之根

——谈系统思想的实践

从泥瓦房到核导弹 *

　　社会科学能否借鉴自然科学中的某些东西？我觉得可以提供一个线索，这就是系统工程。

　　在复杂的工程技术工作当中，比如说，在发射人造卫星、研究原子弹、氢弹这些很复杂的科学技术工作当中，我们发现需要一个当技术参谋的部门。也就是说，一个工程师，或者一个总工程师加上几个副总工程师，已经不能够应付局面，已经不能够抓总复杂体系的设计工作了，必须要有一个在我们的工作当中，称之为总体设计部的部门。这个部门不是几个人，也不是十几个人，常常是几百人，甚至于近千人的组织。这样一个组织来抓总复杂系统的设计工作，这是现代科学技术里面复杂的大工程所必需的。比如说，作为个体劳动者的一位泥瓦匠造一所简单房子，首先他要搞到材料，要选定一个可行的方案，然后再进行建造。在他动手建造以前，当然在他脑子里头已经有要盖的这个房子的形象了。要盖这个房子，先怎么办，后又怎么办，他也有一个方案。在整个建造过程当中，他既是构想这所房子的结构设计师，又是从每一个局部来实现房子的建造工人。他既是管理工作者，也是劳动者。两者是合一的。后来在手工业的工场里出现了以分工为基础的协作，对此马克思说：许多人在同一生产过程中，或在不同的但互相联系的生产过程中，有计划地一起协同劳动，这种劳动形式叫做协作。马克思又说：一切规模较大的直接社会劳动和共同劳动，都或多或少地需要指挥，以协调个人的活动，并执行生产总体的运动——不同于这一总体的独立器官的运动——所产生的各种一般职能。一个单独的提琴手是自己指挥自己，一个乐队就需要一个乐队指挥。也就是说，在集体劳动的时候，就有职能的分工，在一切规模比较大的工程技术里面，都有所谓总体。总体是干什么的呢？就是把复杂的工程体系里面各个部分协调好，使得最后的体系能够达到所要求的性能。总体就是指挥各个具体的组成部分，怎么样设计，

＊　选自《社会主义现代化建设的科学和系统工程》一书中《系统工程》一节，题目为编者所加。

使得最后联系起来的整体能够更好地工作。在手工业的工场里，这个指挥就是监工，后来生产进一步发展了，在产业革命以后出现的大工业的生产当中，这个指挥就是我们习惯说的总工程师。在制造一部复杂的机器设备的时候，如果它的一个一个的局部构件彼此协调不好的话，最后的这部机器也是不行的，不会是先进的。所以在设计过程当中要有一个人来协调各方面的工作，这就是我们说的总设计师。

这基本上是在上世纪或者到本世纪初的一些情况。到了本世纪以后，科学技术活动的规模有了很大的发展，工程技术装置的复杂程度不断地提高。比如说 20 世纪 40 年代，在美国研制原子弹的时候，参加这个研究工作的人一共有一点五万人。到了 60 年代美国人搞登月飞行的时候，参加制造火箭、飞船整个活动的有多少人呢？有四十二万人。可以想象，要指挥规模如此之大的社会劳动（它已经是社会劳动了，不是个人的活动），靠一个总工程师或总设计师，不管他有多大的本事，那也是不可能的。这个时候就需要把这个总工程师、总设计师的活动充实起来，加以扩大，需要组织一个几十人、几百人的集体，来承担起这么复杂的工作。这就是刚才提出来的为领导做技术参谋的部门，已经不是一个人了，而是一个部门了，就是总体设计部。我们国家的情况也是这样，在 50 年代的后期，我国搞国防尖端技术也就是开始搞原子弹、氢弹，搞导弹的时候，也碰到了这个问题。我们发现，复杂性在于我们所要从事的这项任务，是一个庞大的系统，是由相互作用和相互依赖的若干个组成部分结合起来的，结合到一个规定达到的功能和指标。当然有的时候我们还要考虑更大的系统。比如说，我们研制一个导弹核武器，这个核武器又是我们国家国防力量的更大系统的一个组成部分。战略核导弹，本身有弹体、弹头、发动机、制导系统。在试验的时候，导弹的工作状态还要由无线电信号传下来，这叫遥远测量，简称遥测。还有，在进行飞行试验的时候，为了观察导弹是不是按原来设计的飞行轨道飞行，还要有一大套测量导弹外弹道飞行状态的地面测量系统，即外弹道测量系统。发射之前，对导弹各个部位预先要用仪器测试，看是不是能够正常地工作，然后才能够决定发射还是不发射；如果这个导弹用的是液体燃料，那么还要及时地把燃料加入到导弹里面去。发射的时候，还要有一套光学测量设备，观测起飞是不是正常。所有这些东西，构成一个很复杂的体系。但是还不止于此。对于战略核导弹，还要考虑它完成任务时的指标，比如说，射程要多大？命中精度要求有多高？氢弹头爆炸的威力到底要多大？要考虑还有其他的战略武器。比如说，由核动力潜艇发射的导弹，以及其他不属于战略武器的武器，我们全部的国防武器体系要有一个总的安排。从核导弹本身来说，它是一个复杂的系统，但是要决定核导弹这个复杂系统，还要考虑更复杂的、包括更大范围的系统，就是我们整个国防力量的构成。这么复杂的问题要由一个设计师或者一个总设计师、几个副总设计师去解决，那是很难设想的。

刚才说了，美国人在研制原子弹的时候，参加工作的有一点五万人，后来搞登月飞行，参加工作的有四十二万人。这么大规模的一个组织，联系到每一个部位、每一个人的工作都要安排好，这么复杂的一个系统设计工作，当然靠一个人几个人是不行的，所以这就产生了一个新的行业，叫系统工程，是专门搞这种复杂系统的协调，搞总体工作的。"系统工程"是组织管理"系统"的规划、研究、设计、制造、试验和使用的科学方法，是一种对所有"系统"都具有普遍意义的科学方法。我国国防尖端技术的实践，已经证明了这一方法的科学性。

正如列宁说，管理的艺术并不是人们生来就有，而是从经验中得来的。系统工程来源于千百年来人们的生产实践，是点点滴滴经验的总结，是逐步形成的，在近年才上升为比较完整的一门科学技术。

经营管理是一门科学 *

除了复杂的工程系统的组织管理技术的发展以外，还有另一个领域的发展，大企业的经营管理技术，这在国外也叫"经营科学"（Management Science）。现在我们来讲讲这方面的发展情况。我们说：系统就是由相互作用和相互依赖的若干组成部分结合成的具有特定功能的有机整体。这些组成部分称为分系统。虽然有意识地把工厂企业称作为一个系统，现在还不普遍，但使用"系统"这个词却很经常。例如我们常说某厂的财会系统（管钱的）或某厂的动力系统（管能源的）。就一个工厂而言，任何一个分系统，包括工厂本身这个整系统在内，都由下列六个要素组成。"人"当然是第一要素，其他五个要素分为物和事两类，物包括三个要素，即：物资（能源、原料、半成品、成品等），设备（土木建筑、机电设备、工具仪表等）和财（工资、流动资金等）。事包括两个要素；任务指标（上级所下达的任务或与其他单位所订的合约）与信息（数据、图纸、报表、规章、决策等等）。从历史上一个个体劳动者泥瓦匠的工作开始，就包含这六个要素。那时人当然是有的，不过是个体；砖瓦木料便是物资；斧锯瓦刀是设备；钱当然是个因素；任务指标是明确的；至于信息可能全部都存放在泥瓦匠这个人的头脑中。在现代的大工厂中，还是这六种要素，只不过规模空前地扩大。在工厂这个整系统中，各分系统之间的相互作用和相互依赖的关系，就凭这六个要素的流通而得以体现。

经营管理作为一门科学萌芽于本世纪初。可能第一个发现就是今天称之为"工时定额"的这门学问。这是关于工序的，简单地说，就是研究在一定的设备和条件下，某一道工序的最合理的加工时间。第二个发明是线条图，这是有关调度计划的，可以说是后面我们讲的"计划协调技术"（简称 PERT）的先驱。再后来出现了质量控制，在这里质量不是一个个体部件的属性，而是一个统计概念，是一批同一种部件的属性。可以看到就在这时，数理统计或数学进

---

* 选自《社会主义现代化建设的科学和系统工程》一书。

入了经营管理的领域。这是一件大事，因为数学这个所谓科学的皇后被引进到工厂经营管理这样一种"简单"的事务中。但这些都是 1940 年以前的事，当时人们还没有有意识地认识到工厂是一个系统。最能说明这个问题的是工时定额与线条图。工序是线条图的组成部分，工序与工序之间本来存在着有机联系，但在线条图中没有得到明确的反映，因而线条图没有表达出系统这个概念。只是到了 50 年代，出现了计划协调技术，这种关系才以网络的形式得以表达。网络是某些系统的最形象、最简洁的表达形式，它的成功应用和得到普遍承认，便是系统重要性的一个证明。

1940 年以后，由于工程技术的发展，人们对于系统的一个重要属性——信息反馈，逐渐加深了认识。其实信息反馈这一现象早在蒸汽机的调速器中就已出现。当负荷增加（减少）时，车速就相应地减慢（增快），调速器便因离心力的作用而增大（减小）进汽阀门。负荷的变化这一信息便反馈到进汽应如何增减这一决策中来，并从而自动地作出正确的决策。一个工厂由于鼓足干劲，在某一时期中提前完成了任务指标，为了今后能超额完成任务，这一信息应反馈到材料供应等决策之中，这是人所尽知的事实。也许可以说，在工厂中，任何一个决策都或多或少地牵涉到某一分系统的信息反馈。信息反馈失灵就会导致管理混乱。当然管理混乱还可能由于其他种种原因。

在一个工厂中，物流是有目共睹，并且受到极大的注意。物流的畅通与否，是管理人员极为关心的事。例如在一个钢铁联合企业中，原料进入高炉炼成铁水，一部分铸成铁块，一部分运往平炉车间炼成钢水，铸成钢锭后，一部分运往钢锭库，一部分运往初轧厂的均热工段，均热后进初轧机，然后再分别到各分厂轧制成钢材。在这个主要的物流中，伴随着许许多多的信息流。事实上，均热炉的温度控制就是一个典型的信息反馈。在泥瓦匠的工作中，信息几乎都是无形的，是存放在人的头脑中。随着生产规模的发展，头脑中房屋的形象变成了蓝图，铁匠师傅打铁时看火候的经验演化为均热工段的加热时间表，会计人员计算工资的方法成为计算机的一个程序。工厂的规模越大、越复杂，在这六个要素中，相对来说信息这一要素的增长就越大。生产越自动化，对信息传递的速度和准确度要求就越高。物流的畅通与否在很大程度上依赖信息处理的好坏（包括信息加工、传输、存储、检索，以及各式各样大大小小的决策），因此信息这一因素日益受到重视，成为经营管理科学研究的中心课题之一。目前在我国的许多企业中，连最狭义的信息传递还处于相当落后的状态，要使我国工厂生产管理达到高水平也就不可能了。

人、物资、设备、财、任务和信息这六个要素，都要满足一定的制约。进行经营管理首先要认识这种制约，并从而能动地求得在制约下的系统的最优运转。制约分为两大类，一是经济规律的制约，一是技术条件的制约。如在计划协调技术中，物流必须满足技术条件所制约的加工先后顺序。认识这种制约才能画出网络并从而求得主要矛盾线。主要矛盾线所表达的完工时间又可能成为更大系统中某一工序的最优加工工时。在制约下求得总体最优是企业经营管理的一个重要概念。

通过六个要素，把一个复杂的生产体系组织管理好，需要科学，而这门科学也只是千百年来人们生产实践经验的总结，到本世纪初才有了一些具体结果，40年代之后终于形成了一门比较成形的科学，即所谓经营管理科学。

让"系统"成为一种思维习惯[*]

最近我考虑中西医结合这个问题，中西医到底怎么结合？中西医结合要考虑用系统工程的方法。怎么医学也成了系统工程了呢？我们的目的是要创造中医西医结合的我们国家的新医学新药学，那么，中医所突出的是什么呢？是突出人的整体概念，辨证论治的思想，治病要人、病、症三结合，以人为主统筹考虑，要把人作为一个复杂的体系，把人和环境作为一个复杂的体系来考虑。人跟人体质不一样，还有地区的条件不一样，治病的方法也不能一样。我们要遵循中医从几千年的实践当中总结出来的所谓脏象、气血、经络等等学说，作为一个线索，深入地研究人的生理，人跟环境的生理学。我不主张把中医的书作为不可变的东西，光是背中医的经典著作，因为那样我们不能够真正科学地解决问题。《光明日报》曾刊登一篇文章，谈发展中医与医学科学现代化，是上海第二医学院的副院长邝安堃同志写的。他把中医的一些理论，与现代生理学和医学联系贯通起来，用现代的医学和生理学的道理来阐述中医的理论，例如把血中环—磷酸腺苷（cAMP）和环—磷酸鸟苷（cGMP）的含量同中医阴虚、阳虚联系起来。因为事物的本来面目是辩证的，生理科学医学研究也必然要克服过去片面性或者形而上学的缺点。近年来对于神经—体液，比如下丘脑的分泌，以及生物电的研究，都说明这么一个趋向。下丘脑从前是划到神经系统的。前年得诺贝尔奖金的两个医学家，他们研究下丘脑的分泌，指出脑子一部分下丘脑分泌物质来控制脑垂体的分泌，而脑垂体的分泌又是人体内分泌的一个总机关。结果，不同的系统串了门了。所以生理科学研究的深入突破了从前的局限性。中西医结合，必然要用系统工程的方法。

再说环境。环境保护在我们国家是一个相当重要的问题。环境问题当然是一个系统工程，叫环境系统工程，这里包括自然条件，气象变化，还有人的活动，工业生产，农业、畜牧业、林业、渔业生产的相互关系。因此，环境保护

---

[*] 选自《社会主义现代化建设的科学和系统工程》一书，原书中题为《系统工程的进一步发展》，现标题为编者所加。

工作应该从系统工程的角度去考虑。我们国家特别要考虑三废的利用,现在国外也在考虑废气、废渣、废水的利用。我觉得这个"废"字很难听,好像一废就"废"了,实际上我们应该说,所谓"三废",是人造的资源,而且这个资源好,送到你门前来了,用不着再去开挖了。我们国家,要全面考虑我们的资源,有自然资源,还有人造资源,人造资源就是"三废",要把它们充分利用起来,这样才能解决我们环境污染的问题。

再一个方面是教育。是不是也可以有教育工程呢?可能有的同志会问,教育还有什么技术问题?实际上我们现在的一所学校,比如说一所大学,可能有万把人,有十几个系,每个系又有若干个专业,教学生不但要教本科的大学生,还有进修生,还有研究生,同时又是一个研究单位,要通过研究工作来不断培养新的教师和提高现有教师的水平。设备方面有办公室、教室、住房,还有教学设备,特别是电化教学设备。有这些设备就要有维修车间,甚至于工厂。至于生活设施那更是一大套了。这样的一个组织难道不是一个企业吗?它并不比一个工厂简单,而且,这样的一个体系还要随着科学技术的发展、国家建设的需要而不断变化,系、专业以及实验室实际上也要不断调整、扩建、改建。所以,一所高等院校,跟一个工业生产企业在复杂程度上不是很相像吗?要建立这么一所学校,要不断充实办好这么一个学校,跟经营管理一个工厂、企业不是很少区别吗?我们决不能够忽视高等院校的组织管理工作的复杂性。中学可能简单一些,小学更简单一些,但是中学、小学的数量很多,整个教育从幼儿园算起,小学、中学、中技、中专、高等院校,当然是一个非常庞大的体系。怎么搞好这么一个庞大的体系,应该把它看作一个教育的系统工程,或者教育工程。我们应该把组织管理好这样一个教育体系,作为一个专门的技术,要用运筹学的方法,也要用电子计算机。

医学系统工程,环境系统工程,和教育系统工程,有一个共同的问题,它们都需要加强理论基础的研究。医学系统工程要大大发展生理科学。环境系统工程要大大加强环境科学的研究。教育系统工程的理论基础是要把教育作为一个社会现象、社会活动来研究,掌握教育的规律。教育的规律不是凭空想的,而是要从实践当中总结经验,要把人类社会的教育事业作为一个社会活动、作为一门社会科学来研究,这就是教育学,是一门社会科学。另外,教育有教育的目的性,即阶级性。我们的教育是要培养有社会主义觉悟有文化的劳动者,包括工人、农民和宏大的无产阶级知识分子的队伍；资产阶级搞教育，那是为了培养足够多的资产阶级知识分子队伍；地主阶级搞教育，是为了培养封建的知识分子。当然，不管哪一个阶级的教育，它的教育学，尽管指导思想上有所不同，但是恐怕也有一部分是共性的，那就是反映人学习的客观规律，也就是反映生理学、心理学的学习规律。这一部分共性的东西，我们也要吸取。但是，我们的教育学总不能够把"大成至圣先师"孔老夫子那一套全都搬过来。无产阶级的教育理论，虽然马克思、恩格斯、列宁和毛主席都有不少的阐发，但是我们还是面临着一个学习整理的任务，而且要在这个基础上写出我们的教育学。

未来学并不神秘 *

　　系统工程还可以扩大。《文汇报》发表了关于系统工程的文章之后，就有同志提意见说：那个系统工程的范围还太小了，应该考虑整个国家的系统工程，也就是社会主义建设的组织管理的技术。这个批评是很对的。我们确实要考虑整个国家建设的长远规划。在国外，对于社会的未来研究很热闹，他们叫"未来学"，老实讲，我对于他们的未来学是抱一点怀疑的。为什么呢？自从人脱离了蒙昧而有了思想，人就要在生产劳动之余想到明天将会是怎么样的，要考虑到未来。但在原始公社时代，一是不会有多少功夫去想，二是人改造自然、改造客观世界的能力毕竟很有限，大都只能听从自然的支配，所以对未来的考虑是比较贫乏的。后来进入了奴隶社会，又进入了封建社会，及至近代，进入了资本主义社会，出现了阶级，有奴隶主、有封建地主、有资本家这些剥削阶级，和与之对立的奴隶、农民、工人这些被剥削阶级，他们对未来的看法也是对立的：剥削阶级总要维护他的统治地位，而被剥削阶级总是憧憬着从苦难中解放出来。这是几千年阶级社会中的普遍现象。统治者说将来不能变："天不变，道亦不变"；"资本主义制度是最好的社会制度，自由、民主！"千百年来统治阶级的未来学就是两条，第一是社会制度永远不变，第二受苦人的未来在于天堂！当然还有一些鬼把戏，什么巫卜、算命之类的"未来学"！

　　后来又来一个花样翻新，宣传说：我们说的未来学是科学的，是完全以现代科学技术为基础的，而且搞预言的人又都是鼎鼎大名的科学家。什么"绿色革命"，提高光合作用效率，利用遗传工程让稻麦也能长根瘤固氮，解决吃饭问题。什么利用太阳光在地球同步轨道站上发电，送到地面解决能源问题，等等等等，喊得天花乱坠，好像你今天一切的问题，一切困苦都将被现代科学技术解决。他们还说：这就叫科学技术革命，是第二次或甚至是第三次工业革命，它革了 18 世纪工业革命的命，所以马克思那一套不灵了，科学的社会主义学

---

* 选自《社会主义现代化建设的科学和系统工程》一书，原书中题为《社会工程与未来学》，现标题为编者所加。

说不灵了，还是资本主义社会好。

当然，上面讲的只是现在世界未来学研究的一个侧面。对我们来说未来学是什么呢？未来学必须以辩证唯物主义和历史唯物主义为指导，也就是依据马克思列宁主义、毛泽东思想的立场、观点和方法来研究人类社会的发展，预见未来。这是真正科学的未来学，客观的未来学，是未来学研究的唯一正确道路。

未来学既然是要科学地预见人类社会的未来，那当然应该是社会学的一个组成部分，社会学的未来部。从这个意义上讲社会学的过去部分也可以说成是史学，社会学的现在部分是世界的综合研究。过去和当前社会学的研究比较容易些，因为总有大量事实可以提供分析，综合描述总是可以做的。但要预见未来，预见未来的社会，而且是科学的预见，不是瞎猜，那就要掌握社会运动的规律，而规律必须从分析过去和现在的社会运动发展中得到。在研究物质运动的自然科学中，人们常常称描述物质状态的学问为静力学，描述物质运动情况的学问为运动学，分析并预见物质运动的学问为动力学。所以我们对社会学的研究，已经完成的大都是"静力学"或"运动学"性质的，而现在要研究未来学，那就必须把社会学研究深入到"动力学"的阶段，未来学也是"社会动力学"。

这当然是比较难的工作。首先我们必须改进方法，老一套搞社会科学的办法不够用了。我们不但要进行定性研究，还要进行定量研究，这就是说要利用数学方法、数学理论。在这一点上我们可以向国外学习，他们的大企业、大公司，为了制订经营规划，早就使用了运筹学、控制论、数理统计、概率论等理论，并且应用电子计算机来计算各种方案的效果。这套方法，我们也可以用到整个国家、整个社会。系统工程的方法扩大到社会的范围，即组织管理社会建设的系统工程，称为社会工程。社会工程是完全有条件有可能建立起来的。不知道大家看没看过日本作家堺屋太一的一本小说叫《油断》，描述日本在石油断绝时的情况。在这本小说里有一个女科学家鬼登沙和子，我们叫她系统工程师吧，小说描述说，在她的主持下，居然把日本在国外油源中断后整个国家一步一步地变化用电子计算机算出来了。后来石油真正断绝了，果然不出所料，鬼登沙和子预见的东西出现了。当然那是小说，但是，发人深思的是，可以用电子计算机算，用系统工程这套办法来预见社会的发展，这就是社会工程。

当然我们不是说现在就能全部实现这种预见，但很有必要来研究这门学问。我们知道，由于科学技术的发展，人类社会今后要比过去的发展快得多，我们不能够走着瞧，走一步再看下一步，我们必须要看几步。《光明日报》曾发表一篇宁可同志谈汉代农业生产的文章，说汉代每个农业劳动力年产粮两千斤，每个农业人口每年口粮四百八十六斤，全国每年每人占有粮食六百四十斤。这些数字反映了过去我们不太注意的一个情况，那就是从汉朝以来的两千年，我国农业虽然有所发展，但农业劳动生产率，每个农业人口的口粮数和全国每人平均占有的粮食数，仍在汉代已经达到的水平上徘徊。美国现在的农业劳动力占它人口的比例才百分之一点二。我不是说农村人口，是说农业劳动力，我们全国农业劳动力恐怕占人口的比例是百分之三十到百分之四十。也就是说，我们跟美国差三十多倍。其他方面也有类似的情况。所以说我们这个国家从现在发展到 21 世纪，几十年内要走过的道路，将比过去两千年走过的道路还要长得多。有没有可能？是不是梦想？我觉得不是梦想，不是不可能。因为技术革命，科学技术可以大大提高我们的劳动生产力，科学技术是社会生产力。但是，在预见或者计划、规划这么大的一个变化的时候，我们不能够走着瞧，不能够沿用过去那些不定量的办法，不仔细计算的办法，我们要用定量的办法，要用数学的办法，要用精确的办法，要把系统工程用到社会主义建设上去。

　　在这里不妨描述一下，我们国家到 21 世纪实现四个现代化、赶上超过世界先进水平后，到底应该是什么样子。比方我们到那时候人口有一亿，大概一半是劳动力，就是五亿。我们看到，在科学技术发达的国家，全部劳动力里头直接从事于工农业生产的只占四分之一。也就是说这五亿劳动力里面真正从事物质生产劳动的有一点二五亿。如果平均劳动生产率每人每年是十六万元，比现在增加十六倍，那么工农业总产值就将是二十万亿元。如果平均劳动生产率每人是二十万元，那么工农业总产值就将是二十五万亿元。这比起现在是几十倍的增长，按十亿人口计，工农业产值，每人平均将分别达到三万元和二点五万元，我们国家将不是贫穷落后的国家了。也许同志们问，五亿就业人口，四分之一从事物质生产劳动，那么另外四分之三干什么？到那时候我们的文化水平要大大提高，没有高度的科学文化水平是不能胜任的，工人也得有大学的文化水平，因为都是自动化的，电子计算机控制的，就是将来我们搞生活服务，那也都是机械化、自动化的。所以那时候恐怕大学教育就得普及，五亿就业人口每年要补充大学高等院校的学生是大量的，恐怕一千万以上，我们全国就要办一万所大学，再加上中学小学，所以从事教育工作的人将是个很大的比例，大概约五千万。

其次，到那个时候，大家都是专家，吃饭穿衣这些日常生活之情，不能够一家一户来干。现在已有这一迫切需要。现在有些工作在第一线的四十多岁的科技人员，要排队买菜、做饭，到晚上还要跟孩子抢桌子，孩子要做家庭作业呀，一张桌子不够用。这样，科技人员的雄心壮志随着精力的消耗而淡漠了。所以现在科技人员一个普通的呼声就是，这些生活问题最好社会化。我们到21世纪，就更应该把十亿人口的吃饭、穿衣、住房、走路、医疗卫生、水电、邮政这些东西都管好，这恐怕需要有一亿人。直接从事于物质生产的一点二五亿，教育工作者五千万，生活服务的一亿，一共二点七五亿。五亿的就业人口还余下二点二五亿，干什么？搞科学技术研究，搞自然科学研究，搞社会科学研究，当然还有组织管理，国家机构的人员。这恐怕占去绝大部分，还剩下来一小部分是文化、文艺工作者，这也很重要。是不是把自然科学、社会科学研究的人说得数量太大了？不。技术上发展很快的一些国外企业，生产线都是自动化的，产量很大，质量很好，但人数不多，常常是一个企业的百分之六十、百分之七十，甚至于百分之八十的人在搞科学研究，发展新产品，改进产品。这个现象恐怕要一年比一年明显。

要进行这么大的一个变化，而且时间就是二十或三十多年，如何规划？这就需要有定量的计算。所谓定量、数值的关系也并不神秘，比如说，我炼一吨钢，要多少铁矿？要多少电力？要多少焦煤？要多少其他的燃料？要多少石灰和其他辅助材料？还要多少人力？得把这些关系、定量搞清楚。然后我们要研究，采用了新技术，对这些关系又有什么影响？这样的关系，通过统计，通过科学技术的研究，把它全部表达出来，就可以上电子计算机计算了。电子计算机算得快，你要知道明年的安排行不行？有没有缺口？效果如何？它算一个小时就会有答案。如果要换一个方案，另外一个安排，那么把一些参数、数据改一改，它一个小时又给你答案。总之，几种方案、十个方案、二十个方案，都能算，算出来再比较哪个好。今年的算完了，算明年的，再算后年的，一直算下去。这样，我们国家在没有外来侵略发生的情况下，根据计划，一步一步地做，至少几年的效果是可以科学地判定的。当然，到了明年，可能会发现原来统计的一些数字有些不准，可以做调整，可以再算，调整计划。如果怕算法靠不住，那么有一个办法来验算，就是往回算，从今年往回算看去年怎么样，去年的情况是已知的，可以比较，用电子计算机好就好在它一个小时就给你算出来了，靠人算，一辈子也算不出来，因为太复杂了。这套办法，有了电子计算机就可以用，没有电子计算机则无法应用。我们常常说社会科学的事是做不了实验的，社会科学牵涉整个社会，怎么做实验？但是，我们可以在电子计算机上试验，试试看，到底怎么样。这种试验现在是完全可以做到的。所以，这已说到系统工程的最大的一个范围了，就是全国的范围。把系统工程用到整个社会，当然大条件是具备的，但还要做很多具体的研究工作。

第三讲

赤手挽银河，不假云梯渡霄汉

——谈火箭

火箭 *

记得两个多月前，在《东南日报》上看到一段引人注意的新闻大意是说：近来欧洲无线电台，接到一种不知何方发来的奇异无线电信号，其电波波长非常大，当非现在地球上的人类所能拍发，所以必定是从地球以外拍来的，因此有人疑心是从火星来的。现在欧洲的科学家正在通力合作，研究这种无线电信号的真正来源，并且说：据最近的研究，火星上有生物，是可以确定的了。而且这种生物，其智慧必远高于地球上的人类；必会以无线电信号向地球拍来。最近还发现火星上面，突然有一个大十字形，横于一圆形的黑色背景之上，这个大概是火星上的生物，故意做成来引起地球上人类的注意的。但我们人类的能力比较起来，实在可怜得很，我们只有装傻，我们现在是无法和火星通信的。

我们会能有那么一天，和火星通信吗？

我们在最近二世纪来，科学方面的成就，的确不少了。我们在动力方面，控制了几十万匹马力的大发动机；在建筑方面，造成了两千多尺的摩天大楼；在农艺方面，我们把一亩田上的产量增加了十几倍；把热带温带的植物，移植到了差不多大半年有冰雪的亚寒带去。最足以自豪的是我们在交通器具上的发展：我们由一天走不到六七十里路的牛车，到一小时飞奔二三百里的流线型火车。我们由橹摇的渡船，到七万多吨，每小时走一百里的法国邮船瑙曼地号（Normandie）。现在又是天空的时代了，中国航空公司的杜格拉斯（Douglas）飞机可以在一小时中飞六百里。所以人们喊出："我们征服太空了"！

但是，朋友，飞机是靠着空气才能飞的。我们的空气层有多厚呢？大概不出六百里！火星和地球的距离呢？最少三千五百万里，多则六千五百万里！太阳和地球的距离呢？九千二百九十万里！换句话说，我们现在认为超特的交通工具，充其量也只能走到火星的旅程中之六万分之一，到太阳的旅程中之

---

* 第三讲全文选自《浙江青年》1935 年第 1 卷第 9 期，原名《火箭》，现标题为编者所加。

十五万分之一。呵！这使你，在一个清朗的夏夜，望着繁密的，闪闪的群星感一种"可望而不可接"的失望吧！

我们真是如此可怜吗？不，决不，我们必须征服宇宙！

我们有办法吗？

有的，火箭！

火箭？火箭不是我们在新年玩的一种焰火吗？不是一个苇秆头上有一像火炮样的东西？当你把药线点着的时候，就是一道火花向下喷出，同时火箭也就上升，直升到火药烧完，没有火花喷出了，才慢慢地落下来。但是，这个小玩意就是征服空间，征服宇宙的开端呢！

火箭怎么会上升

火箭怎么会上升呢？这道理说起来，实在十分简单，是我们每天，每刻碰得到的。先说踢球吧，当你把球从脚面抛出去的时候，你必觉得脚面上有点痛，——虽然这是畅快的痛。这痛觉从何而来？当他人打你一下的时候，你会觉得痛。所以当你踢球的时候，球也在踢你，它在打你的脚面，所以你会觉得痛。好，再举个例：当我们身体歪了的时候，我们为防止跌下去，我们会自然而然的，把手向墙，或桌子推一下，这就可以使你恢复直立。这又是什么缘故？当你在推墙，或桌子的时候，你是把墙或桌子顺着你倒去的方向推的，但同时墙或桌子也在推你，它向着反面推你，不让你倒下去，它把你扶正了。再举个走路的例。这真是再普通不过了，你总得会走路吧！当你迈步的时候，你用力的方向实在是向后的，你向后蹬得越用力，你就越走得快。原来推动你前进的，并不是你自己的足力，而是因你的足力而生的地面反应力。你登地向后，地面也推你向前。这些道理，在物理学中，就结成一条非常重要的法则——牛顿第三定律：

一个物体加力于另一物体，另一物体也加力于第一物体；两个力是相等的，但其方向则相反。

我们把它应用到火箭上去：当我们把药线点着的时候，不久也把火药引着了。火药烧起来，发生很多的气体。这些气体决非那小小的厚纸筒所能容纳，就向筒下方的小孔喷出来，也就是我们所看到的一道火花。这就是说火箭把这些气体推出去，向下面推出去。但我们应用上面的定律，知道同时这些气体也在推火箭，把火箭推上去——力的方向相反。所以你一放手，火箭就会升上去了。等到火箭烧完，再没有气体发生了，火花再不见了，火箭也没有气体可排出去了，自然再没有气体来推火箭，火箭也就渐渐升不上去，落下来。

用什么火药

我们玩的火箭不是只能飞到二三十尺高吗？这不是比飞机还差得远，怎么能说它是征服星球的工具呢？不错，但我们用来飞到星球的火箭，决不能和我们玩的火箭一样，它必须是能飞越数千万里空间的怪物；但它在原理上却和我们玩的火箭一般无二。就如现在杭州闸口发电厂中一万匹马力的蒸汽涡轮，其原理是由跳跃着的开水壶盖子来的，我们可以从非常渺小的事物，研究改进到伟大的成就！

我们已经说过，火箭是靠着气体的推力上升的，我们要火箭跑得远，自然要想办法加大这个推进力不可。现在姑且把这个伟大的问题放一放，再来说一件极平常的事。譬如这里有两块石头，一块大些、重些，另一块小些、轻些，现在只要你把其中任何一块抛六尺远，那么谁都知道：为省力起见，以取小些、轻些为妙；为练习气力起见，才可取大些、重些的。所以可见用力大小，和重量成正比例。但我们根据反应力的定律，知道你推东西的力量越大，东西推你的力量也越大。应用到火箭上去，要推火箭的力量大，必须排出的气体重，那么当排出这种气体的时候，要用较大的力量，所以反应力也加大了。但加大火箭的推进力，还要排出气体的速度也大才可以。你知道快快地抛出去，是比慢慢地抛出去费力的。所以火箭气体流出的速度越大，推进力也就越大。总起来说：推进力和气体的重量，及流出速度成正比例的。因此，如果你还没有把复比例定律忘记的话，你会说：推进力是和气体重量乘流出速度之积成正比例的。这一个乘积，物理学家叫它做"冲动量"——你现在可以知道物理学家是如何喜欢拿高深的名词来吓人的。

表二列出的是各种爆裂药品在点着后，自火箭冲出的速度（这是理论上计算来的，实际上因为有孔口的摩擦等损失，只有表列数目之百分之八十四），和每一公斤药品所能发生的冲动量。我们由这一个表，可以看到，最不济事的是黑色火药，其实黑色火药比烟火中的火药已经改进不少了。

表二

混合爆炸物	理论上的排出速度（公尺 / 每秒）	理论上的冲动量（公斤 / 每公斤秒）
氢的结合（$H+H=H_2$）	21000	2140
硝酸甘油	3880	396
硝酸棉	3660	373
黑色火药	2420	247
氢和氧（$1kgH_2+8kgO_2=9kgH_2O$）	5170	527
沼气和氧（$1kgCH_4+4kgO_2=8kgCO_2$ 及 H_2O）	4490	458
汽油和氧	4450	453
石油和氧	4410	449
苯和氧 ($1kgC_6H_6+3.4kgO_2=4.4kgCO_2$ 及 H_2O)	4270	435
碳和氧 ($1kgC+2.67kgO_2=3.67kgCO_2$)	4320	440
火酒和氧 ($1kgC_2H_6O+2.08kgO_2=3.08CO_2$ 及 H_2O)	4180	427
氢和臭氧（$1kgH_2+8kgO_3=9kgH_2O$）	5670	578
沼气和臭氧（$1kgCH_4+4kgO_3=8kgCO_2$ 及 H_2O）	5000	510
汽油和臭氧	4960	506
石油和臭氧	4900	500
苯和臭氧 ($1kgC_6H_6+3.4kgO_3=4.4kgCO_2$ 及 H_2O)	4800	490
碳和臭氧 ($1kgC+2.67kgO_3=3.67CO_2$)	4800	490
火酒和臭氧 ($1kgC_2H_6O+2.08kgO_3=3.08CO_2$ 及 H_2O)	4630	473

　　最好的自然是原子氢，这东西当结合成分子氢的时候，能发生每秒二万一千公尺的速度，和每公斤二千一百四十公斤秒的冲动量。但原子氢我们现在是没有办法大量生产。目前讲起来，最有希望的火药是液体臭氧和液体氢、液体臭氧和汽油、液体氧和液体氢、液体氧和汽油等四种东西。在其中液体臭氧的混合物冲动量大些，而且液体臭氧的沸点高一点（摄氏零下一一二度，液体氧之沸点为摄氏零下一八三度），密度也大一点，所以比较容易保存。但是臭氧本身非常容易分解而起爆炸，所以为安全起见，不能用于作为宇宙交通工具的大火箭上。所以剩下可用的两种火为液体氧和液体氢的混合物，及液体氧和汽

油的混合物。可是因为：

（一）汽油的性质我们是非常熟习的，汽车、飞机等都用它，我们可以保证决无危险。液体氢就不然了，它的性质，我们知道的太少，而且一点经验也没有，所以要用它，就不免有点冒险。

（二）如果用液体氧和液体氢的混合物，则虽其所含的能量（就是推进力）相等，其储存箱的体积要比用液体氧和汽油混合物时大四倍多；这是因为液体氢的比重小的缘故。因储存箱的体积大，同时箱子的重量也大了，火箭也必加大，所以飞行时的抵抗也大了。

（三）不但储存箱大了、重了，而且因为液体氢的沸点非常低（摄氏零下二五三度），我们必须用特别的构造，像热水瓶样的罐子，方才能防止它汽化。这种存瓶，必定很重，而且容易弄坏。如果用汽油呢？油箱可以用轻金属，如铝或镁做成，重量很小，容易做，不会常常弄坏。

（四）因为液体氢的沸点太低了，所以无论如何小心，总不免有一部分汽化逃去，这部分损失也不可小算。

（五）也因为液体氢的沸点太低了，储存它的器具也必在非常低的温度下。在这种温度之下，铝和镁都变成脆得像玻璃样的东西。所以免除危险起见，我们必须用铜或竟至用铅这种柔软的金属来做储存器具。但铜或铅都在很重的东西，所以材料的选择十分困难。

（六）液体氢的温度为摄氏零下二五三度而氢氧混合物点着了，火焰的温度约在摄氏三千度。从零下二五〇底到三千度，温度的差别，如此之大，制造方面实在太难了。

（七）液体氢的价钱比汽油要高，经济上也不上算。

（八）世界上汽油的仓库很多，如果用了液体氢，非另建仓库不可，这也须花一笔大钱。

而且到了说起来，用液体氢比用汽油冲动量也大不了多少，既然有如此多的困难，我们自然应该选用汽油。所以将来交通工具的大火箭必是用液体氧和汽油来推动的。

到星球去！

说了半天，我还没有谈到火箭本身的构造。我们的大火箭——到星球去的船，究竟成什么样子呢！好，我们看一看第一图，图中的①是驾驶室和客室，必须安置在最前端，以便瞭望。②是液体氧和汽油混合的地方，也就在这个地方点着，此地的温度大约在摄氏三千度左右，所以要做得十分坚固，四周都得用很厚的最耐火的材料做成。③是一个很长的膨胀管，汽油和氧气烧着了之后，变成二氧化碳和水蒸气，同时发生非常高的热度和压力，我们必得设法使这个热度和压力变成速度。因为我们在前面说过，只有速度——向下冲出的速度，才是我们所需要的。膨胀管的效用就在此，它使气体的温度和压力降下而速度增加。理想上，在管口时，气体的温度和压力应该同外面的温度和压力一样，而速度达到每秒四千四百五十公尺。在燃烧室②的两旁有两根管子，一根通液体氧的储存室④；一根通汽油储存室⑤。液体氧略得温度，自己就会挥发，冲入燃烧室②；但汽油则非借压力不能打入燃烧室②。这必需的压力就由一根联通管⑥而来，汽油借着氧气的压力压入燃烧室②，和氧气混合而发生燃烧。现在我们把推进机关讲完了。但是只会一直向前，不能控制改变方向的火箭是很危险的。你想由地球上望去，一粒星是那么小，假如出发的时候方向弄错了一点点，你若无力改正，你也许会没有希望达到你的目的，你将永远作一个宇宙的旅行者吧！⑦就是四个控制器，就像鱼的尾和鳍，这控制器可以在驾驶室中自由操纵。

你看了这一个断面图，也许要问，怎么驾驶室和旅客室会那么小呢？那只是火箭尖端的一点点地方呵！那么大的火箭只能载那么少的一点东西？对了，这就是整个困难之所在。因为火箭这样东西，其燃料的消费量是很大的！你如果要产

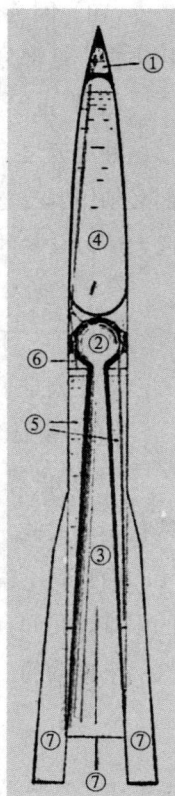

图一

生十五吨的推进力，就是说要发射一个十五吨重的大火箭，每秒就得用去七十七公斤的燃料。每秒就得七十七公斤！但还有讨厌的，地球引力，它总是拖住火箭不让它离开地球的。据物理学计算，我们必须把火箭的速度加到每秒六千六百六十四里才能飞出地球的势力范围。每秒六千六百六十四里的速度！从杭州到上海只要二十秒钟！朋友，把火箭加到这种速度，要用多少燃料，真是"天晓得！"

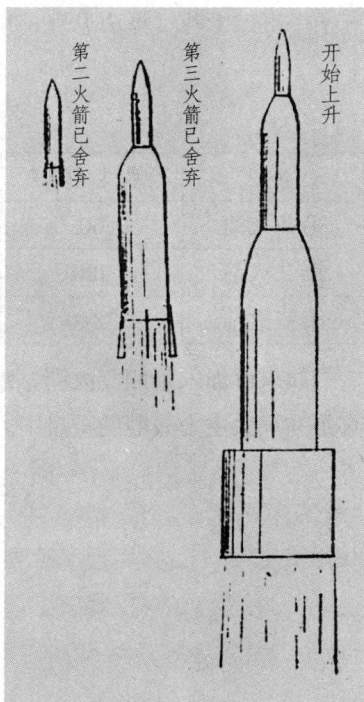

图二　三套火箭

可是科学家是最经济不过的，他不能忍耐如此的浪费，他想出一个"脱壳的火箭"。怎么叫"脱壳"的火箭呢？就是在第一最小的火箭中，燃料以外还载有各种操纵仪器和旅客。在这个火箭外面，再套上第二个火箭，这个火箭比第一个大，只带燃料。在这个火箭外面，再套上第三个火箭。这个比第二个又大些，也是只带燃料。放射的时候，先点第三个最大的火箭，这三个东西就一齐升起，等到第三个火箭的燃料用完，驾驶员就把这个火箭和第二个火箭的连结放开，舍弃这个空火箭；同时把第二个火箭点着，继续前进。等到第二个火箭的燃料又用完了，又把它舍弃；同时将第一个火箭点着继续前进。如此就可以免去空火箭的赘累，节省不少燃料。这三个套成的火箭已够跑出地球引力范围之外了；但如果到月球旅行，这得加上一个以备从月球回到地球用。因为月球的引力比地球小得多，所以加上一个就够了。如果到火星去呢，须加上两个；到水星去呢，须加上三个才行。

现在我们假设到星球去的有四个人，这四个人的重量和他们必带的食物、氧气、仪器等等一共算它十吨重。载这十吨重的火箭本身空重也算它十吨，再带上六十吨燃料，一共是八十吨。这是第一个火箭，套在外面的第二个火箭呢？它必须能载这个八十吨重的东西，所以本身也有八十吨重，外加燃料四百八十吨，一共六百四十吨。我们用同样的算法，这一套的三个火箭共重五千一百二十吨（算法见表三）。

表三

	燃料（吨）	搭载量（吨）	本身容量（吨）	共计（吨）
第一火箭	60	10	10	80
第二火箭	480	80	80	640
第三火箭	3840	640	640	5120

如果再加入第四套火箭，则总重量竟达四万零九百六十吨了。朋友，这简直是一只大主力战舰的重量了。

火箭飞机

虽然这么一个四万九百六十吨的到月球去的大火箭，也许比主力战舰便宜些（因为没有那些值钱的武装大炮）。但是现在我们就去做如此大规模试验未免太性急了；而且因为经验毫无，也必失败。我们必须从小的地方慢慢做起来。我们可以先把火箭应用到飞机上去。我们可见到火箭比其他任何动力机关都要简单，它不像汽油机和蒸汽机等有转动的部分，所以重量轻，制造容易。理论上讲起来，只要火箭飞得和它排出气体的速度一样快，它的效率就有百分之一百。虽然实际上，因为有摩擦燃烧不完全等等损失，但也在百分之七十左右；而今日飞机上的汽油机至多不过百分之二十。这就是说火箭的效率比汽油机大三倍至四倍。

但问题就在如何达到同排出气体一样大的速度——每秒三千七百四十公尺，这速度比音波在空气中的速度大十一倍！在从前有些热心于火箭的人，想把火箭应用到汽车、火车上去，但是因为这种车子根本不会快的，火箭在这种低速度下，其效率低得可怕，只要算算它的燃料消费量，就可知决不能成功了。用到飞机上去呢？假如我们仍在低空中飞行，那么我们也毫无解决的办法。但是我们知道空气的密度愈稀，在海面每立方米重 1.293 公斤，在二十公里的高空中只有 0.0885 公斤了；在四十公里的空中只有 0.00403 公斤了；在六十公里的空中，小得几乎可以说没有了。密度越小，自然飞起来抵抗也愈小，譬如我们在水中走路比在地面走要费力得多，因为水的密度比空气大的缘故。但抵抗大小又依速度而定，速度大抵抗也大。我们如果在高空中飞行，那么我们省下的气力，就可以用于增加速度。计算起来在地面附近每小时飞二百公里的飞机，和在五十公里高空中每小时五千二百八十公里的飞机的抵抗相等。但普通飞机是飞不到这样高，因为普通汽油发动机不到这样高已经因为空气稀

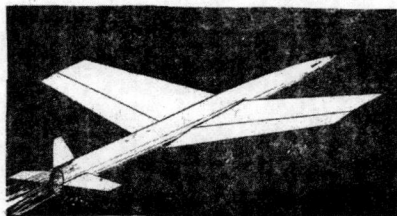

图三　火箭飞机

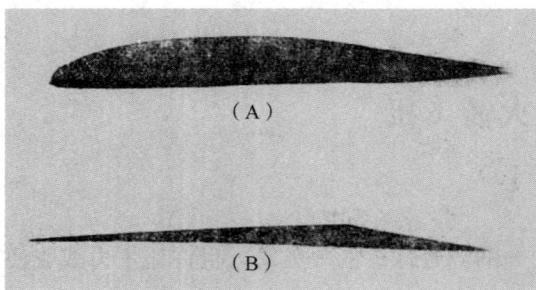

（A）

（B）

图四

薄而不能活动了。火箭的运用偏能不靠外界的空气，所以在高空中作高速飞行正是火箭飞机之所长。

据航空工程家研究的结果，这种高速度的飞机，它的外形必与今日的飞机不同（见图三），机身像一颗大炮弹，两翼的断面也不是普通飞机那样（图四A），而变成图四B那种刀锋式，这都无非想减少抵抗而已。计算起来，以现在我们已有的工程技术，可以造一只一气飞五千公里的火箭飞机。其平均速度为每秒一千公尺，一小时二十三分钟就可以飞完全程。朋友，这样大的速度会把我们的世界变成什么样子呢？我们的地图会缩得多小呢？麦哲伦用了几个可怕的岁月才渡了太平洋，现在美国船只要两礼拜，快了。今年秋天，讯美航空公司的东方号来了，四天就够了。但是火箭飞机呵，一点半钟！这才是真正的，现实的缩地法，这不是做梦，不是神话！

研究者的工作

把理论上东西，实现出来，是要一步一步地，在未造到月球上去的火箭前，我们必要先试验火箭飞机；在未造火箭飞机之前，我们还试验火箭的特性、操纵方法。现在工程家和科学家的就是最后的一种。他们把火箭固定在一个坚固的架子上，测验用何种的燃烧室、何种的膨胀管才能得到最大的速度。他们制造小的火箭来试放，看液体氧气和汽油的储存方法，何种最安全，看看理论上的计算实际上能否实现。报纸上常常见到的火箭消息，就是在报告他们的努力。他们的火箭有时半途就坏了、炸了，但一次失败是一次经验，他们不会气馁的。

其中最拼命的自然又是德国人，他们有火箭研究会的组织，会员有一千多人，有定期刊物《新交通器》（*Das Neue Fahrzeug*）出版。美国也有火箭社研究刊物为《星球航行学》（*Astronautics*），会员也有三百多人。英国也有类似的组织，其会员有一百人左右，有英国《星际会刊》（*Journol of British Interplanetary Society*）出版。法国、苏联自然也不甘落后，国家奖励研究。日本也鼓吹宣传。朋友，全世界都热心于火箭了，工程家和科学家都动员了，他们努力地、忍耐地、一步一步地走向征服宇宙的路。朋友，他们每一步都是坚实的！

第四讲

鲁班造木鸢，一梦两千年

——从飞机谈起

飞机的发展过程 *

　　飞机的迅速发展只不过五十年的历史。我们知道：飞机所以能飞，是靠翅膀，有翅膀才有升力。翅膀面积大、飞行速度高，升力就大，但是飞机所受的阻力也就加大，所需要的动力也就增加，这样飞行的速度就有了限制。也因为同样的缘故，翅膀有一定面积的飞机不能飞得太慢，飞得太慢了升力就不够，就要从空中跌落。所以飞机有一个最大速度，也还有一个最低速度。飞机初发明的时候，因为动力小，它的最大速度很小，和最低速度差不多一样大。因此，能飞十尺高，二三十尺远，就算是很大成功。飞机是在这样很简陋很困难情形下开始的。以后逐步加以改进，这种改进有几个方面：一个是在空气动力方面，改进翅膀形状，增加升力，一面又要减少阻力。减少阻力的办法是使外露的部分简单和流线型化。早年，飞机有两层翅膀，再早有三层、四层的，支架也很多。现在不同了，飞机只有一个翅膀。这些发展都尽量改进飞机的外形，减少阻力，提高空气动力的效率。另一方面是把飞机做得更结实，改良它的材料和结构。早年，飞机是木结构，包上布喷上漆。初步的改进是在第一次世界大战以后，用钢架代替了木架；但仍包布喷漆。后来不用包布喷漆了，用钢架千层板。直到 1930 年以后才有了更进一步的改进，开始制全金属飞机。用的金属是铝合金，在工程学上叫硬铝。

　　所有这些改进的目的都是使飞机能飞得更快，但是一个基本问题仍然没有解决，那就是推进力量的问题。这个问题的重要性是早就被航空家所注意了。怎样衡量推进的力量呢？那可以从每产生一匹马力的动力需要多少重量的机器来衡量。因为减轻重量和飞行效率的关系很大。轮船上的蒸汽机，发一匹马力，就要有二十多公斤重。对飞机来说，这样就太重了。早年曾有人考虑在飞机上用蒸汽机，但那太重，不行。后来用内燃机，经过很大改进，发一匹马力还要五公斤重。直到 1930 年以后，做到发一匹马力只要半公斤了。到这时旅

* 第四讲原为《从飞机导弹说到生产过程自动化》一书，现标题为编者所加。

客机速度达每小时三百公里，军用歼灭机达每小时四百公里，而在 30 年代世界飞行速度竞赛的冠军飞机的速度达每小时六百公里。到 1939 年，德国的一架空军飞机得了锦标，速度每小时七百多公里（那些飞机不带客货，才能达到这速度）。在这个时期里，航空界流传一句话，飞机速度到了顶点了，超过七百多公里再向前发展就难了。因为再要快，就要接近声速了，也就是要达到每小时一千公里，而愈接近声速，阻力就愈大，要花很大动力去推进飞机。装上内燃机的飞机，用活塞带螺旋桨，从整个机组重量来说，每发一匹马力就要一公斤，也就是说在一定重量的限度内，动力不够大，不可能使飞机接近声速，因此那时的航空工程师说，声速好像一堵墙，飞机不能超过这垛声速的墙。那时代可以说是航空技术的黑暗时代。但就在那个时候，空气动力学家早已算出机翼在超声速下所受的力；他们也已经在试验室得出这方面的资料。那是把飞机模型放在风洞里（风洞就是一个管子，用鼓风机吹风，风的速度就由鼓风机来控制。这样就把飞机与风的关系倒过来，飞机不动，风动，而空气对飞机的作用，和飞机动、风不动时是一样的。）在模型支架上可以测量出飞机各部分所受的力。可以说超声飞机所受的力的问题，理论上和实验上都已经有了答案，问题就是没有能发生巨大推力的、轻的机器。这是二次大战前的航空界的情况。

喷气式飞机

在二次大战里，航空动力方面有了很大改变，创造了喷气式推进机。喷气式推进机和活塞带螺旋桨的有什么不同呢？在基本原则上它们是一样的，都是把气体向后推，飞机就向前进。这个科学原理就跟用桨划船一样，桨把水向后推，桨受到反作用，就带动着船向前去。螺旋桨把空气向后推，空气把飞机向前推。不同的是喷气式推进机所推后的那股气流通过内部机件，而螺旋桨所推后的空气不经过内部。喷气式飞机把空气从机头吸入机身，经过空气压缩机把空气压力提高。空气压缩机的作用和离心式的水泵一样，但比水泵转得快，水泵每分钟几百转，压缩机每分钟约七千转以上。被压缩的空气，通到燃烧箱，使喷进的煤油燃烧，温度更高，用这样高温高压的气体，吹动了涡轮，所产生的动能，正好能转动空气压缩机；所以涡轮的动能在机件内部就消耗掉了。但通过涡轮后的空气，温度压力还相当高，就在尾管中膨胀，从尾管中喷出去的气体速度很高。所以对总的推进系统来说，进气慢，出气快，就等于把空气朝后推，因此空气就把飞机向前推。这是用空气压缩机的喷气式飞机，也就是涡轮式喷气推进机。还有一种喷气推进机是不要空气压缩机和涡轮的。我们可以用下面一个比拟来理解它：假如一个船在水里走，水冲激船头，水位迎着船头向上升，船头的压力就增大，这就是说流体的速度的改变，会改变压力，流速小，压力就大。空气流动时也有同样情况。这种喷气推进机的整个机器就是一条开口管子，进口比较小，随后管子就粗了，飞机从机头吸进空气后，进入管子比较粗的部分，空气就流得慢，压力就增高，然后喷入油料，燃烧加热，再从出口喷出，喷出去速度比吸入速度大，因此也能推动飞机，这就叫做冲压式喷气推进机。此外也还有不用吸入空气的喷气式推进机，它自己带了液体氧和燃料，可以在机器中燃烧，得到高温高压的气体，再喷出去，这就是火箭。德国的 V-2 火箭就带了酒精和液体氧。

喷气推进机和活塞式比较起来，机件比较简单，也比较轻。早期的涡轮喷气式推进机，就可以做到每一马力半公斤重，现在做到十分之一公斤，而活塞式一马力就要一公斤，这就是说同重量的机器，喷气式的比活塞式的力量大十倍。因此就解决了活塞式不能解决的加大动力问题。飞机速度也可以大大地提高了。二次大战中叶开始试验喷气式飞机，末期方出现了军用喷气式飞机，以后几年发展很快，最早期的喷气推进机的推力只有五百公斤，现在已到一万公斤，而歼灭机的速度，到现在已经比声速高，每小时一千五百公里左右，比二次世界大战前每小时七百公里的最快飞速，增加一倍多，这是很大的进步。现在实验和试造的飞机已达每小时二千公里。轰炸机还没有达到声速，可是设计中的轰炸机要超过音速。

这是五十多年来飞机的发展的情况。

从另一面来看，军用的喷气机的速度越过了声速，也就显示出它内在的矛盾，产生了消灭它自己的条件。原因是这样的：歼灭机的速度到了每小时一千五百公里，人能否受得住呢？人对速度本身没有什么反应，例如地球绕太阳转的速度远比声音的速度快得多，可是在地球上的人类却毫无感觉，但人们对加速度的反应却很大。歼灭机跑得很快，转弯就得转大弯，如果转小弯，就会脑中失血，晕眩，看不见东西；下冲加速太快，也会脑充血、晕眩，看不见东西。速度再加快就转不过弯来，歼灭机就失去了作用。另外因为飞机太快了，人脑反应就跟不上，两个飞机对着飞，还来不及瞄准就过去了。无法瞄准，就无法打仗，这样的飞机就没有战斗的效能。在轰炸机方面，高速度所需要的动力很大，因此燃料的消耗也很大，一万公斤推进力的喷气推进机的用油量，一秒钟就要几公斤，因此超声速轰炸机跑三千公里，投了弹，再飞回来，来回六千公里，燃油量就大成问题。苏联旋客机 Ty104，飞行航程最远四千公里，速度每小时八百多公里，还低于声速。轰炸机想跑得更快，又带上炸弹和人员，就不能飞远，否则就要中途加油了。军用喷气飞机，发展到现在只不过十多年，已经发现了这些困难。有人甚而至于说现在的歼灭机是最后二代了，而轰炸机也只不过再有一代。这句话虽然未免言之过甚，但也有它一面的道理：问题的关键都在于驾驶人，对歼灭机来说，如果没有驾驶人就可以不考虑加速度的极限，飞行速度再快些也不会有问题。对轰炸机来讲，没有人就不需要飞个来回，单程就可以了，燃料问题也就减轻一半。那么没有驾驶人员的飞机是什么呢？那就是导弹。因此我们也可以肯定地说：战斗用的军用飞机终究是要被导弹所代替的，只不过是时间迟早的问题。到那个时候，飞机在军事应用上就只是一个运输工具了——自然是一个很重要的运输工具！

导弹和它的自动控制

导弹上没有人，这就要用自动控制。现在世界各国都在用很大的力气发展导弹，导弹上犯不着用涡轮式推进机，因为涡轮式机件复杂成本高，导弹只用一次，到达目标后，一炸了事，不必考虑机器的经久耐用，所以不如用冲压式喷气机或火箭来推进。后面两种在性能上也有分别，冲压式需要空气，如飞得太高，高空的空气稀薄，就不能吸入足够的空气，所以冲压式喷气机不能到达真正高空。在高空就要用火箭。因为火箭自己带有氧气，就不怕高空空气少。也就因为它除燃料外还需要消耗氧气，所以它每单位拉力所需要的燃料重也就比较大，因此在导弹上我们也该尽可能地用冲压式喷气机。这说明了导弹和飞机在动力设备上有所不同。

导弹有好几种，它可以根据从什么地方放出和到达什么目标来分类。有的导弹在空中放，有的在地上放；有的是打空中的目标，有的是打地上目标。因此共分四种，就是：从空中到空中；从空中到地面；从地面到空中；从地面到地面。空中到空中的是歼灭机使用的武器，飞机速度高了，枪炮打不准，用歼灭机带导弹在远处放，再用自动控制设备让导弹自动去找目标，就可以补救现在枪炮的缺点。从空中到地面或海面的一类中，有一种此较简单的可控制的导弹，这种导弹等于一架小飞机，它无人驾驶，但弹头有电视，可把地面情况传到另一架飞机或地面上的控制站。控制站根据情况，再发出信号控制导弹的飞行。从地面到空中是防空导弹。因为高射炮只能打到一万多公尺，而喷气机可飞达一万八千公尺以上，以后还可能达到二万多公尺，因此高射炮就打不着它，要靠防空导弹来打。从地面到地面的导弹，其中远射程的就是所谓洲际武器，是一个很大的火箭，也就像炮弹一样无翅膀完全靠速度大来达到距离远的目标。最近苏共第二十次代表大会中朱可夫的发言提到它。它实在就是两或三节接力式的火箭，一个大火箭顶着小火箭，大火箭先放，获得一定速度以后，扔掉大火箭，点上小火箭，使它得到更快的速度。这样射程就可以达到六千公里，甚至一万公里，速度达到声速的十五或二十倍。比这类洲际武器小一些的是单节火箭，是和 V–2 火箭同一类型的，它们的射程小些，约有六百到八百公里。

这类火箭有什么好处呢？和轰炸机来比，它比较灵活，不需要飞行场，因为它可以从地面垂直起飞，达到相应速度以后转向目标，只要用一个卡车带一块大铁板，把铁板在地上一铺，就能放，在任何地点都可以放，速度也比轰炸机高，难防御。它的主要问题是怎样才打得准确，如果一个就能打到目标，那么它的价钱虽高，但全面计算起来还是便宜。所以在导弹的整个的发展中，主要问题是准确，空气动力学和推进部分的问题，大致都已解决，困难的是自动控制部分。初步估计，要发展火箭导弹，百分之二十力量投到空气动力学、材料强度、推进方面，百分之八十投到控制方面。怎样来控制呢？首先是使导弹长上眼睛，自己能找目标。这件事说起来像封神榜西游记上的故事，其实也并不神秘，主要是利用目标的特点来找目标。例如飞机发出的声音很响，飞机后面又喷气发热，而大钢铁工业都要冒烟发热。这都是它们的特点。所以我们只要在弹头上安装了对声音和热特别敏感的仪器，当导弹到达目标附近时，便向声音最响或最热的地方前进。或者我们也可以在弹头上安装了雷达来探测。但是我们要注意到：正像人的目力是有限度的，有眼睛的导弹弹头也不可能从离目标太远的地方来找寻目标，因此要把这导弹先引到目标的附近，然后才可利用它的弹头来自动找目标，这中间需要一个引导它到目标附近的控制系统。防空用导弹的控制系统，就要利用测敌机位置的雷达。雷达放出的无线电波，跟着敌机走，然后使用对电波特别敏感的导弹沿着无线电波打上去，这样导弹就一定能碰上敌机。

用雷达测飞机或导弹的位置，同时还要作快速计算，方才能及时作出适当的控制决定；这就要电子计算机，用人的计算是不够快的。所以导弹的脑筋是电子计算机，它是整个控制系统中的中心环节。现在我们就来讲讲电子计算机。

人们一般用十进位计算，电子计算机用的是开关，或开或关只有两个可能性，并没有十个可能性，所以电子计算机用的是二进位，零是 0，一是 1，到了二就要进一位，写作 10，到四就要进二位写作 100。由此可见引用了二进位，我们就把计算过程变为电路的开关过程，这也是数字式计算机的原则。计算的快慢就看开关跳得多快多慢，用电子去开关，只要百万分之一秒就行了。

所以电子的数字计算机是现在最快而又很准确的计算机。此外还有一种电子计算机是模拟式的，它不靠数字的运算，它的原理是利用一定电路系统和所要计算现象之间的相似性，也就是拿电的系统来模拟自然现象。一般来说，模拟计算机比数字计算机简单，但没有数字计算机的准确度。当然从附图中我们看到的计算机都不能说是小巧的，要把它们装到导弹中去是不可能的，它们只可以留在地面上作为控制系统中的一部分。如果要把电子计算机装到导弹里面去，作为弹身内控制系统的一部分，我们首先就必须把它"专业化"，只作一件事（控制计算），不要它万能，作通用计算；这样的计算机就可以简单一些。但是只专业化还不够，我们还要小型化和超小型化，竭力缩小体积，从相当于一个柜子的大小缩到一个盒子的大小。这不是一件容易的事。所以光能作通用计算机还不能解决导弹问题，我们还要进一步制造出超小型的专业计算机。

　　我们在上面所说的自动控制系统是依靠雷达定位装置的。雷达发出的电波是直线前进的，如果敌机很远，在地平面下，你就看不到它，所以现在的洲际武器控制系统就不能用电波控制，而用天文系统控制，导弹上带着天象台，自动记忆系统，某时观测太阳在何方，经过计算机的记忆和计算系统，查对出自己所在的正确位置，然后通过自动控制系统的活动，校正飞行方向。导弹跑得很快，又要带这样一批东西，天文观测系统还需要平稳而不受震动，这就难设计了。但好处也大，因为它可以不受别人的干扰，只受天体的控制。用这种控制方法的洲际火箭的速度快，不能用电干扰的方法使它失去效力。因此，要防御它就要用另一种导弹。也就是我们最后还要用导弹来打弹。但这种导弹的准确度比现在要求的高得多，需要更高一级的科学技术水平。这是个尚待解决的问题。

　　我们在前面约略地讲过了航空发展的历史，而尤其着重于军用航空技术的问题。当然我们知道民用航空的发展也是很快的，它是现代人们所不可缺的交通运输工具。它的优点是速度高，因此可以节省很多的时间。拿它和火车比：我国铁路行车速度一般不过每小时七十公里，而喷气式旅客机像 Ty104 就有每小时八百公里一千公里的速度，约为火车的十倍。所以飞机的发展已经对人类文化作出了很大的贡献。现在的火箭导弹的研究成果，也可以应用到交通运输上去，把交通速度再提高十多倍，比火车的速度快一百多倍！这一个可能性可以这样来说明：我们在前面讲过洲际火箭，它的射程有六千公里，它的最高速度在每小时一万五千公里以上。因为最大速度是在接近地面时出现的，这样的火箭落地的速度是很大很大的。我们如果在火箭机身上装上一对翅膀，当火箭从高空回到地面的时候，空气的密度增加了，翅膀就生出升力使火箭飘起滑翔，速度也逐渐因阻力而减小，最后着落地面。这样加上了一段滑翔过程，火箭就可以达到更远的距离。据计算，航程可以因此增加两倍，也就是一万八千公里。其实因为地球的半径只不过六千五百公里，地球上最远的距离也不过二万公里，用了这种有翅膀的火箭差不多可以"一口气"从地球上的一点飞到任何其他一点。不但如此，因为这种远程火箭的起飞重量的大约百分之八十是燃料，燃料烧完之后是很轻的，一装上了翅膀，就像一架飞机，因此它的着陆速度是和飞机的着陆速度不相上下的。这类有翼的火箭也可以坐人，用它作为交通运输工具；这样从北京到莫斯科只要三四十分钟，当它实现的时候，交通运输可以说进入一个新阶段了。

自然，导弹的发展是依靠了自动控制技术在过去二十年的进展。像前面所说。自动控制技术对导弹是非常重要的，导弹的发展也就把自动控制技术推到更高的水平。这就必然地会影响工业生产方法。

自动控制在工业中的应用

我们知道现在一般用车床生产的方法是：先要人看蓝图、装料，夹刃具然后开始切削，人在其中只起了翻译的作用，是把蓝图翻成机器的动作，让刀具按照需要去切削。其实这些工作并不一定要人去做，可以用电子计算机和自动控制系统来代替人。工程师不必画蓝图，把自己所设计的东西，记录在卡片上或录音带里，再把卡片和音带安置车床上去，卡片或音带的信号一出来，自动计算和控制系统就指挥机器完全自动地进行工作。此外，在一台机器完成几个加工步骤后，往往要把半成品送到另外的机器上再加工，这也可以自动化。把机器连起来，装上自动运输带，自动搬运、安装工件，自动调换车刀，自动完成全部加工过程，一台机器坏了就自动换上备用的机器，走另一条路线：这就是通常所说的自动化。但还需要工程师或车间主任来照管机器的运行。现在，需要车间主任做的工作也可以用机器来代替了。用现在的计算机除能做数字计算外，还能做逻辑计算，也就是能有条有理地从几个可能性中选出最好的决定。机器操作的情况，用自动记录仪反映到计算上，经过逻辑计算，再去指挥机器。按照这个发展方向，不但体力劳动逐渐可以代替掉，一般变化不大的日常管理工作，也可让机器来做，由电子计算机和自动控制系统来操纵。这就是无人工厂。这就达到了最高级的自动化。

不但在工厂里是如此，在机关里我们也可以利用自动控制系统处理日常例行的事。像我们的有些图书馆，书多，管理人少，往往书一进去就找不到了。而管理图书、档案的工作，一般比较简单，其中有体力劳动和非创造性的脑力劳动，这也可以用机器代替。有的图书馆已经用压缩空气传递书了，可是还放进电子计算机的记忆系统里，人们借书时，先找到卡片，打书号，到记忆系统就翻译成书的位置，然后就自动送书。这就利用自动控制和记忆系统代替了图书管理员。

人事管理局也可以按人员编号，把人事记录在录音带上，需要时一按号码，就自动通话传来，并自动把记录打出。其他的管理和记录工作中，像管理原材料和成品的仓库、公文档案、银行、账目等等，这一切都可以利用记忆系统和计算系统来代替了。这就是自动化了的管理和办公机关。

最后必须讲一讲机械化和自动化这两个名词内容的区别。我们如果把人类生产方法的整个演化过程分析一下，最早的生产方法是完全靠人们自己的体力，主要的是两只手。再进一步，人们创造了工具，最初用石器，后来引用金属。但这还是手工业，生产过程中所用的动力也还是靠人们自己的体力。从18世纪开始，工业革命到来了，机械的动力代替了体力，动力加强了，动力集中了，使生产方法起了飞跃的变化，开始了生产机械化过程。从那时起，我们不断地用机械代替人力，不断地把主要工序机械化了，我们用了各式各样的车床、钻床、铣床、拉床、磨床等，来代替人的操作，以后连一般的辅助工序也机械化了。这也就是逐步地加强了机械化。但是无论机械化程度多么高，我们只做到用机械代替体力劳动，在工厂里还是需要技术工人来看管机械，一个车间也必须要设车间主任，一个厂也必须要生产主任，要工程师。这些管理的人员一般不做体力劳动，那么他们做些什么事呢？让我们来分析一下，可以看出：他们第一是"看"机器，"看"生产情况，也就是收集生产情报；然后他们根据这些生产情报，运用他们的知识和经验作出调整机器和生产过程的决定；最后他们执行这些决定。所以如果从自动控制体系的角度来看，管理人员的工作基本上是三部分："看"是测定；作决定是利用记忆系统的内容来运算，包含数据运算和逻辑运算；执行决定是控制。照我们在前面所说的自动控制和电子计算系统，这三部分的工作都不需要人，自动系统都能做。如果我们真的用了自动系统代替了管理人民的非创造性脑力劳动，这就是生产自动化。当然，创造性的脑力劳动，机器是做不了的。所以可以说：机械化是用机器代替人的体力劳动，而自动化是用机械系统来替人作非创造性的脑力劳动。我认为如果我们叫机械化为第一次工业革命，那么自动化就应该是第二次工业革命了。

现在企业的自动化正在开始，无人工厂还没有出现，所以我们还处在第二次工业革命的前夜，明天才是超高速飞行、星际航行、无人工厂、自动化办公室和图书馆的时代。也就是人类生产方式的一个新阶段。到那个时候，人们终于摆脱了一切非创造性的劳动，实现了共产主义的生产方法。

第五讲

没有心灵的映射，是无所谓美的

——谈美学

我看文艺学 *

英籍作家韩素音女士不久前提出要解决文学艺术和科学技术相分裂的问题，说分裂是不利于文化发展的。这大概是说西方国家的现实情况。在我们国家里，也有些同志把科学和艺术看做是截然孤立甚至对立的领域，把科学家看做是与艺术绝缘的人。我认为这种认识也不利于我国社会主义现代化建设，所以在 1979 年第四次全国文学艺术工作者代表大会上呼吁文艺工作者要多和科技工作者交朋友，以促进相互的了解。在 1980 年第二次中国科协的全国代表大会上，我又讲了科学技术和文学艺术发展的联系，提出科学技术现代化一定要带动文学艺术现代化[①]。这点努力可能有些效果，但眼看得见的变化也不大。紧接着的倒是在国内出现了"美人儿封面"的科学技术普及期刊和所谓"科幻小说"这样的奇特产品。现在好了，终于在 1982 年第 3 期《科学文艺》上有了马识途同志的文章，对文学艺术和科学技术的结合，对科学文艺提了看法，我读后感到非常愉快，很赞同。是呵，道路总是曲折的。但我也是乐观的，这条路一定要走通。所以我再写这篇东西，讲讲把文学艺术活动看作是有规律可循的，因此可以作为一门学问——文艺学来研究。我的这点意见，对不对？请大家指教吧。

一

我感到文学艺术界的同志对一切规章制度比较敏感，因此可能不喜欢听人讲什么规律；据说有的甚至不承认有美学这门学问，强调自由创造。我们这些科技人员，常常被文化人同志们认为是一群刻板行事，思想不那么活跃的家伙，因为科技人员信科学，讲自然规律不可抗拒。这是把规律的约束和创造的自由对立起来了。其实规律是客观存在的，不管人喜欢不喜欢，它都要在那里

---

* 选自《艺术世界》1983年第5期。

① 参见本书《科学技术现代化一定要带动文学艺术现代化》一文。

起作用；不承认它，一旦违背了它，倒要撞车，反而没有自由了。承认规律的存在，努力去认识它，利用它去活动，去创造，才有真正的自由；这才是从必然王国走向自由王国。

当然文艺工作者在许多领域内也还是重视研究规律的。例如在绘画，就要研究色彩、明暗、线条的学问；在音乐，就有和声学、对位法，以及器乐法等专门学问。这些学问可以说是科学技术在文艺中的应用，是文艺技术科学。

另外在我们国家，文学艺术有一个最终目的，就是要使我国的文艺为人民服务，为社会主义服务，这是坚定不移的，就如科学研究的结果决不能违背客观观察和测验。要做到这一点，一定要研究理论，首先要研究马克思主义的文艺理论，坚持并发展毛主席《在延安文艺座谈会上的讲话》，这都是研究文艺与政治的关系，可以称为文艺学的政治理论，或政治文艺学。但还有其他理论。要加深对文学艺术事业的认识，例如现代文学艺术的结构，分几个大的部门？大部门之间的关系怎样？部门内部也还有层次，一个一个台阶，逐步提高。研究这种内部结构的学问可以称为文艺学中的文艺体系学。

当然，根据辩证唯物主义的认识论，文学艺术的实践的最高概括总归于马克思主义哲学。马克思主义哲学之所以是指导我们社会实践的原理，是因为它本身就是人通过实践所获得的，对客观世界认识的最高概括。

二

我曾在谈到科学技术的体系时，把现代科学技术划分为六个大部门（编者注：钱学森同志后来将现代科学技术发展为十一大部类）：自然科学、社会科学、数学科学、系统科学、思维科学和人体科学[①]，扩大了传统的科学体系。与这相似，我想文学艺术也有六个大部。

一个文学艺术的大部门是小说杂文，这包括长篇、中篇、短篇、小说、报告文学、章回小说，杂文等。表达手段是文字的陈述。

再一个文学艺术的大部门是诗词歌赋。表达手段虽也是文字，但陈述性少，更多运用传神。我倾向把群众创造的顺口溜，不太文雅的打油诗都包括在这一大部门。

---

① 见《哲学研究》1982 年 3 期。

另一个文学艺术的大部门是建筑艺术。我想这不宜只包含土木构筑，还应把环境包括在内，也就是园林艺术，它们本来是一个整体，不能分割。在这一领域里，小可以缩到盆景，大可以到几十公里的名山风景区，再大可以扩为上百公里的国家保护游览区。因此这个部门应该称为建筑园林。

又一个文学艺术的大部门是书、画造型艺术。这里包括米粒上刻图、刻字，再大一点到印章、泥人、书法，直至壁画、佛像。小至一毫米，大至四川乐山大佛的几十米。

再一个文学艺术的大部门是音乐。声乐、器乐、独唱、独奏、合唱以及大小乐队的演奏。

最后一个文学艺术的大部门是综合性的艺术，包括戏剧、电影、舞蹈和歌剧类的我国各剧种，如京剧、沪剧、评剧等。相声、说唱也可归入这一大部门。至于电视剧当然归入到这里了。这个部门也包括节日烟火以及最近出现的激光和音乐综合演出。

以上六个文学艺术的大部门是用其表现方法来分的，能不能这样分？有没有大的遗漏？应该探讨。现代文艺的一些重要技术手段，如广播、电视、唱片、电视片、录音带、录像带等就同古老的书画、画册一样，可以为不止一个文学艺术部门服务，它本身不是什么文学艺术内在的部门。当然，技术手段影响行政组织，所以国务院分设文化部和广播电视部。

至于与科学技术和文学艺术都有关的如科学技术普及作品和科学小说、科学幻想小说呢？我想科普作品不妨纳入科学技术。科学小说和科学幻想小说以及这类题材的电影等可以归入文学艺术，进入上述六大部门中的一个部门。

三

关于文学艺术的结构问题，除了纵的大部门划分之外，也还有一个横的划分，就是前面讲的分台阶的问题。毛主席《在延安文艺座谈会上的讲话》中提到普及和提高的关系时就举两千多年前"下里巴人"和"阳春白雪"的例子。"下里巴人"是群众性的，大家懂得的歌曲，而"阳春白雪"是高级的歌曲，能唱的人比较少。可见分台阶是自古已然。文学艺术，不管哪一部门，是诗词，是戏剧，都分若干个台阶：第一个台阶是民间的，群众自己创作的，这是文学艺术的基础材料。文学艺术的专业工作者都要在此基础上提炼加工，从此吸取营养，创造出更高台阶的作品。高级作品逐步为群众所接受，又能在普及之后对群众的文学艺术作品有所提高。专业工作者靠群众，群众又靠专业工作者；高级作品要有低级作品的基础，低级作品要依赖高级作品才能上升发展。因此第一个台阶是十分重要的。

在第一台阶以上还有几个台阶？我现在也还说不清楚，大家来探讨。但我想总不会是一两个台阶，因为，我认为文学艺术有一个最高的台阶，那是表达哲理的，陈述世界观的。在诗词部门就有，李白的《下途归石门旧居》是这样一个例子吧。在音乐部门中也有，贝多芬的第九交响乐，弦乐四重奏111号作品，布拉姆斯四首庄严歌曲等都是。这类最高台阶文艺作品给人的冲击是深刻的，持久的，所以我想，应该把它们放在顶峰位置。如果同意这样的看法，那我们就可以讨论是否所有六个文学艺术的大部门都有这种表达哲理的作品，哪个部门暂时没有，就是那部门的一个奋斗目标了。

讲了文学艺术的小说杂文、诗词歌赋、建筑园林、书画造型、音乐和戏剧电影等六个大部门，讲了文学艺术从群众性创造的第一台阶到哲理性作品的最高台阶，文学艺术体系的轮廓就有了，当然还有大量研究工作要做，还有待于充实和深化。

四

关于文学艺术这门把文学艺术作为人类一个方面的社会活动来研究的学问，我能说的就暂到此为止。除了政治文艺学和文学艺术体系学之外，可能还有其他文艺学的组成部分要我们去研究。总之文艺学实际上是对应于又一门现代学问——科学学的，科学学是把科学技术作为人类又一个方面的社会活动来研究的学问。不论文艺学，不论科学学都是建设社会主义物质文明和社会主义精神文明所需要的学问。

超出文艺学再往上，就是哲学了。人类文学艺术活动这一社会实践概括成什么呢？我想是马克思主义美的哲学。我赞成李泽厚同志的见解：美是主观实践与客观实际交互作用后的主客观的统一。其实不但文学艺术的美是如此，科学技术也有美，也是如此，爱因斯坦就是这么说的。

科学技术现代化一定要带动文学艺术现代化 *

不少科学家、工程师会吟诗作画，也有不少科学家、工程师写得一手好字，这也许是封建文人传统的好的一面。但一般来说，科学技术和文学艺术这两大方面好像关系很少，科技工作者和文艺工作者接触不多，相互了解也比较少。舞台上的科学家毕竟不那么像科学家，也可能就是这个缘故。

中国科学技术协会下属有科学普及创作协会，科学电影协会和科学普及美术协会。三个全国性组织把科学技术工作者和文学艺术工作者结合起来了。但我想科技和文艺的联系不能只是电影和科普，应该广阔得多。下面就谈谈我个人的意见，请同志们考虑，不当之处请批评指正。

文艺中的科学技术

考虑文艺发展的历史，感到是科学技术的发展为文艺的表达提供了各式各样的工具。没有电影技术，就没有电影艺术；没有照相技术，就没有摄影艺术；没有现代电子技术的发展，也就没有作为文艺的一种表达工具的电视。再说我们的广播，离不开电子声学装置，比如说微声器、扬声器那一套。过去唱歌、唱戏，没有麦克风，没有扬声器，都是凭嗓门，凭体力的。在大一点的场所，要能够听见，就要嗓门大。后来出现了微声器，这对歌唱艺术家来讲，是个很大的变化。据说，近年来我们有些文艺团体出国访问，到了某一国家，那儿还是老习惯，不给安麦克风和扬声器，而我们的文艺演出是用麦克风和扬声器的，我们的歌唱家就很为难了，他唱不了那么大的嗓门呀，结果效果就不那么理想。还据说，用麦克风和扬声器的唱法跟不用它们的唱法不一样，一位歌唱家很难兼而有之。从这一个例子不就看清了科学技术对文学艺术的表达有深刻的影响吗！

让我再举更多的其他方面的例子。

---

* 选自《科学文艺》1980 年第 2 期。

前次到广播事业局，那里的同志给我们讲所谓多声道录音，他们认为那是大有发展前途的。这就是一个乐队录音分好几个声道进行。比如说，这一部分是弦乐器的声道，那一部分是铜管的声道，这部分再是打击乐器的声道，等等。这样子录音的好处是在录音的时候，哪一部分出了点问题，不需要全部重新再来过，只要那一部分乐器重新再录一次就行了。最后把几个声道加在一起，效果就变为整个乐队的了。据说这个技术还可以进一步推行到每台乐器、每个演奏者一个声道，把重新录制的工作只限于个别人。

　　再说建筑艺术，那更是要依靠建筑材料了。如果只能用石头来造房子，就不可能建成北京故宫那样的殿宇；如果没有钢筋混凝土，也不能建成北京火车站或人民大会堂；如果不用钢架结构，也建不成几十层的高楼。随着时代的变迁，科学技术的发展，建筑形式即建筑艺术的表达方式也必然变化。河北省赵州桥尽管是以前劳动人民的杰作，但我们不会也不可能把跨长江的大桥建成赵州桥的样式。现在我们认识到我国是一个地震比较频繁的国家，我们盖房子老用"秦砖汉瓦"是不行的，要改用构架式加轻质墙板。由于材料变了，技术变了，建筑也必须变。现在遍布我国城镇的宿舍楼、办公楼再过十多年可能要成为老古董了，我们的建筑设计师们将为人民创造出式样新颖、更符合新中国风貌的各类建筑形式。

　　绘画书法和其他造型艺术不也是这样吗？中国的水墨画是建立在宣纸的基础上的，书法也是如此。所以造纸技术和造笔、造墨、造颜料的科学技术是绘画、书法的基础。要复制就要靠印刷科学技术，这一点我国还比较落后，必须努力赶上去。至于雕塑那就要讲究用什么材料，是各种质地不同的石料？是石膏？是金属铸造？大的雕塑还得研究结构强度，可能里面得有钢架。这次全国科普美术作品展览就有一座雕塑，由于作者使用了重量很轻的泡沫塑料才有可能制作成功。

　　戏剧呢？我们当然会想到舞台上的灯光布景。近年来我国舞台上几乎普遍使用天幕幻灯投影作为布景手段，取得很好的效果。这在没有摄影技术和强光源的时代是不可设想的。舞台也有能转的，一分钟就把前台转到后台，把后台准备好的场面移到前台，大大缩短了场与场的间隔时间，使观众的情绪不致因久候而冷下来。这就更明显是科学技术的成果了。

　　我们在前面已经说到没有摄影科学技术就不会有电影艺术。今天我们到电影制片厂去参观，这一点我们是可以学到的，因为拍摄棚的灯光布置简直是一个小小的电力工业系统，而胶片在拍摄前还要经过一系列检验，标定它的感光速度，洗印时要选配最合适的洗印液，在洗印机（它本身就是现代工业的产品）房中一切操作都要有严密的控制。洗好的底片还要再检验，一段一段标出它的色彩补偿措施，这才能开印正片。这都是现代科学技术的应用。最近又有了新发展：由于电子技术、电视技术的发展，电影拍摄不必把画面一次拍成，而可以像多声道录音那样，分别拍摄：一次拍自然外景，一次拍近场的房屋、树木，一次拍人物动作，再一次录音。然后综合起来成为一幅画面，而且把重叠的图像自动消除掉。甚至影片的导演可以根据剧情去掉原拍摄画面上某一事物，例如外景是现在拍的，而剧情是几十年前的事，那时外景还没有现在的高压输电线和电线塔架，为了真实，导演可以控制综合机，消除画面中的电线和塔架。

以上举的这类事例还可以列出很多很多，但就是已经讲了的也使我们看到科学技术的发展对文学艺术表达方式方法的影响。对于这一点，在以前好像是不为我们所重视的。往往是科学技术的发展给文艺的表达提供了前所未有的可能，而这种可能又往往不是自觉地为文艺工作者所利用，常常倒是其他人，偶然发现了这种可能性，从而开拓了文艺的新形式、新文艺。这种蒙昧，在一百五十年前也许是不可避免的，但现在我们已经懂得了辩证唯物主义，并且应用到人类社会现象，建立了历史唯物主义，我们应该自觉地去研究科学技术和文学艺术之间的这种相互作用的规律。不但研究规律，而且应该能动地去寻找还有什么现代科学技术成果可以为文学艺术所利用，使科学技术为创造社会主义文艺服务。我们也要在这个领域走到世界前列。

我希望文化部领导的文学艺术研究院能在这方面起很大的作用。

可能出现的文艺新形式

我们现在看到了什么新的可能呢？一个是激光，激光的光强要比最强的聚光灯还强过不知多少倍，激光可以使我们节日的焰火礼花增添新光彩。北京天安门广场的焰火在施放的同时，用探照聚光灯在天空形成多道飞舞的光束，为彩色的、变化的礼花衬托一幅光辉的背景。但比起激光器来，聚光灯是大为逊色的。激光器不但光的强度大得多，而且可以有各种色彩，甚至一台激光器的色彩是可调的、可变的。有了几十台激光器放出多彩的光束、变化的光束，在天空中飞舞，加上焰火礼花，那将是一个壮丽的场面。

大家可能去过电子计算机的机房，在有参观人员时，科技人员常常使电子计算机唱歌。所以电子计算机是会唱的，当然是在人的指使下，它才唱，电子计算机只是工具。一般机房里的歌声是很单调的，没有音色的变化，也没有力度的变化，不是高超的艺术。当然现在还有电子风琴，比计算机房的歌唱声算是改进了一点，也还比较简单，显得单调。但电子计算机作为一台复杂而又高速的控制机器，完全可以根据人的愿望综合出各种声音，比如人的歌声、弦乐器的声音、铜管的声音、木管乐器的声音、打击乐器的声音，而且音域更广，强弱比更宽。所以有朝一日我们将进入一场音乐会，台上没有乐队，没有歌唱家，没有独奏音乐家，也没有指挥，可能有一位音乐家坐在台旁一角，他面对一台有一排排按钮和旋钮的控制台，我们看他不时按一下这个按钮，有时转一下那个旋钮，再也没有其他动作了。是在幕后的电子计算机按照作曲家写的乐谱综合出深刻、动人、雄伟的音乐，通过安放在音乐厅各处的扬声器演奏出来，台旁的音乐家只作必要的调节以加强音乐的感染力。有作曲家，但除了控制台前的音乐家外，没有任何演奏人员，是电子计算机代替了，代劳了。不但代替，电子计算机还可以按人的意愿制造出前所未闻的音响，作曲家不受任何乐器和歌喉的限制，大胆自由地创作，使音乐艺术向更高水平跃进。

同志们也许还记得在参观电子计算机房时，科技人员叫电子计算机画图，写出什么"欢迎参观"之类的字句。是的，电子计算机能绘出人叫它画的任何图画，而且比人画的更细致准确。我现在讲个故事：在美国有一所私立的名牌大学，要在学校已有建筑群中再添一座用作小博物馆的塔楼。楼是设计好了，就差经费不能动工兴建。在美国，这是要向大资本家募款的。这个学校的校长想出一个点子，要以奇取胜，他就同学校的电子计算机教授们和建筑学教授们商量，要使电子计算机控制一台电视机，在电视机荧光屏上出现这座还不存在的博物馆塔楼在已有建筑群中的远景，然后要电视机出现一个人一步步走向这个还不存在的小楼的景象，然后登上这个还不存在的小楼，直到还不存在的塔楼顶层，眺望全校校园景色。这件事办成了，电视短片制成了。这个故事启发我们，电子计算机既然可以制造还不存在的小塔楼的外景、内景的电影，电子计算机一定能制造整部的电影。有了创作家写的电影剧本就能通过电子计算机和光电技术、声电技术制出电影来。开始时也许是电子计算机只造背景，人物动作还是真人演员拍摄，然后如同前一节讲的那样综合成片子。也许最后真人拍摄的部分逐步减少，主要是电子计算机造电影了。这就使电影导演从拍摄工作的局限性中彻底解放出来，大大地扩展了他的创造力，促使电影艺术向前发展。

激光焰火、电子计算机为制作工具的音乐和电影，这不过是举几个例子说明现代科学技术的确能提供文艺表达的新形式，还有许许多多其他可能形式等待我们去探讨。前景是十分引人的。

工业艺术

文学艺术中有科学技术，那么科学技术中有没有文学艺术呢？当然有。前面提到建筑艺术，它实际是介乎工程技术和造型艺术之间的东西。也有人还要细分：把建筑划成以艺术表达为主的构筑，如纪念碑、纪念塔、美术馆、博物馆，以至大会堂等公用建筑；另一类是以使用为主的构筑，如工厂、办公楼、宿舍等。其实分类或不分类，建筑应该有艺术的成分是无疑的，人总喜欢他日常生活中的房子不但合用，而且有美感，给人精神上的享受。在我们国家尤其要提到与建筑相关联的园林，这是我国传统的艺术，大至一处山川风景区、一座皇家官院，小至一户住家的园林，都是艺术上的杰作，称颂中外。

人们在日常生活中使用的东西，除屋宇外，还有各种用品，杯、碗、器、皿、盘、盆，历来劳动人民对此倾注了不知多少心血。这也是艺术创造。在我们国家，这种传统制作称为工艺美术品，是轻工业的一个重要方面，还要大力发展；也有一个中国工艺美术学会。但我们尤其应该重视日用品中那些一般不认为是工艺美术品的东西，它们难道就不该得到艺术家的注意，就该随便选形，随便装饰，搞得难看吗？当然不应该如此，而应该做到我们常说的"美观大方"，人民爱用。我想这也许就可以称为工业艺术了。

其实工业艺术已经有了，钟表设计得美观，不是工业艺术吗？无线电收音机设计得美观，不也是工业艺术吗？电视机设计得美观，自然也是工业艺术。至于衣着被褥，从材料设计到服装设计更和美术有关，也是工业艺术的一个方面。在这方面，在工业生产部门也实际有专业的美工人员，而且有学校专门培养人才。我想我们应该进一步重视这方面的艺术，大大推广它的范围，推广到书刊设计，推广到缝纫机设计，推广到家庭和办公室家具的设计、灯具设计，推广到自行车设计，推广到各种汽车外形设计等。一句话，要把工业艺术应用到一切工业产品，就连机械加工的机床也并不是非老是那个样子不可。要打破这些人们天天接触的东西老是不变，或是变得很不好看的常规！

我想工业艺术的工作者队伍是不小的，中国科协应该考虑在三个科学技术和文艺技术相结合的协会之后，再成立一个工业艺术协会来交流这方面的经验，推动这方面的发展。

展览馆的艺术

参观展览馆是人民所喜欢的一种受教育方式。如果说一个人平均活六十五岁，前十年年岁太小不算，平均一个人有五十五年可以去展览馆。我国有大约十亿人口，每人一个月去一次展览馆，每年就是大约一百亿人次。展览馆星期一休息，一年开馆三百一十二天，每天接待观众以三千人计，全国就要一万多个展览馆！所以说在我们这样的国家办展览馆是件大事。

我们对展览馆、博物馆是重视的，建国以来展览馆、博物馆，包括美术馆、农业馆、科学技术展览馆、植物园和动物园等，也确实办了不少。但我看似乎对这个问题还缺少一个全面的认识。往往是等到已经定了要举办某一展览了，才找一个临时班子；他们也很花心思，很辛劳，往往从头做起。但展览一结束，班子也散了，他们的实践经验得不到累积和继承，所以也不能很好地发展。我看办各种展览是一种演出，只不过这场演出是观众同演员直接接触，都在台上，没有台上、台下之分。既然是一场演出，为什么没有一个演出的组织呢？为什么不请一位总导演呢？既然是一场演出，就应该根据展览的目的，有个脚本，也就是有个展览的总体设计，展览的内容如何安排，如何穿插，如何从序曲，逐步展开，中间有高潮、有插曲。一定要使参观的人，看完展览之后有个深刻的印象，而印象必须是展览设计要达到的。我们现在的展览未必能达到这个要求。参观的人出了展览馆大门，脑子里留下的往往是眼花缭乱或一些片断的印象，展览的教育目的可以说没有完成。戏剧和电影的创作都有很深的讲究，为什么展览就没有一门展览学，也没有个展览学院呢？

至于展览的具体工作，就像戏剧和电影也有其科学技术，要办好展览，也要引用现代科学技术。我们现在一般是用不能活动的模型或图板，最多有些灯光可以开关，讲解员拿着教鞭，站在那儿一次又一次地口讲，实在累人，连嗓子也讲哑了。为什么不用活动的模型呀？用电影呀？录音、录像、大屏幕显示都可以用嘛。而且这一切是可以用自动程序控制的，完全可以为讲解员代劳。这就是展览技术的现代化。

当然，展览馆是多种多样的，有综合性的，而更多的是专业的，也有讲一个问题的。这是展览馆建设的问题了。我在这里不来多谈这方面的问题，我只想强调一下展览馆工作中的艺术问题，作为科学技术与文学艺术结合的又一重要方面。

科学文学艺术

我主张科学技术工作者多和文学艺术家交朋友，因为他们之间太隔阂了。文学艺术家是掌握了最动人的表达手段的，但他们并不清楚科学技术人员的头脑中想的是什么，那他们又怎么表达科学技术呢？长江葛洲坝的宏伟图景只能拍那么几张紧张施工的照片，没办法的工程技术人员无可奈何地自己画张大坝竣工后的全景，是合乎科学的，但没有气魄，不动人。我们多么希望我们的画家能用他的笔创造出一幅葛洲坝的宏图来激励日夜为大坝奋战的大军呵！

再说我们现在要实现农业现代化，我们的文学艺术家们知道不知道我们农业科学家和农业机械师所想象的未来农村呢？我们多么希望我们的文学家能描写出一个21世纪中国农村的活动呵！工业现代化呢？下个世纪的工厂是什么样子呵？

但这是说我们大家所习惯的这个世界。科学技术人员通过各种探测仪器所观察到的范围比这个世界要广阔得多，观察加科学理论使科学技术人员能超出我们这个常规世界，进入深度几千米的大洋洋底。不，再深入到地球地壳以下上千公里的地幔，更深入到几千公里的地核，地球物理学家可以讲得头头是道，但谁、哪一位文艺作家接触过这个世界呵！

往大里说，科学家知道地球外十几万公里的情况，那里有太阳风引起的磁暴。再往外到月球、火星、金星、水星、木星、土星、天王星、海王星、冥王星，天文学家能讲上不知道多少昼夜，那是太阳系的世界。再往远处是恒星的世界，在星团区域里，天上不是一个太阳而是几十个、上百个太阳同时放出光辉，有像我们太阳光的，有放橙黄色光的，有放带红光的，绚丽多彩。这是银河星系的世界。天文学家还知道星系以上范围更大的星系团和星系团集的世界，那是几亿光年范围的世界。我们也希望我们的文艺界朋友写一写或画一画这些世界呵。

往小里说，生物学家对微生物，对细胞、遗传基因，还有核糖核酸、脱氧核糖核酸的活动，都能讲得很详细，讲得很生动，这也是一个世界。物理学家和化学家还可以讲到更小尺度的世界，讲分子、原子的世界，讲原子核的世界，讲基本粒子的世界，一直讲到基本粒子里面的世界。这是小到一个厘米的亿亿分之一了。我们也希望我们的文艺界朋友能写一写或画一画这些世界呵！

所以我们大家所习惯的世界只不过是许许多多世界中最最普通的一个，科学技术人员心目中还有十几个二十个世界可以描述，等待着文学艺术家们用他们那些最富于表达能力的各种手法去创造出前所未有的文学艺术。这里的文学艺术中，含有的不是幻想，但像幻想；不是神奇，但很神奇；不是惊险故事，但很惊险。它将把我们引向远处，引向高处、引向深处，使我们中华民族的精神境界有所发扬提高。

我在这里讲要把文学艺术和现代科学技术结合起来，提出了文艺中的科学技术和文艺新形式的问题，提出了工业艺术问题，展览馆的艺术问题，最后讲到科学文学艺术问题。因为科学技术现代化是四个现代化的关键，结合了就会出现现代化的新文学、新艺术，科学技术现代化要带动文学艺术现代化。懂得历史唯物主义的中国人民，要能动地利用掌握了的客观规律来创造出前所未有的社会主义新文化。

同志们，我讲的能不能实现？呵！是的，但同志们请你听，你听呵，这不是亿万人民新长征的脚步声？让我们努力追上去吧！

对技术美学和美学的一点认识*

我从前写过一篇东西①，讲文学艺术和科学技术之间的关系，在那里，我说文学艺术的创作也总要有个科学技术的基础，没有纸张、印刷，也就难有今天的文学；没有摄影技术和电声技术，也就不可能有今天的电影。这是一个方面的关系，可以说是科学技术为文学艺术服务，现在我们的"技术美学"是一门把美学运用到技术领域中去的新兴科学，可以说是另一个方面的关系，是美术为科学技术的产品设计和制造服务。

我写的那篇文字，也讲到科学技术的产品设计和制造中的美术问题，例如各种日用品，杯、碗、器、皿、盘、瓶、盆等，衣着服饰等，图书装帧等，以至产品包装等，要做到"美观大方"又经济实用，这大概属于工艺美术。从经济效益看，这也不是件小事。例如目前在我国，一方面人民手里有钱，要穿得更好些，而另一方面纺织工业又开工不足，不是缺纤维原料，而是库存积压。怎么回事？是衣料布匹花色品种太单调，不美观，所以人民不喜欢。这里工艺美术是可以帮助解决问题的，从而创造出以亿元计的价值。因此工艺美术是件大事。我们也有个专业性组织，叫中国工艺美术协会。

其实这个领域还可以扩大些，包括一切产品的设计，一台机器的外形、色彩，难道就不需要搞得"美观大方"些吗？从前我国制造的机器总爱漆成暗灰色，很难看。现在色调浅些，常常是淡灰色，是个进步。这方面还大有可为。这样，工艺美术就该扩大成为"技术美术"，它更是物质文明建设和精神文明建设的大事了。

我以前曾把文学艺术分成六个大部门：小说杂文、诗词歌赋、建筑艺术、书画雕塑等造型艺术、音乐，以及戏剧电影等综合性的艺术③。现在看，这六大部门包括不了。出了一个把科学技术产品和造型艺术结合起来的部门——技术美术。

---

* 选自《技术美学丛刊》1984年第1卷。
① 即《科学技术现代化一定要带动文学艺术现代化》一文，见本书。
③ 参见本书《我看文艺学》一文。

不是六大部门，文艺要分成七大部门了，是小说杂文、诗词歌赋、建筑艺术、造型艺术、音乐、戏剧电影等综合性艺术和技术美术。当然这种分法也只是一种认识，认识过程并没有结束，还会有发展。例如我最近也在考虑：有我国特色的园林艺术应不应包括在建筑艺术之内①？因为园林艺术是一种改造生活环境的艺术，比建筑艺术综合性更高。如果这样，那文学艺术又要再加一个大部门——园林艺术，成为八大部门了。

在 1983 年 10 月厦门全国美学学会第二届年会中，与会同志除了肯定了技术美学之外，还对部门艺术美学的问题展开了讨论，强调美学的研究还应强调部门艺术美学的探讨，更多地注意到文学艺术各部门的特性。我想从这一观点看，我们这里说的技术美学应该是联系技术美术的部门艺术美学。有多少部门美学呢？有多少文学艺术的大部门，就有多少部门美学。照前面讲的，就该有小说杂文美学、诗词歌赋美学、建筑美学、造型美学、音乐美学、戏剧电影美学、技术美学，或再加上一个园林美学。

研究学问就是一个人认识客观事物的过程，而这个过程总是从个别到一般，再用上升到一般的规律来指导更深入的对个别的研究。强调部门艺术美学的研究是对的，它是一条必须经历的道路；从文学艺术的实践到理性认识、部门艺术美学，再到一般美学，最后到马克思主义哲学这一人类认识的最高概括。这条认识道路的顶峰是马克思主义哲学，而不能是什么其他，这也是马克思列宁主义的论断。根据这个思想，我曾提出，美学是文学艺术的创作实践到马克思主义哲学的桥梁。

我想，以上这条思路也许是有助于美学的研究的。目前大家对美学的见解还不很一致，有同志说美学现在还偏重于哲理性的探讨，建议要从心理学等方面来研究美学，开辟新途径。为什么偏重于哲理性的探讨呢？原因之一可能是：美学还不是现代意义的科学，还有许多空白点，没有事实，要用思辨以至猜想去补。这倒正如恩格斯所说的，是经典意义的"自然哲学"②了。我们是科学的社会主义者，不能满足于"自然哲学"式的理论，要努力建立科学的美学。怎么办？上面说的走心理学的路子是可取的。但我认为如果要说得更完整些，就应该引用思维科学这个概念，因为美感是人思维过程的结果。当然思维的器

---

① 参见本书《园林艺术是我国创立的独特艺术部门》一文。
② 见恩格斯：《路德维希·费尔巴哈和德国古典哲学的终结》，《马克思恩格斯选集》第 4 卷。

官是物质的大脑，所以追到底，还会进入我所谓的人体科学，人体科学的基础科学包括心理学。

这是从人的思维实践来研究美学，所以我以前也想把美学作为思维科学的一门学问。但我现在认为这不见得妥当，为什么呢？这是基于以下的理由：人的美感与人的社会实践和社会意识有直接关系，不完全决定于人脑思维方式和规律，如抽象思维、形象思维和灵感思维。即便两个人的思维方法和规律相接近，但社会实践不同，从而社会意识不同，美感也很不一样。在阶级社会中，统治阶级的美感同被压迫被统治的劳动人民的美感不一样；而在今天，有些人认为是美的东西，而我们大多数人都说是精神污染！真是天南地北，决然不同。所以美的实践又是一项人的社会活动的产物，必须从社会活动的规律去理解。没有什么脱离社会实践的所谓美。

这样，研究美学还必须考虑又一条路子：考察文学艺术的创造和欣赏这项社会活动的规律。历史上的、旧社会的要研究，而对我们来说，尤其要集中力量研究在今天的中国，文学艺术与社会主义物质文明和社会主义精神文明建设的关系，它的规律。这就是我称为社会主义文艺学的学问。这里加了社会主义这个限制词，以区别于其他时代、其他社会制度下的文艺学；这是一门新时代的新学问，不是什么古老的文艺学论述。

按以上的设想，建立马克思主义的、科学的美学，要开展三个方面的工作：一是从部门艺术美学中提炼，而部门美学又是从总结不同文学艺术大部门的实践建立起来的。二是从思维科学以至人体科学吸取营养。三是从文艺学，特别从社会主义文艺学中找美的社会实践的规律。这个结构如下图所示。

当然建立全部结构，并非一日之功，而且也不会是只有等基础全部搞好了，上面一层结构才能动手，因为事物总是相互关联的。上面的结构也可以指导下面一个层次的研究。例如，虽然马克思主义哲学还要发展，但它现在就必须用来指导美学以及部门美学的研究。又如，尽管一般美学还有许多问题尚待研究解决，但它也必须用来指导技术美学的研究和技术美术工作。而各部门艺术美学之间也可以相互借鉴。

我的这点认识，有没有对的地方？此图的结构有道理吗？请同志们指正。

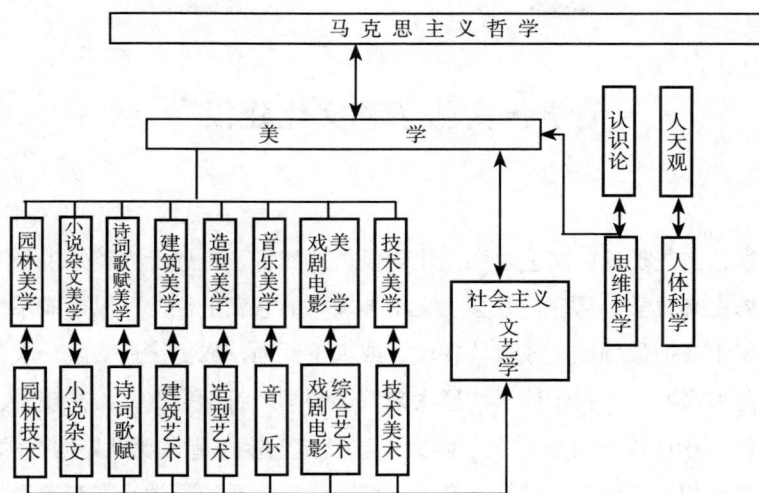

马克思主义哲学

美　　　学

园林美学　小说杂文美学　诗词歌赋美学　建筑美学　造型美学　音乐美学　戏剧电影美学　技术美学

认识论　人天观

思维科学　人体科学

社会主义文艺学

园林技术　小说杂文　诗词歌赋　建筑艺术　造型艺术　音乐　戏剧电影　综合艺术　技术美术

美学、文艺学和文化建设 *

美学、文艺理论、文艺学和文化建设，这四者，再加上人类知识最高概括的马克思主义哲学，从建设社会主义精神文明的意义上说，可以构成系统，它们各自属于或抽象领域，或具体领域，或理论性强，或更接近实践，或范围宽些，或范围窄些。从科学体系的层次来看，美学属哲学层次，文艺理论、文艺学属基础科学或应用科学层次，而文化建设属直接改造客观世界的技术层次。从我们国家和人民的奋斗目标来看，它们都是很重要的科学研究和建设事业的方面，都将为社会主义精神文明建设做出巨大贡献。因此，我们要予以重视，加以深入研究。抱着这样的心情，过去我曾在这些方面讲过一些意见，现在想借此机会，再谈一些看法。当然我对文艺理论没有研究，在这里只能暂缺，请行家们来补上吧。

我们的眼光要看到 21 世纪

眼界不同，对问题的认识以及得出的结论也会不同。因此，我首先要讲讲我国历史的过去与未来，作为我们探讨美学、文艺学和文化建设的出发点。

最近开了六届全国政协四次会议。在会上，政协委员们都认为我国现在形势的确非常好。我们国家蒸蒸日上，我们改革的成就引起了全世界的注目，我们的前景是光辉无量的。许多西方人也看到了世界发展的大趋势，看到了中国、亚洲、东方了不起的势头。我们为这个大好形势感到高兴，同时要看到还存在很多问题。更重要的是要从历史唯物主义的角度来认识社会历史的发展。

讲历史、人类历史可追溯到很远很远。人类从蒙昧时代慢慢进入野蛮时代并向文明时代过渡，一个里程碑是一万年以前所谓新石器时代。这时开始有了农业、畜牧业。我称之为第一次产业革命。因为这时人类谋生方式起了大的变

---

* 选自《文艺研究》1986 年第 4 期。

化，从打猎、收集树上地上能吃的东西，变为自己来种地、养牲口，自己控制生活的来源，开始了能控制自己命运的历程。随着生产的发展，人类历史从原始公社进入到奴隶社会。大约在三、四千年以前，出现了商品生产和商品交换。我称之为第二次产业革命。这时社会生产、社会经济、社会组织等方面又一次发生质的变化。有了商品交换，生产者就不光是为自己的消费而生产了。到了封建社会，商品生产就有了更大的发展。

中国历史进入封建社会以后，一个突出的特点就是封建时期延续非常长。最近有的历史学家把中国的封建社会划分为两个时期——唐朝以前和唐朝以后。唐朝以后我们的封建制度进入到租佃制的时期。这一发展，就使中国的封建制度非常稳固，中央集权有了更牢固的基础。这与欧洲的封建制国家不同，它们多是分散的小王国。由于中国的封建制度非常强大、非常牢固，所以资本主义在中国很难萌生。16、17世纪西欧的资本主义就发展起来了，到了18世纪后半期出现了工业革命。我把它叫做第三次产业革命。这个时候，中国正是明朝后期，出现了资本主义的萌芽，但是这个萌芽在明末就被压下去了。新生的资本主义因素在中国没有成长起来。

在明末以后，知识分子感到封建的一套难以搞下去了，但又看不到出路，感到没有希望。于是出现了伤感文学。文学名著《儒林外史》第五十五回《添四客述往思来，弹一曲高山流水》中的一首词，最后的几句是非常消极的："从今后，伴药炉经卷，自礼空王。"意即入世没有意思，干脆炼丹去，逃避社会现实。到了清朝，越往后发展，越暴露出封建制度的腐朽性。知识分子中出现了叛逆的情绪，产生了一些批判揭露性的东西。可是，皇帝老爷一出来镇压，就把好些知识分子赶到考据学、古书堆里去了。

1840年，鸦片战争后，中国渐渐沦为半封建半殖民地社会。民族存亡到了紧急的关头，一些仁人志士在1898年发动了戊戌政变，但失败了。1911年辛亥革命成功了，但是不彻底，不能真正解决中国的问题。1919年爆发了五四运动，求救于德先生、赛先生——民主与科学，但是政治方面还是不清楚。过了两年，直到1921年中国共产党成立了，才真正找到了方向。可见，从明末时看到问题到真正找到出路，即从1620年到中国共产党成立，花了将近三百年的时间。接着又经过了二十八年到1949年，取得了新民主主义革命的伟大胜利，成立了中华人民共和国。共和国成立后才真正开始迟于西方二百年的产业革命。在这之前，我国虽有一定的工业力量，但不属于第三次产业革命的范畴，因为说不上有大工业。真正大工业的建立还是建国以后的事情。这就是中国近代史的曲折过程。

那么，是不是我们成立了中华人民共和国又搞了一段建设，我们就已经认识到如何来建设社会主义了呢？还没有。我记得 60 年代初毛泽东同志曾接见一位英国贵宾，那位贵宾总问："你已经搞了这么多年社会主义，应该知道如何建设社会主义。"毛泽东同志回答说："还不能说已经知道如何建设社会主义了。"我觉得这是实事求是的。后来搞乱了，不对了，搞错了。党的十一届三中全会后，又经过三年的实践特别是农村政策，到了 1982 年 9 月，党的十二大才总结了建党以来成功的经验与失败的教训，真正找到了建设有中国特色的社会主义的道路。我们党是 1921 年成立的，花了六十一年的时间，才走上了通向未来的正确道路。找这条路是多么不容易啊！我们党已确定了到 2000 年的国家发展的宏伟目标。我们有信心达到这个目标。外国人也说：中国人翻两番的目标不但能够达到而且可能超过。

如果能这样发展下去，到建国一百周年时，我国就要接近或达到当时世界的先进水平。对于这个前景我们脑子里应该想一想。我们不要老是看到周围疙疙瘩瘩的事不少，看不到这个大局。否则，你就会抓不准历史的脉搏。

我之所以要讲我国历史的发展，是因为中国曾经是从明末时期的毫无希望、没有出路、痛苦极了的状态下，经过曲折的道路，到十二大才真正摸清了我们建设社会主义的道路，而这个道路又经过这几年的实践证明是正确的。讲要看到 21 世纪，我们建国一百周年时的光辉前景，是因为这与我们要讨论的美学、文艺学和文化建设有密切的关系。这就是说，我们千万不能用老眼光来看问题，既不能用过去的眼光，也不能用短浅的眼光来看人民最近、将来的文化需要以及长远的文化建设。什么是我们人民现在以及未来需要的东西，是我们应认真研究的问题。我们搞文化建设，搞文学艺术，搞美学文艺理论，不看到 21 世纪，没有这个眼光，就会迷失方向。

什么叫美

为什么要从这个根本问题开始？道理很简单，是为了要找到科学的理论，就要从美学这门哲学开始来看看我们的文化建设和文艺学的一些重要问题。

我们的社会主义建设要有科学的理论指导才靠得住。这个理论就是马克思列宁主义、毛泽东思想。什么叫科学？科学不是凭空想出来的，是经过实践证明的理论，是从客观的事实，历史的经验教训总结出来的东西。马克思主义哲学、马克思列宁主义、毛泽东思想是从实践总结出来的理论。党的十一届三中全会大大发展了这种理论。我认为，没有什么比这更高明的理论。

关于文化问题，马克思列宁主义、毛泽东思想有很多精辟的论述，许多基本的原则至今仍有着指导的意义。我们的许多同志就是根据马列主义、毛泽东思想来认识、思考我们的文化和文艺问题的。比如，对于文化和文艺，首先要明确我国文化的性质。这次政协会议当中，姚雪垠同志有个发言很好，他讲了三条："第一，我们所发展的是以马克思主义为指导、社会主义性质的革命文化，这一点不能有丝毫的含混。我们既反对封建糟粕的重新泛起，也反对资本主义腐朽文化的侵蚀，同时还防止极左教条的重新抬头。第二，我们的社会主义文化应植根于深厚的民族土壤，既是革命化的，也是民族化的，我们反对复古的倾向，而重视继承和发展民族文化的精华。反对民族文化的虚无主义，也反对盲目地学习西洋。第三，我们的文化是面向大众的。文学艺术应表现为大众所关心的题材，采取为大众能接受的文学艺术形式，培养大众健康的鉴赏趣味。反对以赚钱为目的，将低级的、庸俗的、粗制滥造的所谓文艺作品迎合群众中的落后的趣味，美其名曰为人民服务。"我认为第一条是明确我们总的要求。我们是建设社会主义的文化，当然应如此。第二条，既然我们搞的是中国的社会主义，就是要有中国特色的社会主义的文化。我们的文化、文艺不能离开中国这块土地，完全移植外国的是不行的。何况我们中国几千年绵延不断的文化是世界上少有或没有的。我们中国从不间断的悠久的文化，有自己的特色，这是值得骄傲的。当然，对传统的文化也要分析，不能全盘肯定，但也不能全盘否定。过去说是封建地主阶级的文化，就要大批，就要反对，这就简单化了。有些传统文化从前是为封建地主阶级、帝王将相服务的，可以从某种意义上转为为劳动人民服务。为什么他们从前享受的东西我们现在不能享受？现在许多人民喜爱的风景园林、名胜古迹，在过去不都是为封建地主阶级服务的吗？问题在于对过去遗留下来、传下来的东西，我们要加以甄别，看看哪些是属于我们还要继承和发扬光大的。第三条"是为人民大众的"，这也是理所当然的。因为我们是社会主义国家，我们的文艺、文化是为人民服务的，面向的是全体人民而不是哪一部分。这个思想早在四十多年前毛泽东同志《在延安文艺座谈会上的讲话》中就已经讲了：我们的文艺是"为人民大众的"。邓小平同志 1979 年 10 月 30 日在《中国文学艺术工作者第四次代表大会上的祝词》中也说道："我们的文艺是属于全体人民的。"而且还说："我国历史悠久，地域辽阔，人口众多，不同民族、不同职业、不同年龄、不同经历和不同教育程度的人们有多样的生活习俗、文化传统和艺术爱好。"这就指明我们的文艺要为不同的对象服务。

人民的各部分对文化、文艺的兴趣、爱好是不同的。这就和美学的基本问题挂起钩来了。因为一些重要的问题，要追溯到美的理论。我不是美学家，也不是哲学家，但对美学有浓厚的兴趣。最近看了今年第 3 期《文艺研究》发表的三篇文章：邹士方、王德胜的《朱光潜晚近美学思想评述》、涂途的《蔡仪美学思想的新发展——读〈新美学〉改写本》和梅宝树的《再谈李泽厚的美学思想》。这些美学家对美、美学有各自不同的看法，应该允许百家争鸣。若是要问我，什么叫美？我以为，美是主观实践与客观实际交互作用后的主客观的统一。这就要联系到人、人的意识或精神与物质的关系问题。我认为，马克思主义哲学已经科学地回答了这个问题。我们搞准了精神与物质的辩证关系，就不会错。

西方一些学者，不是偏向唯心论，就是陷入机械唯物论。机械唯物论不承认人、人的意识、主观的作用。这方面，西方的行为主义的心理学是最突出的例子。行为主义心理学就是机械唯物论。现在公开地打出唯心论的旗帜已不行了，就常常主张二元论：有物质也有精神。在西方，持此观点的科学哲学家很多。英国鼎鼎大名的所谓科学哲学家波布尔爵士直言不讳地说他就是二元论者。

我们是辩证唯物论者，认为物质是第一性的，精神是第二性的。我们承认物质是第一性的东西，但没有忘了还有精神的东西，没有忽视精神的反作用。从这一基础出发，美是主观实践与客观实际相互作用后主客观的统一。我们的创造达到了这点就叫美。从这个观点也可以解释，为什么美的爱好、艺术的爱好会不一样，这是因为主观的实践不一样，人和人的实践不一样，包括不同民族、不同职业、不同年龄、不同经历、不同教育程度、不同生活习俗、不同文化传统……不说知识分子与体力劳动者的实践不一样，就是每个知识分子的实践也不见得都一样。你认为美的东西他不一定认为美。人们的艺术爱好、艺术感受是千差万别的，这是我们在建设社会主义文化时，要认真加以考虑的。我们不能像唯心主义那样，采取我认为什么美你就得合乎我的标准这种态度。以少数人认为是美的作为标准要大家来接受，不顾及多数人的审美要求，这是不对的。我们的文艺是为全体人民的，人民又是各式各样的，因此，我们的文艺也是要多种多样的。

当然，要真正把美这个问题搞清楚，归根到底，就与思维科学有关。而思维科学与模糊数学有关。我最近与北师大数学系汪培庄教授交谈，学了一点。这是因为美离不开形象思维，而形象思维是活的，不能"死心眼儿"，活就是模糊，模糊了才能活。但据汪教授讲，模糊科学的研究，目前仅仅是开始。因此，要用模糊科学解决思维科学问题，现在为时尚早。而思维科学要真正发展了，才能用它来解决美学的问题。这儿有好几个层次的问题，不能性急。现在有一些同志把问题看得过于简单，好像系统论（控制论、信息论）、模糊数学、形象思维、思维科学、美学，一、二、三、四，一下子就能搞成，没有那样容易啊！

美学的研究非常重要，因为它是文艺的哲学概括，文艺的哲学。这个问题不解决，不搞清楚，我们就不能正确看待我们社会主义的文艺及其发展。从美学的角度，我们看到人们对美的要求、感受并不一样；而且人们的美感又是随时代的发展而发展的，不仅要看现实的情况，而且应看到 21 世纪。这样来考虑如何推动我们的文艺和文化工作。从现实来看，我们受着历史遗留下来的种种影响，我们国家从全体人民来讲，刚刚摆脱了贫困，正在往小康水平发展；从未来看，我们还要争取到建国一百周年时，进入生活水平很高的高度发达的社会主义社会。而时间只有六十四年，这就不能再走大弯了，一定要先把问题弄清楚才好。

要完成这个光荣而艰巨的任务，需要各条战线的人们共同努力。因此我觉得：第一，美学的研究是非常重要的理论基础，这不光是学术问题，是关系到我们国家社会主义建设的问题；第二，因为人民的美感是各式各样的，我们要下工夫了解人民的现状，要做调查研究，千万不要主观想象人民的爱好。而且人们的爱好总是在变化的。比如北京的音乐厅是专门演严肃音乐的，现在很受青年的欢迎，而仅仅两三年前却因为年轻人不太接受它，演出不怎么叫座。现在情况变了，音乐厅的票就很难买到。再比如现在的工人、农民、知识分子和建国初期的工人、农民、知识分子也不一样了。从前农民将财神爷供着，现在农民把知识分子当"财神爷"。新华通讯社的冯东书说："勤劳憨厚、逆来顺受的中国农民，并不代表先进的生产力，但是今天却在全国的历史性社会大改革中充当了开路先锋，以致改变着中国的面貌。这是过去所没有想到的。"[1] 事物在变化，我们就要认真地做调查研究。这里也提出了一个任务，就是要研究马克思主义的社会学。我们搞文化、搞文艺要真正了解我们的对象究竟是什么样的人。总之，我认为要根据这两条来制订如何使文化建设达到世界瞩目的水平。

社会主义文艺学

《简明社会科学词典》说："文艺学是系统地研究文艺的各种现象，从而阐明其基本规律及基本原理的科学。是社会科学的一个部门。它是近代才较为完整地形成的，在发展过程中逐渐分为三个独立的部分：文艺理论、文艺史和文艺批评。"我在这里说的社会主义文艺学是一门应用社会科学，不是基础社会科学，不是辞典上所述文艺学的三部分内容，而是讲在社会主义社会中，特别是看到 21 世纪的中国，文学艺术活动在社会中的结构和体系。这个想法我在1982 年的一篇文章《我看文艺学》和后来又在《研究社会主义精神财富创造事业的学问——文化学》一文中提到它。我这个"创新"引起了一些同志的质问，但我现在还不想改，因为我认为我们的社会主义需要建立这样一门社会科学。至于"经典意义"的内容，可以归入"文艺理论"的科学门类中去。

我讲的这门文艺学考虑到人们文艺活动的各个方面。我们要把古今中外的好东西统统吸收进来，以适应我们将要大大丰富起来的生活的需要。但是有一条，必须是有利于社会建设的，必须是有利于中国的精神文明的建设，而不是其他。根据这个认识，我们来研究、建立这门学问——文艺学。

对于文艺学的问题，我想讲两点意见。第一点是关于文艺的层次。对美的感受，人和人不一样，因此，文学艺术不能单调、划一，要有层次。其实这一

---

① 见《中国农民与中国未来》，《农村发展探索》1986 年第 1 期。

思想毛泽东同志早在延安文艺座谈会上讲过。他指出，有人民大众接受的普及型的文学艺术，也还有提高型的。并举例说乐曲中群众能接受的叫"下里巴人"，高级的叫"阳春白雪"。毛泽东同志还说，不能光有"下里巴人"没有"阳春白雪"，也不能只有"阳春白雪"没有"下里巴人"，普及与提高都得有。也就是说，大家都能接受的你要有，但你也要想到怎样使大家的审美趣味慢慢能提到更高一级的水平。

对于文艺的创作和文艺的欣赏，分层次这一点要强调。到底大概要分几个层次？"下里巴人"，"阳春白雪"，是否就这两个层次？

我作为业余爱好者觉得不止两个层次，还有一个最高层次，即表达哲理性的世界观的层次。属于这一层次的文艺作品的美感在于它与你的世界观合拍，你就感到好、感到美。这在文学艺术中有不少的例子。如唐代大诗人李白在生命最后一年写的一首长诗《下途归石门旧居》中，总结了他的一生，说他如何看当时的世界，其中有"如今了然识所在"。这就表达了他的人生观、世界观。"向暮春风杨柳丝"这句话寄托了他的感情，实际上也表达了他的哲理。再说宋朝女诗人李清照的《夏日绝句》："生当作人杰，死亦为鬼雄，至今思项羽，不肯过江东。"这四句就是李清照的人生观、宇宙观。音乐的哲理性更明显。勃拉姆斯的四首庄严歌曲就富有哲理性。贝多芬的第九交响乐宣扬的是他的理想——世界大同，这也完全是哲理性的。可见，文艺有一个最高的层次即哲理性的层次。文艺分几个层次这个问题要研究。只有一个层次是不行的。可是，我们现在有些管文艺的，只重视一个层次，这就不利于文艺的发展。要是文艺没有人民大众所能接受的东西那是错误。但是文艺还一定要有高层次的东西，而且高层次的东西要予以支持。因为高层次的东西常常销售率、卖座率不高，不能"自负盈亏"。

第二个意见是关于文艺学的结构问题。文艺学从横向来看，到底分几个部门？我以前说分六大部门，

现在看来不够，要多加几个部门：1、小说、杂文。2、诗词、歌赋。3、建筑。4、园林。过去把园林放在建筑里面，使得这门中国独特的传统艺术得不到发展。园林还可分为盆景、窗景、庭院、小园林、风景区、国家公园等。5、美术。包括绘画、造型艺术。工艺美术是否可归入还可研究。6、音乐。7、技术美术。这是一门新兴的学科，即工业设计与艺术相结合。8、综合艺术。

包括戏剧、歌剧、电影、电视剧等。9、烹饪。法国文化部在前年表示要建立第三文化，他们不但把工艺美术放到文化中，也要把烹饪放到文化中。我国的烹饪艺术更丰富，除了常说的菜饭点心外，还有别具一格的素餐，以及养生的药膳。烹饪也是生活美的需要，要与处境所融合。晋人句："寒夜客来茶当酒"。所以，应列入文艺学中，成为一个门类。张庚同志说能不能再加上缝纫？我看可以，就叫服饰，也可扩为服饰美容，可成为第十个门类。服饰确实是个很重要的方面。我们现在有人在研究这个问题，国家应当建立一个服饰博物馆。可见，分类也是不断在发展的，将来还要列出更多的部门。

总之，一是纵向的层次问题，一是横向的部门问题，这就是社会主义文艺学需要进一步研究的。要建立社会主义文艺学这门马克思主义的社会科学。中国艺术研究院应当研究这门学问。当然，考虑问题时，要吸收古今中外历史所有好的东西。吸收外国的东西要慎重，当然不是不积极；对于有害于社会主义精神文明的，我们不能吸收。现在常听到有人说，中国中原文化历史上就借鉴和吸收了外来文化。唐达成同志说，我国盛唐时期就有吸收外来文化的大气魄[①]。这是事实。但我们考虑文化交流问题，也不能脱离时代。古代那个时候问题比较简单，没有社会制度根本对立的问题。现在不同了，国际文化交往的问题比往日复杂了。因此，我认为社会主义文艺学需要研究。因为这是百年大计，得有个章程，不然会搞乱的。要建立社会主义文艺学这门马克思主义的社会科学。

社会主义文化建设事业

什么叫文化？什么叫文明？以前学者们议论纷纷[②]，其实不空论词义，讲具体点，就可以搞清楚。例如什么叫社会主义文化建设？胡耀邦同志在党的十二大报告中专门有一段论述，他说："社会主义精神文明的建设大体可分为文化建设与思想建设两个方面。两个方面又是相互渗透和相互促进的。文化建设指的是教育、科学、文学艺术、新闻出版、广播电视、卫生体育、图书馆、博物馆等各项文化事业的发展和人民群众知识水平的提高。它既是建设物质文

① 见《文艺报》1986 年 3 月 22 日，第 1 版。
② 见《中国文化研究》第 1 辑。

明的重要条件，也是提高人民群众思想觉悟和道德水平的重要条件。文化建设也应包括健康、愉快、生动活泼、丰富多彩的群众性的娱乐活动，使人民在紧张劳动后的休息中得到有高尚趣味的精神上的享受。"这段话指明了社会主义文化建设的重要性以及它所包括的范围。既然文化建设是社会主义精神文明建设的重要组成部分，它又包括上述那么大的范围，我认为，我们要创立一门新的社会科学即社会主义文化学，作为指导我们社会主义文化建设的学问。1982年，我曾提出过这一意见。现在更显得迫切了，这个问题确实应提到议事日程上来。当然国外也早就开始研究他们国家的文化学[①]，但那不是社会主义文化学。

现在建设社会主义的物质文明抓得较紧，方针政策也较明确，相比之下，如何建设社会主义精神文明、文化建设，就不那么清楚了。我想目前主要的问题还是个"散"的问题。现在，教育有国家教育委员会，科技有国家科委，广播电视电影有国家广播电视电影部，体育有国家体委，而社会主义文艺学所包括的十来个部门则由谁来统管呢？其中的建筑艺术在国家城乡环境建设保护部。文化建设中还有一个很重要的工作即科学普及。现在这项工作却放在中国科协。科协是群众性组织。自己没有多少钱，怎么管？我看很困难。有人告诉我，建国初期科普是由国家文化部管。我说那好，就再送到文化部去。可现在送不进去，人家不理了。国家文化部现在只管一些艺术门类、文物、出版等方面。正如有的同志说的，现在文化部管的是"小文化"。总而言之，实际上目前的文化建设是分兵把口，没有统一的管理。所以，如何建设我们社会主义的文化，确实是个大问题，首先遇到的是：没有一个总的主管部门。

我们的文化建设也没有一个总体规划。在我们的计划中，往往是文化建设被分成了互相独立的好几部分，如科技是一大部分，教育是一大部分，卫生体育是一部分；而在社会主义精神文明建设部分中又有作为一小部分的"文化事业"项目。总之，文化建设切成了好多块，散放在整个计划的各个方面。这样搞不好。

还有一个现在不明确的问题，好像一说文化，不要多少钱就能办，哪有那样的啊！在整个预算中，文化建设方面，有的有明确的规定，如现在重视教育，

---

① 见何新：《关于文化学研究的通信》，《学习与探索》1986 年第 1 期。

规定在"七五"期间国家财政要给一千一百六十六亿元，而对其他文化部门，比如，管"小文化"的文化部要给多少钱呢？在公布的《"七五"计划摘要》中就没有说明。这不也是一个大问题吗？又如，科学普及是要有很多钱的，就说建立科技馆、博物馆等都得花不少钱。而中国科协没有钱怎么管？现在科协做这工作也很努力，但无非是求爷爷告奶奶到处求，求到一点就干一点，求不到就干不成事。

我们说社会主义精神文明建设包括两大方面，一是社会主义文化建设，再就是社会主义思想建设。现在我认为这三者的关系是：社会主义文化建设的内容是社会主义精神文明的客观表现；而社会主义思想建设的内容是马克思主义的世界观和科学理论，共产主义的理想、信念和道德，也就是社会主义精神文明的主观表现。三者是一个整体，不应分开处理。所以应该看到，社会主义精神文明的建设是一个系统工程，应当从总体上加以考虑。文化建设包括那么广的范围，也应该作为一个系统工程来对待。

在资本主义国家不会这么来考虑，我们作为社会主义国家，对文化建设这件事要进行认真的、科学的研究，要用系统工程的方法来研究。一定要有一个统帅的指挥的部门，统筹来考虑，然后大家分头去干。没有统一的考虑，不用系统工程的方法作出计划，那将来可能会造成损失。对于文化建设，现在大家都很积极，比如各大城市都在讨论文化发展的战略，都可讲出一大套，但却没有总体的科学指导思想。也就是说，对基础的学问即社会主义文化学有没有研究？没有。在制订文化建设发展战略时，没有科学理论的指导，就在那里干起来了，这似乎不行。因此，我认为，我们应该重视美学、文艺学、社会主义文化学的研究，应该认真地组织力量去搞，使我国社会主义的文化建设从理论到实践都能提高到一个新水平。

一是美学的研究，二是我在这里没有讲的文艺理论的研究，三是社会主义文艺学的研究，再一个是社会主义文化学更大范围的研究。这些研究要形成一个体系，都是为了我们能顺利地走向 21 世纪。我们面临的任务的确是伟大而光荣的。我们必须好好学习，真正懂得马克思列宁主义的原理，并结合当今中国和世界的实际情况，运用现代科学技术，敢于创新，才能再过六十四年迎来我们国家更加光辉灿烂的前景。让我们努力吧！

科学·思维·文艺 *

研究形象思维是科学发展的要求

科学技术的发展，对思维，对文艺都必然会有影响。所以文艺界的同志要关心科学技术。现在新技术革命总联系到电子计算机，电子计算机发展到现在，看起来很高明了，但是一碰到形象思维，就不行。人认字、听话本事大得很，娃娃生下不久就能听，能认，几岁小孩就具有形象思维的能力。可计算机，要它认字、听话却笨极了。如前一阵子邮局要用计算机来认数码，就不行。因为那个机器，认阿拉伯数字0、1、2、3、4、5、6、7、8、9，这十个字，就是人规规矩矩写的，也只能认出百分之六十，剩下百分之四十还得找人去读，还得一个个来。这样，仍然不能减少人的多少劳力。外国有为盲人服务的图书代读机。印刷体的字电子计算机可以扫描，用机器翻译成语言，盲人可以听。但是必须是印刷体，手写根本不行。所以电子计算机发展，也碰到困难，实际上是个形象思维的困难。电子计算机要模拟人的智能，搞人工智能，就要解决这个问题。要使电子计算机不仅会算，而且会办事。这是一件非常重要的事，一定要干。现在大家都在研究，都很努力，但是还没有结果。相信攻来攻去，总有一天会攻出来的。但这还是形象思维最简单的东西，最初级的东西，至于涉及到文学艺术，那就更高级了。这初级的形象思维我们要研究出个眉目来，再考虑文学艺术更高级的形象思维。工作虽困难，但是有希望，不能说没希望。

---

* 选自《文艺研究》1985 年第 1 期。

希望有马克思列宁主义普遍真理与中国社会主义实践
相结合的美学和文艺理论

你们《文艺研究》今年第三期上发表了朱穆之同志的《要学点马克思主义的哲学》的文章，我赞成他的意见，但文艺工作者还应该学习马克思主义的文艺理论，党内的文艺工作者不学习马克思主义文艺理论怎么行呢！

文艺界的情况我不清楚，不敢说三道四。但社会科学界好像存在着两个极端。一种人是盲目崇拜西方，什么《第三次浪潮》呀，《大趋势》呀，好像托夫勒、奈斯比特他们比马克思还高明。我以为他们讲的那些现象值得我们认真研究，但他们讲的东西最多是一个素材，他们的结论我们不能照搬。奈斯比特的《大趋势》讲了一些资本主义世界的情况，写了些技术问题，但他只是把报纸上一些东西搜集起来而已，作为我们研究的素材是可以的，但不能照他的结论去做。他的基本立场和观点，同我们是不一样的。还有一种人思想僵化，死守经典著作不动。马克思、恩格斯、列宁、毛泽东没有讲过的东西都不许讲，比如在哲学书中有一些"系统科学"、"系统工程"、"信息"一类的词，就认为这就不能叫马克思主义哲学了，应把"马克思主义"五个字去掉，他们不看本质的东西，只是死抠字眼。他们敢谈的都是马克思、恩格斯、列宁著作里有的东西，现在我们要解决的很多问题，经典著作里没有的都不许研究，怎么行呵？

一是迷信外国的洋货，一是死抱着经典，这是我了解到的社会科学界里的两种情况，不知对不对？

美学是文学艺术的基本原则，是文学艺术到马克思主义哲学的桥梁。我们中国文艺工作者应该研究美学，不研究美学，就没有文艺的哲学理论，怎么来改革？

马克思主义者主张理论联系实际，理论和实践的统一。我们应该有中国自己的马克思主义的美学和文艺理论。十二届三中全会小平同志讲了一句话，很启发人，他说：我们这个《决定》是马克思主义的普遍原理跟中国实际相结合的政治经济学。这讲得很好。我们不能靠《资本论》那个本本来吃饭，马克思没有看到我们现在的中国，建设具有中国特色的社会主义，要靠我们自己的实践。当然不是说《资本论》的原理可以背离了，原理是真理，背离了不行，问题是要结合我们的实际。现在我们处在80年代，有新技术革命，要看到2000年，还要看到未来的21世纪。我们不仅要有马克思列宁主义普遍真理与中国社会主义建设实践相结合的政治经济学，我们还希望有马克思列宁主义普遍真理与中国社会主义实践相结合的美学和文艺理论。

美学、文艺与整个知识体系、客观世界的关系

什么叫美？这问题恐怕比形象思维更复杂。但它不是神秘的。是一定能搞清楚的。美涉及到很大的范围，它不仅与社会认识密切联系，而且也同社会实践存在着千丝万缕的关系。我曾经说过，美学是思维科学的应用。后来我想这话不尽妥当。因为思维科学只研究思维的方式，思维形式，思维的形式规律，它不涉及到内容。譬如抽象思维，逻辑推理，它有规律，但是推理的对象是几何，还是社会学，这无关。思维科学研究思维形式的普遍规律，美学当然也涉及到思维，但是思维科学同美学的内容无关。美学有自己的研究对象。它的范围远远超出思维科学。

我在《关于思维科学》一文中，把人的学问，知识分成八大部类。这八个部门各自通过概括总结，最后都汇总到马克思主义哲学，而马克思主义哲学也是通过这样的桥梁（各个部门的"概括总结"也可视作是部门哲学）来指导影响各个部门的发展。

这八个部门是：

一、自然科学。自然科学到马克思主义哲学的桥梁是自然辩证法。

二、社会科学。社会科学到马克思主义哲学的桥梁是历史唯物主义。

三、数学科学。从前把数学归在自然科学里，但是现在自然科学、社会科学都用数学，所以再归到自然科学里不合适了。数学科学是研究质变、量变这些关系的。数学科学到马克思主义哲学的桥梁是数学学或数学哲学。

四、系统科学。从系统的观点来看待客观世界。客观世界是系统的，各式各样的系统有它们共同的规律。系统科学到马克思主义哲学的桥梁是系统论。

五、思维科学。思维科学到马克思主义哲学的桥梁是认识论。当然这个认识论的范围比老的认识论的范围还要扩展。

六、人体科学。它是研究人的。人是最复杂的系统。研究来，研究去，人对自己最不了解。如气功是怎么回事？人有没有特异功能？有人说没有，但我说有。我们这里就有一位特异功能的人。我们刚从铺子里买来的一瓶维生素A，一瓶一百粒，盖子蜡封完好无损，然而这个人拿在手里以后，药丸子就从瓶底里嘟嘟地掉了下来，掉出二十三粒。检查瓶底，一点也不碎，蜡封还是蜡封。我们把瓶子启开，再数里面的药丸子，还有七十七粒。我们去问会魔术的人，他说，我变戏法，要有自己的道具，像他那样，我干不了。我们还用高速摄影机照过，药丸子看它从瓶底里掉出来，但是瓶底就是没有坏。你们看，人体科学不值得研究么？人体科学到马克思主义哲学的桥梁是人天观。这同中医的看法一致，就是把人同环境看作一个整体。这不是董仲舒所说的"人天感应"。

七、文学艺术。文学艺术到马克思主义哲学的桥梁是美学。

最后，就是军事科学。军事科学到马克思主义哲学的桥梁就是军事哲学。

整个知识的体系，就是这么一个结构。八个部门，每个部门到人的知识的最高概括，人的智慧的最高体现——马克思主义哲学，有八个桥梁。那么这八个部门是不是各自研究客观世界的一部分？我说不是。

它们都是研究整个客观世界的，区别只是角度不一样，或者叫立足点、着重点不一样。文学艺术作为一个部门，但是它也是对人与客观世界的关系的整体性的认识。你不能说，文艺就许描述这个，不许描述那个，整个客观世界都可以做它的描写对象。

我上面讲的整个知识体系的结构大大超出传统的知识分类法，是经典著作中没有的，是不是"离经叛道"呵？离经的罪名可能逃不了了，因为"书"上没有呀，但我自以为不是叛道，是根据马克思主义的普遍原理而阐释与发展的。对不对？

形象思维、抽象思维、灵感思维，是普遍的思维形式

我讲过有三种形式的思维，这就是形象思维、抽象思维、灵感思维。具体人的思维，不可能限于哪一种。解决一个问题，做一项工作或某个思维过程，至少是两种思维并用。两种，就是抽象思维和形象思维。所谓三种，就加上灵

感。有点请文艺界同志理解，科学技术不都是抽象思维。都是推理吗？都是所谓"科学的很"的推理吗？不是那么一回事。要那么样，科学根本没有办法发展。这个爱因斯坦讲得很清楚，他说，科学发展不能尽靠推理，还有直感。那直感就是形象思维。科学技术界从前认为搞科研就是抽象思维，这事实上不可能。举一个很简单的例子。譬如人的手艺就不能只靠抽象思维。一个有经验的钳工老师傅，拿起一块不平的铜片，铛铛几下，就敲平了。如让我去敲，越敲越不平。什么道理，那就很难用抽象的道理把它说清。他可以给你讲，注意这，注意那，但总是形象的。我看这就是形象思维，娃娃先有形象思维，而不是抽象思维。人从小就会形象思维，说话、识字，就是形象思维。如果要推理，高小学生都不大行，到初中才能搞复杂一点的推理。对小孩子没法讲道理，他就会模仿。模仿就是形象，不是推理。从这个意义上来说，形象思维是普遍的。思维科学作为基础科学就要研究抽象思维、形象思维、灵感思维这三种思维的形式及其规律。关于抽象思维，现在形式逻辑搞清楚了，至于说辩证逻辑还是不清楚。有许多辩证逻辑的书，它总有经典著作中辩证法的那几条，而具体怎么用，就没有了。

看来，现在突破口是形象思维。形象思维搞清楚了，灵感思维的内涵、规律，也就差不多了。因为灵感实际上是潜思维。它无非是潜在意识的表现。人的大脑复杂极了，我在这里与同志们交谈，用的那一部分叫显思维，或叫显意识，这我可以直接控制，有意识地控制。那个潜意识，控制不了，没有办法控制。但是它同时在工作，就是不知道它怎样工作，它工作的状态怎样。我想大家在工作中也会有体会，苦思冥索不得其门，找不到道路，然而不知怎么回事，它突然来了，这就叫灵感。我们在科学工作中也有这样的情况，常常一个问题，醒着的时候总是想不起来，不想时，或夜里做梦，却忽然来了。这说明潜意识在工作。你自己不知道，可是它在试验。试验行了，它就通知显意识，这就成了你的灵感。

潜意识是怎么工作的？采取什么方式？原则上讲恐怕也不外是抽象思维和形象思维。可是无法反省，反省不了。心理学研究表明，人所谓的自我不是一个，而是多个自我。这多个自我协调工作，就是正常的人，如果不协调工作，就变成精神病者，叫精神分裂症。一个人的思维也就是这样，潜意识、显意识，相互协调进行工作。对于潜意识的思维方式，现在只能讲到这样的程度。

如果再要追下去，就要涉及到大脑的功能机理，大脑神经元的功能。那样，彻底是彻底了，但是目前只有等着，现在什么事都不要做了。因为人的大脑神经元的作用太复杂了。最近二十年，脑科学有很大发展，但是直到现在光是视觉还不知道是怎么回事。如果要从神经元追索，大脑皮层是什么东西等等，要那样彻底，只有等待。可是不必等待，人总有实践，实践是可以总结的。不要一次就追到根子下边去，而且现在也做不到。如果你一定要追，那么我就不要搞思维科学了，我去搞脑科学去了，脑科学搞清楚了，再搞思维科学。而事实上没有这个必要。所以，我觉得还是从总结经验入手。什么是显意识、潜意识？什么是多个自我？人有那么多实践、那么多事实，总可以解决些问题嘛！

至于说抽象思维、形象思维哪一种是更基本的？这恐怕不能绝对化。就我自己搞科学技术的经验来看，两种都有。在文艺创作中，很强调灵感，还有只能意会，不可言传的这种情景，其实在科学工作中，许多时候也是这样。但科学不同于文艺之处，就是最后还要推理、证明。

在文艺工作者中，对抽象思维、形象思维有争论。恐怕有的同志强调这一面，有的同志强调那一面。而从整个文艺创作过程来看，我认为两种思维都要并用。在文艺创作中，特别是演员，很强调进入角色，其实演员进入角色，只是把角色的那个自我变成显意识中的自我而已，就是说自觉地运用潜意识。高明的演员都能做到这一点。他能成功地表演这种情绪，表演那种情绪，这实际上只是一种方法，只需培养、训练就可做到。

关于文艺的多样化和群众化

我很想同文艺界人士交朋友，但是现在隔行如隔山，科学工作者同文艺工作者很少交往。学问知识需要"杂交"，知识结构也得跟上时代的发展，不断地改革。这件事我呼吁了多年了，但收效甚微。这次《文艺研究》编辑部同志来相谈，我衷心感激。

文艺创作要反映生活，要有一个多样化问题。不了解各行各业的情况，就不可能做到丰富多彩，生动活泼。文艺创作不能清一色，即使个人的作品也要有不同风格。一个美术工作者，画画不能总是那个色调，这样你就需要多看看各种风格、各种流派的画。不能只看一种。文艺创作，不能只是一种或几种形式，那样就会脱离群众。文学艺术不论哪个部门，音乐、美术、戏剧或电影，都有不同层次，不能一刀切。人们生活实践不一样，喜好也就不一样。还有个欣赏水平问题，因此更不能清一色，不能要求都喜好那一种。既要有"阳春白雪"，也要有"下里巴人"。我认为各种文艺部门的作品都是分为几个层次的，从人民群众创作的像民歌那样的作品起，到最高层次讲哲理的作品。我在美国待过二十年，看到有一些音乐、戏剧就是为高级知识分子服务的，别人不去，就是学校里那些教授、研究生去，卖票不多，但它可以存在。当然也有广大群众喜欢的东西，但是这些在资本主义世界是自发的。我们是社会主义国家，必须有计划，必须首先考虑到广大群众喜欢的东西。为人民服务，为最大多数人民群众服务的那个部门，首先要抓好。但也不能只抓这个部门，只抓这个部门就会没有发展，就不能提高了。因此，其他部门也都要容许存在，给予必要的支持。

文艺创作中也存在中啊、洋啊这么个问题。人们的社会实践不一样，就有不同看法，这也是自然的事。但原则上讲，中、洋都要。拿中、西医来说，也存在中医同西医"打架"的问题。过去西医要把中医吃绰，这是不行的。所以我要为中医呼吁，中医有几千年实践，实践就是知识。中、西医不能是谁吃掉谁，而是要在中、西医的基础上创造 21 世纪的新医学。文学艺术也一样，无论中国的或外国的，都要考虑群众能否接受，对教育群众是否有利，创造出中国新时代的文艺。

提出两个文明的建设是对马克思主义的发展

根据以上观点，朦胧诗也好，比较文学也好，模糊思维也好，系统论、控制论怎样运用到文艺中去也好，所有这一些都是技术性的问题。最重要的是方针政策问题。比如说，十二大提出的两个文明的建设，就是在社会主义物质文明建设的同时，也要有社会主义精神文明的建设。这是非常重要的方针，是马克思主义的发展。现在大前提已经有了，精神文明建设方面，我们今后具体该怎么办？这说到底，无非也就是总结经验，总结人类历史的经验，总结国内、国外经验，当然也包括失败的教训。有了这样的总结，再讲具体的都好办了。文学艺术的问题，比经济问题还要复杂，规律也还要复杂，这就要大家去研究。要解放思想，把马克思主义列宁主义的普遍真理同中国的实际结合起来，这样，自然就可以从其中找出方案、办法来。听说中国社会科学院文学研究所等一些研究单位和文艺理论刊物对研究方法问题，展开了讨论，各抒己见。什么才是好的方法？我以为中央已经为我们作出榜样，就是上面讲的：解放思想，把马克思列宁主义的普遍真理同中国的实际结合起来。

第六讲

欣赏音乐，需要有辨别音律的耳朵

——谈音乐

音乐的美在何处？ [*]

去年12月底在杭州市有一次小学音乐会、一次中学音乐会，据报纸所载规模是不能算小，并且每次开会听众都非常拥挤。这样看来，杭州学生对音乐的兴趣是增高了吧？但看到节目单上面有不少"口琴独奏"、"京胡独奏"和"二胡独奏"掺杂在里面，则杭州学生对音乐似尚未能正确地了解。所以我想利用这一个机会把音乐解释一番，希望能把这种错误纠正过来，使音乐成为浙江青年所了解所爱好的一种艺术。

说音乐是一种艺术，恐怕不会有人反对，但是一般人虽然很愿意承认音乐是一种艺术，他们却总不能把音乐和其他艺术，如文学或绘画，同等看待。他们对音乐的猜度，照傅彦长先生分别，可以分为四派（见张若谷：《〈到音乐会回去〉传序》第六页，良友版）：（一）以为音乐是移风易俗的工具，因此以为凡是在西洋学校里面所唱得着的乐曲，就是西洋名曲；除此之外，因为它都不合于教育的应用，所以都不是名曲；这是第一派。（二）以为西洋音乐大多数属于勇武的一方面，音乐不过用来鼓励人杀人的精神，所以以为凡是军乐队里面所吹奏得着的音乐，就是西洋名曲；这是第二派。（三）有许多到过欧美的人——连留学生包括在内——以为西洋音乐只应该让女子来学习，作为交际的工具，至于男人所应该学的音乐，只要关于和女子跳舞时候所用得着的舞曲，如 Fox Trot，One Step，Waltz 之类，听得出其中的节奏就算了；这是第三派。（四）有许多人很有机会去学西洋的名曲，却自己没有晓得，问问他，你近来在那里学什么人的作品；他说：我不晓得，我现在学的是一本黄簿面而极厚的琴谱；这是第四派。

简单说一句，就是他们对音乐没有正确了解。他们所能感到的，只是皮相而已。譬如在游艺会的节目中，总有一两项是所谓音乐的。在这种表演完毕后，如有听众热烈鼓掌，其所以然绝不是因为得了音乐的感动，而只是觉得

---

[*] 选自《浙江青年》1935年2月第1卷第4期，原名《音乐和音乐的内容》，现标题为编者所加。

"好玩"而已。更有些人去听音乐会，是另有目的，而与音乐本身无关。例如：在我的母校里，凡演奏者是女子，则无论其结果如何，一概热烈地鼓掌。又如：一次开校内音乐会，因为有一位同学的女友弹奏钢琴，这一位同学便到处拉人，并且约好，在这位女士演奏终了，一得他的信号，大家就得一直鼓掌，并大喊"Encore！"抱着如此的心情到音乐会去，实在非常错误。

那么怎样才能算是听音乐的正当态度呢？

读完一篇小说，你会觉得一种快适，一种安慰，这不是因为纸张的洁白，印刷的精美，而是因为那动人的内容。看了一张风景画，你会觉得一种快适，一种安慰，这不是因为色彩的鲜明、笔调的雄健，而是因为它引你到了画中的世界去，你与画的内容融合起来的缘故。看了一座石膏塑像，你会觉得一种快适，一种安慰，这是因为塑像全体曲线的变化及和谐感动了你。读完了一首诗，你会觉得一种快适，一种安慰，这绝不是因为诗的音节或文字的排列，而是其所包含的内容之美。

小说、风景、塑像和诗是如此，音乐也是如此。音乐的鉴赏必须注重在内容，必须注重在其情绪的流动，必须使你得到它的感动。因此，最好的乐曲须包含最能感动人的内容；最好的音乐演奏，必须是最能令人了解而感动的。换句话说，音乐的好坏是完全以内容来做标准的。

那么怎样才能得到鉴赏音乐内容的能力呢？

丰子恺先生以为："一切的音乐理论的书籍，都不过是音乐的注解。因为音乐的本身决不能完全记录在纸上，故欲学习音乐，必须由实地的练习及听赏着手，决不能单凭书籍而学得。不过实地练习及听赏，犹之四书五经的白文，在老先生们已懂得，但在初学者则必求助于注解。"

所以达到正确鉴赏力的唯一办法，就是多多听名家音乐：由简单的歌谣开始，渐渐听提琴短曲，钢琴小曲，再到三重奏、四重奏，最后到规模最大、内容最丰富的交响乐。但在这一过程中，如有一个朋友能够把每一乐曲的内容解释给你听，那是很有帮助的，这也就是丰子恺先生所说的"注释"。固然一个乐曲内容的解释并不必尽人皆同，个人很可以凭其个人的自由想象，得到不同的意见，世为初学者，这种解释是可以告诉他怎样去了解乐曲的内容的。现在我们举几个例来说，譬如美国民谣作曲家 Stephen．C．Foster 的 *Old Black Joe* （见 *The One Hundred and One Best Songs* 第四十六），在前半部，句句都在表示孤独的凄凉，中间两句"I'm Coming"，一重一轻。轻的好像空谷回声，愈显出 Old Black Joe 是孤独得可怜，所以最后两句，就能引入全曲的顶点，使你非常紧张感动。

再如意大利民谣 *Santa Lucia*（见 *The One Hundred and One Best Songs* 第十九），最初八小节是描写夜间海边的美丽，音调非常柔和协调。但这样美的景色，却是一个人在享受，怎么能不想起好朋友来呢？自第九小节至十二小节是招呼他的朋友了，最后呼出 Santa Lucia 的名字达到全曲的顶点。

再如浪漫派作曲家 Schumann 及 Traumerei 也是世界上到处欢迎的名曲，这本是钢琴曲，后来改为小提琴曲。在其最后把 2346 重复两次而音量渐减，速度也渐减，充分表现出梦幻的意味。这难道不是"非常富于诗趣，非常憧憬"吗？

去年年底杭州西湖大礼堂电影院放映《恋歌》（*Song of Songs*），其中常佩用以大提琴演奏的乐句：

4/4　3 － ·2 1 ｜ 5313 6 － ｜ 5 － 3 2 1 ｜ 5313 6 － ｜ 5 － · 0 ‖

这不是因人生的惨痛而哭吗？这不是绝望的叫喊吗？这原是俄国大音乐家 Tchaikovsky 的第六交响乐（又名《悲怆交响乐》*Pathetique Symphony*）中的一乐句。这位大音乐家，对人生非常悲观，在同一交响乐的第二乐章中，有出名的五拍子乐句：

5/4　D调　3 4 545 6 7 ｜ i 6 7 － · ｜ 5 6 767 i 2 ｜ 3 i 2 － · ‖

这好像是对人生的疑问，好像在问"活着又有什么意思呢？"这是多么深刻。

在音乐中描写自然界的也有不少的例子，如俄国音乐家 Rubinstein 的《大洋交响乐》*Ocean Symphony*：

3/2　051 351 i · i i － ｜ 051 351 5 · 5 5 － ‖

及浪漫派音乐家 Mendelsson 的 *Hebrides*。

$$4/4 \quad \underline{0\ \underline{3}\ \dot{1}\ \dot{7}}\ \dot{1}\ \ 6\ \ 3\ |\ \underline{0\ \underline{3}\ \dot{1}\ \dot{7}}\ \dot{1}\ \ 6\ \ 3\ |\ \underline{0\ 5\ \underline{3}\ \underline{23}}\ \dot{1}\ \ 5\ |\ \underline{0\ 5\ \underline{3}\ \underline{23}}\ \dot{1}\ \ 5\ |$$

$$\underline{0\ \underline{6}\ \underline{4}\ \underline{34}}\ \ \dot{2}\ \ 6\ |\ \underline{0\ \underline{6}\ \underline{4}\ \underline{34}}\ \ \dot{2}\ \ 6\ |$$

真是乘风破浪，海阔天空。又如俄国音乐家 Pimsky–Korsakoff 的 *Scheherazade*，其中第一乐章开始处有：

$$2/4 \quad \overset{\text{Andante}}{5}\cdot\ \ 2\ |\ 4\ \ -\ |\ \overset{tr}{3}\ \ -\ |\ \overset{2\ 3}{\underline{60}}\underline{30}\ \ 0\ |\ \underline{6030}\ \ 0\ |\ 5\cdot\ \ 2\ |$$

$$4\ \ -\ |\ \overset{tr}{3}\ \ -\ |\ 6\cdot\ \ \underline{3}\ |\ 5\ \ -\ |\ \overset{tr}{{}^{\sharp}4}\ \ -\ |\ \overset{3\ 4}{{}^{\sharp}\underline{70}}\underline{40}\ \ 0\ |$$

$$\overset{\sharp}{\underline{70}}\underline{40}\ \ \ 0\ |$$

头三小节，如海水向岸涌来，第四、五小节是小提琴的 Pizzicato，非常像海水撞击到岩石上的声音，第六小节以后原与头三小节一样，但第九小节起虽音的相对关系不变，而全体升高一音，如同后浪推前浪、波涛澎湃的情况，海边风景如在目前。

再如描写早晨的，有 Grieg 的 *Peer Gynt Suite*，其开始处：

$$6/8 \quad \overset{\text{Allegretto}}{\underline{532\ 123}}\ |\ \underline{532\ 12323}\ |\ \underline{535\ 636}\ |\ 5\ \ -\ \cdot\ |\ \underline{532\ \ 123}\ |$$

$$\underline{532\ \ 12323}\ |\ \underline{535\ \ 6^{\sharp}56}\ |\ \underline{\dot{1}65\ \ 456}\ |$$

$$\underline{\dot{1}65\ \ 45656}\ |\ \underline{\dot{1}6\dot{1}\ \ \dot{2}6\dot{2}}\ |\ \dot{1}\ \ -\ \cdot\ |$$

这不是幽静的清晨吗？再如我现在住在杭州笕桥，所以每天一早可听到防空学校的喇叭：

$$2/4 \quad \underline{\dot{1}35}\ |\ \dot{1}\ -\ |\ \underline{353}\ |\ \dot{1}-\ |\ \underline{3\dot{1}3}\ |\ 5\ -\ |\ \underline{555}\ |\ \dot{1}\ -\ |$$

每两小时是一句，头两句好像是在描写早晨的美丽平静，第三句好像问你为什么还不起床？第四句好像说："快起来吧！"在这短短的八小节中，就包含这样多的意思，如同一首小诗。

好了，举了那么多的例子，目的无非在说明如何去解释音乐的内容。但为使听众能够了解音乐的内容，在听众方面固然必须具有听赏的能力，而演奏方面，也须能把乐曲的内容完全表达出来。要能够把曲子的内容完全表达出来，第一，所用的乐器必须有表达的能力；第二，演奏者必须有表达内容的充分技术。所以完美的音乐，必三者具备。《桃花江》、《毛毛雨》不是好的音乐，因为它没有好的内容。口琴独奏、京胡独奏、二胡独奏，不应出现于正式的音乐会，因为口琴、京胡、二胡表达乐曲内容的能力太薄弱。三岁的小孩，去弹奏 *Chopin Nocturne*，决不会成为好的音乐，因为他没有技术。

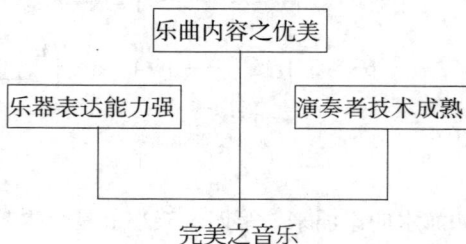

```
                乐曲内容之优美
                      |
        ┌─────────────┴─────────────┐
   乐器表达能力强              演奏者技术成熟
        |                           |
        └─────────────┬─────────────┘
                  完美之音乐
```

但有些学音乐的人，又太注重技术，尤其是一般女子，这也是大大的错误。记得在三年前，在杭州青年会听音乐，一位包女士弹 Beethoven 的舞曲，完了有许多人鼓掌，我却不愿意如此做，我觉得她的演奏，只有技术，没有内容，只像自动钢琴，不像活人在演奏。要知道技术只是音乐演奏的手段，而不是音乐演奏的生命，音乐演奏的生命在内容的表达！

最后抄一点书，作为本篇的结尾："音乐的美在何处？原是很复杂的一个问题。但也可浅近地说，即音乐美可分为官能美、智能美与情绪美。官能美，就是官能所感到的美的音及音色等。初步的爱好者，尤其是妇人，大都就此可以满足。凡悦耳的、无意味而只有感觉的音，用文学的美辞来形容的美音，都是官能的。管弦乐比室乐更为官能。更进一步求智性美的人，仅就官能美不能满足。他们必向智性的形式中求美，重对比性、同一性等音乐形式的原则，根据此等而批评音乐。主题展开、转调等，在他们是重要的问题。他们是从官能美更进而求智性美，故比官能美探求者程度更高。但音乐不仅是智性的，而又是情绪的。故最高的美，非向情绪探求不可"。（见丰子恺《音乐的听法》）

如何听到世界名曲 *

    在本文中我会说到联系鉴赏音乐的唯一方法是多听名家演奏。但在中国只有一个地方可以听到正式的音乐会，那就是上海有一个常设的大管弦乐队，每年 10 月起至次年 5 月止，每星期日都有一次管弦音乐会。此外，世界第一流演奏家，如：Zimbalist（小提琴）、Leonid Kreutzer（钢琴），也有时到上海来开演奏会。但在别处，决听不到这样的音乐。那么我们不得已而求其次，只能利用留声机了。现在留声机已经很进步，无论几百人合奏的大管弦也可以记录。世界上大唱片公司，如：Victor、Columbia 及 Odeon，都有很多著名演奏家的名曲片子。但是这种唱片，价钱很高，每一片是大洋六元六角。这在一般学生，决买不起。但我提议，集合音乐的同志，组织一个团体，如此一月中少看一两次电影，或少用些零钱便可以听到名曲。而且唱片不比音乐会，一次听不懂，你可以再开一次，甚而二次、三次、四次，听懂了为止，这对初学者是最相宜的。至于唱机，在上海买旧的，二三十元已经发音很好了，置购唱机时，学校当能帮助，所以也不成问题。唱针宜用好的，一面一换，方能保全唱片。但在这样一个团体中，必须有组织，有一个购片的指导及乐曲的解释人，才能发挥最大的效力。

---

* 本篇原为《音乐和音乐的内容》的附文。

第七讲

不到园林，怎知春色如许？

——谈中国园林

不到园林，怎知春色如许？ *
——谈园林学

当我们到我国的名园去游览的时候，谁不因为我们具有这些祖国文化的宝贵遗产而感到骄傲？谁不对创造这些杰出作品的劳动人民表示敬意？就以北京颐和园来说，它本身已经是美妙了，但当我们从昆明湖东岸的知春亭西望群峰，更觉得全园的布置很像把本来不在园内的西山也吸收进来了，作为整体景象的一个组成部分。这种雄伟的气概怕在全世界任何别的地方很少见到的吧。我国园林的特点是建筑物有规则的形状和山岩、树木等不规则的形状的对比；在布置里有疏有密，有对称也有不对称，但是总的来看却又是调和的。也可以说是平衡中有变化，而变化中又有平衡，是一种动的平衡。在这一方面我们也可以用我国的园林比我国传统的山水画或花卉画，其妙在像自然又不像自然，比自然界有更进一层的加工，是在提炼自然美的基础上又加以创造。

世界上其他国家的园林，大多以建筑物为主，树木为辅；或是限于平面布置，没有立体的安排。而我国的园林是以利用地形，改造地形，因而突破平面；并且我们的园林是以建筑物、山岩、树木等综合起来达到它的效果的。如果说，别国的园林是建筑物的延伸，他们的园林设计是建筑设计的附属品，他们的园林学是建筑学的一个分支；那么，我们的园林设计比建筑设计要更带有综合性，我们的园林学也就不是建筑学的一个分支，而是与它占有同等地位的一门美术学科。

话虽如此，但是园林学也有和建筑学十分类似的一点：这就是两门学问都是介乎纯美术和工程技术之间的，是以工程技术为基础的美术学科。要造湖，就得知道当地的水位、土壤的渗透性、水源流量、水面蒸发量等；要造山，就得有土力学的知识，知道在什么情形下需要加墙以防塌陷；我们要造林用树，就得知道各树种的习性、生态等。总之，园林设计需要有关自然科学以及工程

---

* 本文原载 1958 年 3 月 1 日《人民日报》，后《旅游》杂志于 1983 年 1 期重新刊登，原副标题为"介绍园林学"，因 1983 年 6 月有《再谈园林学》一文，故改为"谈园林学"。

技术的知识。我们也许可以称园林专家为美术工程师吧。

我国的园林学是祖国文化遗产里的一粒明珠。虽然在过去的岁月里它是为封建主们服务的，但是在新时代中它一样可以为广大人民服务，美化人民的生活。而且实际上我们国家正在进行大规模的建设，其中也包括了不少人民文化休息的场所；旧有的园林也有部分在改建。怎样把这一项工作做得好，就要求我们研究并掌握我国园林学，把它应用到这项工作里来。所以整理我国园林学也是一件实际上有需要的事。况且我们现有的几位在传统园林设计有专长的学者又都不是年轻的人了，再不请他们把学问传给年轻的后代，就会造成我国文化上的损失。

当然，我国的园林设计还不只是一个承继以往的问题，在新的社会、新的环境、新的时代对它会提出新的要求，也就因而把园林学的内容更加丰富起来。我们可以用分隔北京城里北海和中南海的桥作例，这座桥在封建王朝的时候是很窄的，给帝王的行列走走也许是够了。可是到了人民自己做主的时代，人民的队伍和步伐要壮大得多，原来的窄桥就不够用了。在扩建这座桥的时候，也许有人会摇头叹气，不胜惆怅；其实这些人都白花心思了，扩建后的大桥比旧桥更美丽，而其豪迈的气魄也非皇帝们所能想象得出的。此外，园林设计之所以必然会有更大的发展还有另一个原因：既然限制园林设计的是工程技术的条件，而工程技术是随着时间在不断发展的；昨天不可能的事，今天就行了；而今天不可能的事，也许明天就行了。园林设计也绝不会停留在前人的基础上的，园林学还是要继续有新发展。

我们在园林学方面的工作看来做得还不够。我们虽然做了一些调查研究，但是在最重要的培养青年园林设计师方面，似乎只有在北京林学院里的一个城市及居民区绿化专业。就连这个仅有的专业，其实内容也是偏重绿化建设，与我们在前面所讲的承继并发扬我国传统的园林学看来还有些距离。所以我们应该更广泛地和更深刻地来考虑发展我国园林学的问题。只要我们组织起来，有计划地开展这项工作，我国民族文化遗产中这粒明珠一定会放出前所未有的光彩！

再谈园林学[*]

关于园林艺术的问题，我二十六年前有篇登在《人民日报》上的短文，题为《不到园林，怎知春色如许？——介绍"园林学"》，今天看，局限性很大，意犹未尽。现在应《园林与花卉》编辑部同志之约，为创刊写这篇短文，也是我预祝《园林与花卉》杂志，为祖国社会主义的精神文明建设作出积极的贡献。

—

先说园林的空间。园林可以有若干不同观赏层次，从小的说起，第一层次是我国的盆景艺术，观赏尺度仅几十个厘米；第二层次是园林里的窗景，如苏州园林的漏窗外小空间的布景，观赏尺度是几米；第三层次是庭院园林，像苏州拙政园、网师园那样的庭园，观赏尺度是几十米到几百米；第四层次是像北京颐和园、北海那样的园林，观赏尺度是几公里；第五层次是风景名胜区，像太湖、黄山那样的风景区，观赏尺度是几十公里。还有没有第六层次？也就是几百公里范围大的风景游览区？像美国的所谓"国家公园"？从第一层次的园林到第六层次的园林，从大自然的缩影到大自然的名山大川，空间尺度跨过了六个数量级，但也有共性。从科学理论上讲，都是园林学，都统一于园林艺术的理论中。

不同层次的园林，也有不同之处："游"盆景，大概是神游了，可以坐着不动去观看，静赏；游窗景，要站起来，移步换景；游庭园，要漫步，闲庭信步；游颐和园，就得走走路，划划船，花上大半天甚至一整天的时间；游一个风景区就要交通工具了，骑毛驴，坐汽车，乘游艇、汽轮，开摩托车等；更大的风景区，将来可能要用直升飞机，鸟瞰全景。所以，第五层次的园林，要布置公路，而第六层次的园林，除公路外，还要有直升飞机场。这算是不同层次园林的个性吧！园林大小尺度可能有上述六个层次，当然，小可以喻大，大也可以喻小，这就是园林学的学问了。

---

* 选自《园林与花卉》1983 年 1 期。

二

我国号称"花园之母"①，名园遍及全国各地，为世人所称颂。但我们不要为此而不求进步，不再去发展园林学。其实建国以来，我们的建筑师、园林工程师们还是在原有的基础上，继承传统而又有新意，有过不少创造。各地新建的公园、庭园、花园、动物园、植物园和风景名胜区，以及其他一些公共游乐场所，都突破了旧社会园林为少数人享乐的框框，走向为广大人民群众服务的广阔天地。

我国园林学还要发展。为此，我国的园林工作者要打开眼界，要看看国外有什么好的东西可以吸取，可资借鉴。

我想也许可以说，我国园林多是以静为主。而西欧园林常常以动取胜，他们的花园总要有喷泉，喷泉在夜间还要加灯光变幻。到现代，规模更加扩大了，园林中有人造急流，人造瀑布。把工程技术，如水利工程和电光技术引用到园林建设中来了。当然这些设置一般用电力，能耗较高，不宜多用。但在我国的园林设计中如果有一些动的因素，以静为主，动与静配合使用；总体是静，个别局部是动。这不是可以开辟新的途径吗？

现代建筑技术和现代建筑材料也为园林学带来又一个新因素，如立体高层结构。我想，城市规划应该有园林学的专家参加。为什么不能搞一些高低层次布局？为什么不能"立体绿化"？不是简单地用攀缘植物，而是在建筑物的不同高度设置适宜种植花草树木的地方和垫面层，与建筑设计同时考虑。让古松侧出高楼，把黄山、峨眉山的自然景色模拟到城市中来。这里是讲现代科学技术和园林学的结合的问题，也是园林如何现代化的一个方面。

为促使园林学的发展，我前面讲了这些话。有没有道理？请大家讨论，指教。我的意思是希望园林学这门学科，要研究包括这所有不同尺度的园林空间结构的理论和实践问题。

我希望《园林与花卉》成为我国园林界的重要刊物，能集园林艺术之大成。当然，要靠大家的努力，要靠艰苦的工作，要靠团结园林界的同志们。

---

① "花园之母"指中国园林被称为"世界园林之母"。德国园林史家玛丽·路易斯·歌特曾在她1913年出版的园林艺术史巨著中写道，世界上所有风景园林，包括日本园林，它们的精神之源在中国。

园林艺术是我国创立的独特艺术部门 [*]

我不是艺术家，也不是建筑家，但每次游览我国的一处园林，或就连车过分隔北京城里北海和中南海的大桥时，总为祖国有这一独创的艺术部门而感到骄傲。在二十多年前就写过一篇文字，不久前又重新刊登在 1983 年第 1 期《旅游》杂志上，叫《不到园林，怎知春色如许？——介绍园林学》；后来感到意犹未尽，又写了一篇《再谈园林学》，登在 1983 年第 1 期的《园林与花卉》杂志。但现在想来，园林毕竟首先是一门艺术，称"学"不太合适。而且从今天的眼光来看，它又是为城市建设服务的，所以才整理出这篇东西投《城市规划》，向同志们请教。

一

什么叫"园林"？什么叫"园林艺术"？现在用词很泛，报刊上常把哪个园子种了些树就称"园林"。《光明日报》1983 年（下同、不再注明年份）9 月 26 日第一版有个标题《昔日一片荒漠，如今满目葱茏》，说是在甘肃省临泽县的一个学校，在周围种了很多树木，成了"园林"式的学校；《经济参考》8 月 30 日第一版，标题为《沙荒变园林》，说的是山东寇县、莘县的林场在一片沙荒上种了树，就成了"园林"。其实这不叫"园林"，应该叫"林园"，因为这只是有林的园子。我们说"园林"是中国的传统，一种独有的艺术。园林不是建筑的附属物，园林艺术也不是建筑艺术的内容。现在有一种说法，把园林作为建筑的附属品，这是来之于国外的。国外没有中国的园林艺术，仅仅是建筑物附加上一些花、草、喷泉就称为"园林"了。外国的 Landscape、Gardening、Horticulture 三个词，都不是"园林"的相对字眼，我们不能把外国的东西与中国的"园林"混在一起。例如，天安门前观礼台拆除后布置了些草坪，没有中

---

[*] 选自《城市规划》1984 年第 1 期。此系作者 1983 年 10 月 29 日在第一期市长研究班上讲课的内容的一部分，经合肥市副市长、园林专家吴翼根据录音整理成文字稿。

国味，洋气，这是外国的做法，故宫、颐和园哪有这种做法呢？当然绿化工人是花了很大劲才把它搞起来的，问题在于根据什么思想，不是中国的园林艺术，而是西化了。中国园林不是建筑的附属品，园林艺术也不是建筑艺术的附属。

其次，中国园林也不能降到"城市绿化"的概念。《人民日报》7月31日第八版所报道的一些都是"绿化"，不是"园林"。《北京日报》8月23日头版头条也报道："本市制定今后五年园林绿化总体规划，市府聘请五位园林顾问"。

我认为我们对"园林"、"园林艺术"要明确一下含义，明确园林和园林艺术是更高一层的概念，Landscape、Garding、都不等于中国的园林，中国的"园林"是他们这三个方面的综合，而且是经过扬弃，达到更高一级的艺术产物。① 要认真研究中国园林艺术，并加以发展。我们可以吸取有用的东西为我们服务，譬如过去我国因限于技术水平，园林里很少有喷泉，今后我们的园林可以设置流动的水，但不能照抄外国的建筑艺术，那是低一级的东西，没有上升到像中国园林艺术这样的高度。

二

中国园林艺术是祖国的珍宝，有几千年的辉煌历史。中国的园林可以看成四个层次。第一，最小的一层是"盆景"——微型园林。后来发展的园林模型也属于这一类型。例如英文刊物《中国建设》1983年七期记载浙江省温州的叶继荣组织全家人制作大观园模型，已在各地展出，就属于这一类。

第二层次是"窗景"。苏州的窗景在室内看出去有"高山流水"之感的景观，整个也只几米大小。当然也有自发的发展。《科学画报》1983年元月期介绍了广州白天鹅宾馆中的布置，中庭的花坛、瀑布，是属于苏州"窗景"一类的，也是小型园林。

第三层次就是"庭院"园林。南方比较多，像苏州、扬州的庭院都属于这类，小的几十米，大的一、二百米范围。

第四层次是"宫苑"。如北京的北海、圆明园等，规模比较大。

中国园林主要是庭院园林和宫苑园林。北方的园林宫廷气味很浓，如避暑

---

① "中园园林是 Landscape（景观）、Gardening（园技）、Hoticuture（园艺）三个方面的综合，而且是经过扬弃，达到了更高一级的艺术产物。"乃钱学森同志的创见。

山庄、香山、颐和园等；江南园林民间气息较多，巧而秀丽；扬州园林介于二者之间。可能还有第四种，就是广州的岭南园林，里边建筑物较多。

中国园林可以分以上的四个层次，这四个层次可以看成是中国传统的园林艺术，我们要认真研究。我国在这一领域有不少专家、权威，上海同济大学的陈从周教授就是一位，他们都是我的老师。

我们对传统的园林艺术要研究，要发掘，但是还要前进。如何进一步发展呢？举个例子说：北京天安门广场现在气魄很大，怎样把它园林化呢？这是个新课题。我不同意几块草坪，再种点花的这种做法。我在这里出个主意：对广场要增加气魄，方法上可用石雕的兽和人像等等来装饰。过去皇帝的陵寝墓道两边、大殿前面，都应用石狮、石兽。为什么现在不用这些有中国自己特点的东西来装饰呢？再举一件事，从前房子不高，太和殿一层是比较高的，但太和殿再高也比不上北京饭店。现在高层建筑成了方盒子，不太好看，外面颜色也是这样的一些，北京灰烟又大，几年之后是不会好看的。为什么不搞出中国特色？在高层建筑的侧面种些攀缘植物，再砌筑高层的树坛种上松树，看起来和高山一样，这是可以的呀。总之，要用中国的园林艺术来加以美化。

三

现在农村形势发展很快，已经出现小城镇——初级城市，那末大城市、中心城市怎么办？如何美化？要以中国园林艺术来美化，使我们的大城市比起国外的名城更美，更上一层楼。据说规划中的莫斯科城，绿化地带占城市总面积的三分之一，那么我们的大城市、中心城市，按中国园林的概念，面积应占二分之一。让园林包围建筑，而不是建筑群中有几块绿地。应该用园林艺术来提高城市环境质量，要表现中国的高度文明，不同于世界其他国家的文明，这是社会主义精神文明建设的大事。去埃及看到金字塔，它反映了埃及的古老文明；怎样才能使人体会到中国的社会主义精神文明呢？我认为要重视并搞好环境美，要充分应用祖先留下来的园林艺术珍宝。

现在我们在这方面做得不够，今后首先要培养人才，培养真正的园林艺术家，园林工作者。现在有一所大学开了个园林绿化专业。据我了解，尽是一些土木工程的课，这样是培养不出真正的园林艺术人才的。我觉得这个专业应学习园林史、园林美学、园林艺术设计。当然种花种草也得有知识，英文的"Gardening"也即种花，顶多称"园技"，"Hoticulture"可称"园艺"，这两门课要上，但不能称"园林艺术"，正如书法家要懂研墨，但不能把研墨的技术当作书法艺术。我们要把"园林"看成是一种艺术，而不应看成是工程技术，所以这个专业不能放在建筑系，学生应在美术学院培养。从这个思想推演，我们应该成立独立的园林工作者协会。去年有人跟我说要在中国科协下设中国园林学会，我说应该在中国文联下面成立这一组织，因为这是艺术。但现在来不及了，园林学会已经在中国建筑学会下成立了，对外称中国园林学会。大家如此认识问题，也就只好如此，总比没有专门的园林工作者组织好。要培养专家，也要培养园林技术工人。

说到工人联想到古典园林的保护问题。要继承发展中国园林艺术，就必须保存好现有的古典园林。现在有许多园林都被一些单位占了，要下决心把占用的单位请走；另外，要保存好，要修复好。怎样保存修复呢？现在的做法是粉刷一新，金碧辉煌，不是原来的风味了。在这方面，我们要向国外学习，他们的古典建筑尽量保存，并且维持原来的格调，而不是把它"现代化"。保持原来面貌这点应值得注意，这里有一套学问。我国已确实有文化保护研究所，各地区要支持本地区有关部门把这项工作做好。另外，还要考虑古代园林建筑如何适合于现代中国。古代帝皇园林建筑的色彩沉重、深暗，明亮的少；颐和园建筑色彩就太重，是否可以作些试验改变些色调？使它更适应今天在人民中国园林应该有的功能，让人们舒畅地休息，感到愉快，在精神上受到鼓舞。这也是进一步研究和发扬园林艺术的问题。

养花是民族文化的一部分 *

中国人是很喜欢花的。不论贫富都喜欢养花，这是全民族的爱好，有历史传统。"文化大革命"中反对养花，连朱老总喜欢兰花都感到为难，造成了不好的影响。其实，养花是一件好事，要做些宣传工作，把极左的东西肃清。

养花是民族文化的一部分，是物质文明和精神文明的一个很好的结合。现在有一种认识不正确，认为园艺师、厨师等搞出的产品都是小玩意儿，不值一提。这是不对的，其实他们的产品都是文化的一部分，要宣传，应该受到重视。

发展花卉生产，需要领导上支持。要大规模发展花卉生产，必须形成自己的温室制造业，不能总是向外国购买温室。当然，温室生产有技术问题，但主要不是技术问题，是认识问题，体制问题。大家写文章呼吁上级支持温室制造业也可以，但更重要的是先把东西造出来。

中央的精神是明确的，企业要放下去，要自己去经营，不要等，自己闯天下才能生存下来，等就会把自己等垮。谁要领会中央精神快一点，谁就先上去。搞好经营光靠技术不行，要进行改革。不改革就没有出路。要搞活经营与服务，把产品成本降下来。花卉要出口，竞争对手就多了。要发展生产就要搞横向联合，荷兰开始是一家一户小规模搞，然后逐渐发展成托拉斯。比如北方月季花公司可以考虑先和谁联合后和谁联合，然后像滚雪球一样，逐渐形成行业公司。

---

* 选自《论宏观建筑与微观建筑》一书。

第八讲

一种形而上的联系，一种诗意的连接

——谈建筑与城市

哲学·建筑·民主 *

建筑要有自己的民族特色

我早年在上海交大学习铁道机械工程，记得毕业设计就是画火车头，所以当时我算是一个铁道机械工程师。后来受"科学技术救国"思想的影响，到美国麻省理工学院学航空工程。可是毕业后当时的美国公司不接受中国人去工作，于是只好改行到加州理工学院航空系，学习航空理论。加州理工学院有个特点，工科博士生同时要学一些基础理论的学科。当时我就选修了数学，又旁听了好多物理的课程，如量子力学、统计力学、相对论等。我的导师主张学生的知识面要宽，他本人的知识面也很宽，对什么都感兴趣。学校也赞成不同学科之间的交流，拓展学生的知识面，但那仅是工程技术与基础理论学科之间的交流，还没有跨越到社会科学。

我回国后一直忙于工作，没有时间深思，也没有考虑知识体系的问题，倒是"文化大革命"给了我很大的促进。"文化大革命"使我认识到，不懂社会科学不行，不懂马克思主义哲学也不行。我就自学了一点。学了以后，就觉得马克思、恩格斯、列宁讲的这些话对从事科学技术工作确实有启示指导作用。从那以后，我就把自然科学、社会科学联系起来，从整个科学技术体系的角度来看问题。这就是解放思想，要多向各行各业的专家们请教，和你们讨论也是如此。

中国的社会科学、哲学工作者中，有两种人我是不赞成的：一种人死抱书

---

* 选自《论宏观建筑与微观建筑》一书。本文首先在 1996 年 6 月 14 日的"建筑与文化国际学术研讨会"上向与会者传达。在北京召开的《城市学与山水城市》再版发行座谈会上印发给与会者；6 月 18 日《文汇报》全文刊出；7 月 28 日《科技日报》全文刊出。《人民日报》拟刊登前征求钱学森意见，钱学森说："《文汇报》、《科技日报》已经登了，《人民日报》版面很珍贵，就不必登了。"遂未再刊登。1999 年 6 月出版的鲍世行、顾孟潮主编的《杰出科学家钱学森论：山水城市与建筑科学》一书，作为开篇文章收入，并译成英文。

本，教条主义；还有一种人盲目崇拜西方，崇洋媚外。这都不对。对于社会科学工作者死抱书本，我有亲身体会。二十多年前，有一次我们请国防科委政治部的同志讲恩格斯的《自然辩证法》，讲到科学技术内容，他完全照本宣科。我实在憋不住了，就告诉他现在的科学技术早已不是那么回事了，他却说书上就是这么讲的！还有位同志对我讲，在 50 年代他听苏联专家讲课，觉得内容很熟悉，把讲义和马列著作一对照，才发现整段都是抄的马列原著，看来苏联专家是死抠书本的。学习马克思主义，不抓住马克思主义的本质东西，搞形而上学是不行的。要用马列主义、毛泽东思想的哲学指导我们工作，这一点我是坚定不移的。但是，同时也要考虑到马克思主义哲学是发展的，不是固定的、一成不变的，会随着人们的经验和社会实践不断深化而发展，所以不能机械地死抠书本。另外，现在的情况是有的人在坚持马列主义，而有些人则走偏了路，反对马列主义哲学，这就更不对了。现阶段坚持马列主义哲学，就是要正确理解邓小平关于建设有中国特色的社会主义理论。包括建筑学在内，也必须走有中国特色的社会主义道路，既不能仿古不变，又不能跟着外国人跑，要有自己的独创。

是否可以建立一个大科学部门——建筑科学?

最近看了顾孟潮的论文 ① 和这本书 ② 得到一些启发，建筑真正的科学基础要讲环境等等。这个观点要好好地学，思想才真正开阔。

现在建筑科学里面认为是基础理论的东西，实际上是我说的第二个层次的学问，属技术科学层次，就是怎么样把基础理论应用到实际中去，即中间的过渡层次。现在建筑系的学生学的，重在技术和艺术技巧的运用，这是第三层次，实际工程技术层次了。

顾孟潮和叶树源讲的给我启发，建筑与人的关系，实际上是讲建筑科学技术的基础理论，即真正的建筑学。再进一步是把建筑科学提高到哲学，概括到哲学，那就是我在给叶教授信中说的，你到底是唯心主义，还是唯物

---

① 即"建筑哲学概论"讲课内容和《建筑学报》1996 年第 1 期《信息·思维·创造——空间环境设计创造思维特点与思维类型》一文。

② 即台湾叶树源教授著《建筑与哲学观》一书。

主义？

真正的建筑哲学应该研究建筑与人、建筑与社会的关系。从前封建社会的皇帝，他对建筑是什么观点？显然，不可能和我们的观点相同，因为他是封建统治者。我在美国那么长时间，深知在美国那样的垄断资本主义国家里，真正说了算的不是人民，而是大资本家。大资本家有自己的庄园，像皇帝宫殿花园一样。老百姓住的是什么建筑？即使是中产阶级，那也差多了。这种生活我是尝到过了，那时我当教授，和我爱人还要天天打扫卫生、做饭。至于穷人，那就更不用说了，因为那是资本主义社会。它的建筑为的是资本家。中国科学院原来的书记张劲夫，后来当财政部长时，与美国有接触。有一次他到美国去访问，回来后对我说，这下我真的知道美国是怎么回事了：有位大资本家请他去他住的庄园做客，把他介绍给自己的参谋班子——那才是美国的精英。他发现那些二把手、三把手都相当有水平，要是到政府任职，起码也能当部长，而一把手是不露面的，只出谋划策，为他的老板服务。所以他们的建筑也是为这个制度服务的，而我们的建筑为的是人民，为人民服务。

另外，建筑是科学技术。开始是砖石结构、土石结构、砖木结构……现在是什么结构？科学是不断发展的。前几天看到《经济日报》上有文章讲"塑钢窗"。你们看，我的窗户是50年代建的，是木窗，现在有了塑钢窗、铝合金窗等等，将来科学技术发展了，还会有更新的材料。建筑与科学技术是密切相关的。

各位考虑，我们是不是可以建立一门科学，就是真正的建筑科学，它要包括的第一层次是真正的建筑学，第二层次是建筑技术性理论包括城市学，然后第三层次是工程技术包括城市规划。三个层次，最后是哲学的概括。这一大部门学问是把艺术和科学糅在一起的，建筑是科学的艺术，也是艺术的科学。所以搞建筑是了不起的，这是伟大的任务。我们中国人要把这个搞清楚了，也是对人类的贡献。我们有五千年的文明史，一定要用历史的观点来看问题，要看到人以及人所需要的建筑。建立一个大的科学部门，不只是一两门学科。这么看来，我原来建议建立十大部门，现在是十一大部门了。这些部门请大家考虑。

学术民主非常重要

我从前在中国科协工作过几年，感到学术不够民主，教授、权威压制得太厉害。我在科协会上讲过不只一次，但还是解决不了。这是科学向前发展的一个大问题。

在学术民主方面，我在美国加州理工学院体会很深。当时，学校经常有讨论会，通常是一个人先做发言，所谓"主题介绍"，介绍学科领域的情况，大约讲四十分钟，然后讨论一小时，大家七嘴八舌都可以讲。那时，我不过是个研究生，也参加讨论，这是允许的。主持会议的教授有时也讲，和大家一起讨论。偶尔说着说着，教授会说他刚才讲得不对，收回。就这样子，在学术问题上很讲民主，最后还要集中。怎么集中呢？这是讨论到最后，教授作个十到十五分钟的总结：我们今天解决了什么问题，还有什么问题没有解决，以后需要再进一步研究。他从不勉强作结论，但是解决了什么问题，认识到什么程度，他还是要总结说明。

学术民主很重要。所谓民主就是党章上规定的原则——民主集中制。比如讨论要有个题目，这就是有领导的民主。要讲民主基础上的集中，集中指导下的民主。不能一讲民主就没有了集中，一讲集中就没有了民主；这是辩证的关系。

中国应该建山水城市 *

中国的城市建设应该在马克思列宁主义毛泽东思想的指引下，科学地总结过去的经验，特别是中国人创造的灿烂文化，有目的、有计划地去实施。我们在过去，要办的事很多、很急，要解决人民的基本生活需要，在城市建设上，来不及认真思考，科学地规划，合理布局，办了一些傻事，如把首都钢铁公司、北京石化公司的工厂建在北京上风位地区；有些建筑又影响甚至破坏了城市风貌，今后要有所改善。

城市的总体设计

过去我们一讲城市建设，好像就是道路交通建设、通信建设、居民居住的房屋建设、工厂建设、学校建设、机关建设、商业区建设等等，一下子就投入到具体工作中去了。而没有注意一个首要问题：建设中的城市，其功能是什么？这个城市是国都？是大港口？是商埠？是省城？是文化城？是旅游城？是工业城？还是其他？

有了一个城市建设的目的，明确了其功能，下面的问题就是对这个城市已有的建筑要明确哪些是文物，必须保护，并加以科学地维修（而不是粉饰一新）。北京的城墙、城门楼拆得太干净了！ 当然，故宫总算保护下来了，天安门广场建设得很壮观！

这两个问题明确以后，下一步才是城市的总体规划。总体规划要有长远眼光，要大胆设想，逐步实施。在建国初年，梁思成先生对北京就提出过一个惊人的设想：以现在的丰台路五棵松路为南北轴线，北端定予颐和园，轴线以东为旧北京，以西建新北京，此议未被采纳，但这种宏图思路是值得倡导的。我们要面向世界、面向未来呵！

这个观点我在 1985 年就提出了，我认为它是比具体搞细节的所谓城市规

---

* 选自《论宏观建筑与微观建筑》一书。本文是作者 1993 年 2 月 11 日在"山水城市讨论会"的书面发言，原载《科技时报》1993 年 3 月 1 日。

划更高一个层次的学问：城市学。这是用系统工程整体观点研究城市问题的学问。不知近几年有无进展。

城市园林、城市森林和山水城市

然而，我所看到的不是什么城市学研究的进展，而是一些背离中国这个文明古国的怪现象，如：在城市中心区搞什么假造的"古建筑"，在城市弄什么趣味低下的"电子化游乐宫"等等。这些丑化城市的活动决不能再任其泛滥了。现在还兴起了一股筑什么"花园村"之风，也很值得研究，切莫急功近利，遗患后世。至于到处竖起的方盒子式的高楼，使城市成了灰黄色的世界，更是普遍了。

这些现象的出现，说明中国的城市该怎么规划设计，仍是个需要回答的问题。

我想既然是新中国的城市，就应该：第一，有中国的文化风格；第二，美；第三，科学地组织市民生活、工作、学习和娱乐。所谓中国的文化风格就是吸取传统中的优秀建筑经验，例如吴良镛教授主持的北京菊儿胡同危旧房改建，就吸取旧"四合院"的合理部分，又结合楼房建筑，成为"楼式四合院"。我们可以想象，"楼式四合院"再布上些"老北京"的花卉盆、荷花缸、养鱼缸等等，那该是多么美的庭院啊！

如果说现代高度集中的工作和生活要求高楼大厦，那就只有"方盒子"一条出路吗？

为什么不能把中国古代园林建筑的手法借鉴过来，让高楼也有台阶，中间布置些高层露天树木花卉？不要让高楼中人，向外一望，只见一片灰黄。楼群也应参差有致，其中有楼上绿地园林。这样一个小区就可以是城市的一级组成，生活在小区，工作在小区，有学校，有商场，有饮食店，有娱乐场所。日常生活工作都可以步行来往，又有绿地园林可以休息。这是把古代帝王所享受的建筑、园林，让现代中国的居民百姓也享受到。这也是苏扬一家一户园林构筑的扩大，是皇家园林的提高。中国唐代李思训的金碧山水就要实现了！这样的山水城市将在中国建起来！

以上讲的还是一个城市小区，在小区与小区之间呢？城市的规划设计者可以布置大片森林，让小区的居民可以去散步、游息。如果每个居民平均有七十多平方米的林地，那就可以与今天乌克兰的基辅、波兰的华沙、奥地利的维也纳、澳大利亚的堪培拉相比了，称得上是森林城市了。

所以，山水城市的设想是中外文化的有机结合，是城市园林与城市森林的结合。山水城市不该是 21 世纪的中国城市构筑的模型吗？我提请我国的城市科学家们和我国的建筑师们考虑。

把古都风貌夺回来 *

　　我从前在旧北京呆过十五年，1955 年回来后，在新北京也已三十八年了。在这前后五十三年中，曾无数次到中山公园北面筒子河旁的树荫下，坐望紫禁城，看城上的建筑，看那构筑别致的城上角楼，真有说不尽的滋味。

　　由此感受，我想到一件可以不但"把古都风貌夺回来"，而且可以增添古都风貌的事：

　　在南长街、北长街街道东侧，从中山公园西北角起，把现有民房拆去；再在南池子、北池子街道西侧，从劳动人民文化宫东北角起，也把现有民房拆去。在空出的地段，移植高大常青树，多种花卉，形成人民公园。北面筒子河北岸、景山前街南侧也移植些高大常青树。这样，紫禁城四周都在公园中，朝阳、夕照、风貌一定胜过旧时！

---

* 选自《论宏观建筑与微观建筑》一书，原题为《为夺回古都风貌献策》，现标题为编者所加。原文刊 1993 年 12 月 3 日《北京日报》。同时发表编者按：市委主要领导同志倡议本报组织开展的"把古都风貌夺回来"的讨论，在社会上引起较大反响。一些热情读者给编辑部来稿、来信，那真挚的话语无不凝聚着人们对社会主义祖国首都北京的爱。耄耋之年的著名科学家钱学森同志亲自撰文参加讨论，看着那一笔一画、工工整整写就的稿件，我们为之动情。我们真诚希望所有热爱、关心北京古都风貌的各界朋友，拿起笔来，和我们一起把这场讨论搞得更好，为首都的城市建设作出贡献。

我为什么对中国古代建筑感兴趣 *

中国建筑工业出版社：

我写这封信是为了向您社送《刘敦桢①文集，一卷》及《刘敦桢文集，三卷》表示衷心的感谢！

我已有该文集二卷及四卷，赠书补全了四卷书，我可以好好学习了。您们也许会问，我为什么对中国古代建筑感兴趣。这说来话长：

我自三岁到北京，直到高中毕业离开，1914～1929年，在旧北京呆过十五年。中山公园、颐和园、故宫，以至明陵都是旧游之地。日常也走进走出宣武门。北京的胡同更是家居之所，所以对北京的旧建筑很习惯，从而产生感情。1955年在美国二十年后重返旧游，觉得新北京作为社会主义新中国的国都，气象万千！的确令人振奋！

但也慢慢感到旧城没有了，城楼昏鸦看不到了，也有所失！后来在中国科学院学部委员会议上遇到梁思成教授，谈得很投机。对梁教授爬上旧城墙，抢在城墙被拆除前抱回几块大城砖，我深有感触。中国古代的建筑文化不能丢啊！70年代末，我游过苏州园林，与同济大学陈从周教授有书信交往，更加深了我对中国建筑文化的认识。

这一思想渐渐发展，所以在80年代我就提出城市建设要全面考虑，要有整体规划，每个城市都要有自己的特色，要在继承的基础上现代化。我认为这是一门专门的学问，叫"城市学"，是指导城市规划的。

再后来读到刘敦桢教授的文集二卷，结合我对园林艺术的领会，在头脑中慢慢形成要把城市同园林结合起来的想法，要建有中国特色的城市。到今年初就提出"山水城市"的概念。上面我向您社汇报了我的思想，我已得到今年2月11日"山水城市讨论会"上许多专家的支持。因此我希望

---

* 选自《论宏观建筑与微观建筑》一书。此信系对中国建筑工业出版社赠《刘敦桢文集》的感谢信。
① 刘敦桢（1897～1968），中国科学院院士、教授、著名建筑教育家、建筑理论历史学家。

中国建筑工业出版社能支持我的这一想法，多出版这方面的书。这能做到吗？

　　此致
敬礼！
　　并恭贺新年！

钱学森
1993 年 12 月 22 日

为了 2000 年，我想到的两件事 *

——致《新建筑》编辑部的信

《新建筑》编辑部：

我曾先后从陶世龙[①]同志那里收到贵刊 1983 年第 1 期和 1984 年第 1 期，他也向我传话说，要我向编辑部讲讲对建筑学问题的意见。已经过了一段时间了，讲什么呢？现在想到的是两件事，都是关系到 2000 年我国建筑事业的，关系到 21 世纪我国建筑事业的，但我想我们现在就该动手，不然就晚了，会误事。

第一件事是发展工业化的建筑体系，发展建筑构配件和制品的专业化、社会化生产。这在外国也叫体系建筑，搞了几十年了，但看来问题不少，没有完全实现。我想我国人口众多，而且到本世纪末、21 世纪初，生产将有历史上前所未有的发展，人民生活将大大提高，建筑业的任务是十分繁重的，要高效益地完成这项艰巨任务，再靠现在的老办法是远远不够了。用什么现代化方法呢？当然是工业化大批量流水线生产方法：专业化工厂生产建筑构配件和制品，然后运到现场装配成建筑物。

这不只是个建筑施工和生产问题，可能更根本的问题在于建筑学思想的革新如何用标准化的建筑构配件和制品造成多样化、能适应各种要求的美观建筑物？建筑师的才华不是受到束缚，而是要求更高，要设计的不是一座大楼，而是设计整个建筑体系，整整一个时代各种各样建筑所组成的体系。也许就是因为这个原因，在分散经营而又缺乏全局规划的资本主义国家，体系建筑难于实现。那么，这不正是我们社会主义制度优越性大有可为的场所吗？

第二件事是构建园林式的城市。我从前讲过点这方面的看法。但近日读到

NaN* 选自《论宏观建筑与微观建筑》一书。原文刊于《新建筑》1985 年 1 期。
① 陶世龙，科普作家，时为中国科普作协副会长。《新建筑》杂志主编陶德坚之胞弟，当时应其姐要求向钱学森征集对建筑学的意见。

上海市未来研究会印的《2000年的上海》，其中有一篇梅松林、陈正发、徐根宝、曹林奎和翟元弟等五位同志写的《初论2000年上海的立体农业》，把这个问题发展了，讲得好。我现在把它录在下面：

"日本横滨市是仅次于东京的全国第二大城市，在《横滨21世纪》规划中确定：'为了向市民提供新鲜蔬菜和保护绿化，并为万一遇到灾害时准备空地，要考虑采取措施和发展市内的农业。'主要措施有三：第一，生活区四周要增添绿化，不论在路边、宅旁或窗前、屋顶上，要动员市民绿化。第二，筹建公园和绿地三万亩。第三，确保市区有优良的农地。1980年市内农田为五点九万亩，同时要扩大城市化调整区内的农用田。横滨之所以如此高度重视市区农业，是因为随着日本经济的高速发展，横滨市人口急剧增加，城市宝贵的绿地和农田越来越小，1965年~1974年十年内，全市减少农业和山林面积十八万亩，转变为住宅等用地。'急剧的城市化，损害了美丽的田园景色，把市民接触自然场所缩小了，使市民的生活变得枯燥无味，'在横滨21世纪规划中提到确立有生命力的横滨经济时，把稳定城市农业生产作为首要任务。国外，不仅仅日本，即使像加拿大这样一个地多人少的国家，仍在发展市区农业。像日本百分之七十的谷物靠进口的国家，还如此重视和发展市区农业，那么，作为上海，发展市区农业的重要性是毋庸置疑的。

我国大多数城市的建筑用地和铺装路面，约占整个城市用地面积的三分之二以上，剩下的土地，即使全部用于绿化，也不能从根本上改善城市的环境。特别是上海，问题更突出，人口密，建筑拥挤，工厂林立，环境污染严重：平均每人所占绿地面积极少，为全世界各大城市中倒数第三名，仅占零点四六平方米；而华盛顿为四十点八平方米、巴黎二十四点七平方米、伦敦十二平方米、东京一点二平方米。因此发展城市立体农业有着特殊的地位。城市农业可以种攀缘植物（爬山虎、葡萄、猕猴桃等），依附建筑物生长，基本不占地；也可以发展屋顶农业，阳台农业，种花草、蔬菜和经济作物；更可以利用庭园内空间，如棚架、门庭、栅栏或者宅旁空地种各作物，这样就能使城市无处不绿，恢复田园风光。如南市区，近年来共种十多种藤本植物一万多棵，发展棚架绿化二千六百平方米，窗台、阳台和室内盆栽十二万三千四百多盆，已收到了明显的绿化、美化效果。市区的立体农业有以下四个方面：

1. 屋顶绿化。预计到2000年上海平屋顶绿化将有较大的发展。现在多处已试验成功，种的作物有花卉、蔬菜、果木和花生、棉花等，收到了保护建筑、减少污染、美化环境、增加收益等多种效果。由于高空阳光充足、温差大、湿度较小、通气好，屋顶农作物长势和生长力都比地面良好。有的单位利用五层楼屋顶栽培葡萄，葡萄下的土壤表面覆盖草莓，葡萄病害少、着色好，糖分含量高。屋顶承压为每平方米三百至四百公斤的，可造屋顶花园；承压中等的，可种橘子、美人蕉等林木和花卉、蔬菜；承压较差的，可种草皮。

屋顶绿化要解决两大难题，即防治风害和制造培养土——要求轻质、无毒、价廉、来源广、适合农作物生长。今后屋顶绿化要和无土栽培、太阳能、风能的利用结合起来。上海市区目前绿化覆盖率仅百分之六点一四，要实现近期内绿化覆盖率百分之三十，平屋顶绿化势在必行，而且潜力很大。上海每年要建筑三百万平方米新房，如其中一半屋顶实行绿化，每年即可增加绿化覆盖二十五万平方米。

2．阳台绿化。由于城市不断发展，高层建筑已越来越多，发展窗前与阳台的垂直农业尤为重要。窗前与阳台绿化，一般采用：（1）窗前设有种植槽，布置悬垂的攀缘植物。（2）植物依附墙面格子架进行环窗绿化。（3）阳台栏栅绿化。（4）阳台上下之间垂直绿化。

3．墙面垂直绿化。上海市区车水马龙，噪声极大。据科学研究，墙面布满枝叶稠密的植物后，墙面温度能降低六至七摄氏度，空气湿度增加百分之十至百分之十二，噪声减少百分之二十六，还有净化空气、美化环境等功效。根据国家建委要求，城市绿化覆盖率近期内要达到百分之三十，远期内要求百分之五十，墙面绿化在实现这个目标中，有着重要的作用。目前上海墙面绿化已有发展，预计到 2000 年将有很大的发展。

4．宅旁空间绿化。城市建筑的房前屋后和庭院之中，还有相当多空间，可以种花草、蔬菜、果木等作物：（1）棚架垂直绿化。在庭院中，棚架绿化应用较多，而且式样不一，有水平棚、拱形棚、扇形棚等。（2）门庭垂直绿化。用棚架绿化装饰大门，也是利用空间的途径。有的门庭出入口，利用棚架，种丝瓜和扁豆，既美化了环境，增加绿化面积，又收到一些农副产品；凡有条件的地方照此办理，就可得到更多的经济效益。（3）栏栅绿化和建筑物间隔垂直绿化。由于新住宅区的不断出现，怎样充分利用建筑物之间的间隔空地，是一个十分重要的问题；可在栏栅、围墙上利用攀缘植物进行垂直绿化。除了种植一些高大的乔木外，还可在地面配置一些地被植物，组成一个人工群落。要使市区的垂直绿化得到快速的发展，关键是制定合理的政策，调动广大城市居民的积极性，特别是广大退休职工的积极性，使专业队伍和群众活动紧密结合起来。现在有的地方统得太死，把居民种的草花、果木全部砍光，禁止种植，而他们自己又不认真管理，造成杂草丛生，这种情况应当改变。近年来，国外对城市环境有了更高要求，如日本正开展'田园都市'的研究。上海如能把以上四方面经验大力推广，到 2000 年，将会变成一个东方美丽的大花园，大大增进居民的健康，也为国内其他城市提供借鉴。"

为了形象点，我附上 1984 年 11 月 17 日《光明日报》四版上劳恩同志作的一幅"屋顶花园"的木刻。

要迎接中国的新时代，我们的建筑界同志不应该研究园林式现代城市吗？这也是时代对我们的挑战呵。

以上供参考。

此致敬礼！

钱学森

1984 年 11 月 21 日

建筑设计的美在于整体美 *

鲍世行秘书长：

您 7 月 25 日来信收到，谢谢了。

中国风景园林学会、中国城市规划学会和中国城市科学研究会要在 10 月召开"立交桥——现代城市一景"座谈会，当然是件大好事。但您说会前要向我汇报会议准备情况，这我万万不敢当。我能说的已说了，下面再写几句，供你们参考。

（一）城市建设要有规划，要搞城市学的研究，都是说整体考虑的重要性。城市也是一个大系统，没有系统的整体考虑怎么行！这里要满足一个城市系统的特殊要求，即城市整体景观。这就涉及艺术了。

（二）古代帝王，不论在中国还是在西方国家，为了显示王朝的威仪，也非常重视帝京的整体布局。这是封建王朝的城市整体设计。中国的隋唐长安、燕都北京、西方的故都罗马，都是如此。

（三）但是后来在资本主义国家，城市的建筑主要是资本家个人一座一座建的，他爱怎么建就怎么建，没有整体观了。建筑美成了单座建筑的美！

（四）这就引起建筑师们不考虑城市的整体景观，只顾一座建筑的美。建筑与城市分家了！建筑学是讲美的，是科学技术与艺术的结合。而城市学、城市科学就只讲科学技术与社会—科学，不顾艺术了。这一分家也体现了中国既有中国建筑学会，又有中国城市规划学会、中国城市科学研究会。

（五）我认为这种分家是不正常的，是受西方资本主义的影响。中国的建筑学要同城市学结合起来，形成科学技术、社会科学与艺术的融合的"中国学问"。我们既讲究单座建筑的美，更讲城市、城区的整体景观、整体美。

（六）北京市不是要夺回古都风貌吗？不研究整体美行吗？例如：北京市中心区的建筑已定型，是围绕故宫、天安门广场形成的，当然是古都风貌。城

---

* 选自《论宏观建筑与微观建筑》一书，原书中题为《关于城市建设要有整体考虑给鲍世行的信》，现标题为编者所加。

区西北有各高等院校、中国科学院、颐和园、西山，也已形成文化景区，也是古都风貌了。但其他各区呢？北区？东区？东南区？要有整体景观规划啊，不然是不能夺回古都风貌的。

（七）立交桥的景如何搞？也要与其所在城区的整体景观相协调。只能形成整体景观美，而不能不协调。天宁寺立交桥的旧城遗址搞好了，是一景嘛。

以上几条，不知当否？我向诸位与会者请教。

就写到这里。并致敬礼！

钱学森

1994 年 7 月 28 日

真正的建筑学 *

叶树源教授：

我非常感谢您赐尊著《建筑与哲学观》，我读后深受启示！我只是建筑科学技术的外行人，现在下面讲点读后所想，向您请教：

（一）我想尊作实际是阐明了建筑是什么，建筑与人的关系，对建筑空间所应具备的效果也界定了。因此与其讲这是建筑的哲学观，不如说此书是讲建筑科学技术的基础理论，真正的建筑学。

按我对现代科学技术体系的理解，这是基础理论层次的学问。

（二）在基础理论层次下面的一个层次是技术性的科学，即工程技术所需要的直接指导性学问。在建筑科学技术部门，这就是现在人们称为"建筑学"的学问，以及城市科学等。

（三）在建筑科学技术部门再下一个层次的、第三层次的学问，那就是设计构造具体的建筑了，即建筑设计。

（四）在建筑科学设计部门，除了这三个层次的学问外，还应该有个总结的概括：对建筑用什么指导思想，唯心主义？唯物主义？辩证唯物主义？历史唯心主义？历史唯物主义？这门学问才是真正的建筑哲学。

此致

敬礼

钱学森
1996 年 5 月 7 日

---

* 选自《论宏观建筑与微观建筑》一书。

避免"轿车文明" *

鲍世行同志：

《城市学与山水城市》^① 书已由顾孟潮同志送来，我对您二位真是感谢不尽。

我近见报纸上对"轿车文明"有热烈讨论，我读后也颇有感慨！我从前在美国二十年，对他们的"轿车文明"是有体会的：一方面生活必须，另一方面又带来污染、噪声、杂乱拥挤。40 年代听说西欧对"轿车文明"多有指责。但到 1987 年我到英国和当时的西德，则"轿车文明"也同样在那里泛滥！我们社会主义建设也一定要走这条路吗？奉上剪报复制件^②请阅，并思考。

我看这实关系到我们到 21 世纪要建什么样的城市：

（一）城市如实现"山水城市"，则在一个建筑小区中，住家、中小学校、商店、服务设施、医疗中心、文化场所等日常文明设施都具备，人走路可达，不用坐车。

（二）由于"高速信息公路"、信息革命，多数人可以在家通过信息网络上班，不用奔跑了。

（三）建筑小区之间有大片森林花木，是公园，居民可以游憩或做运动锻炼身体。

（四）人们当然也会要远离小区访亲友、游览等，那又有高效的城市公共交通可供使用。

---

* 选自《论宏观建筑与微观建筑》一书，原书中题为《关于对"轿车文明"讨论给鲍世行的信》，现标题为编者所加。

① 即鲍世行、顾孟潮主编的《杰出科学家钱学森论：城市学与山水城市》（第 2 版），中国建筑工业出版社，1996 年 5 月出版。

② 剪报复制件包括：

1．郑也夫《轿车文明批判》，原载《光明日报》1994 年 8 月 9 日。

2．樊纲《轿车文明辨析》，原载《光明日报》1994 年 11 月 8 日。

3．远征《福兮祸所伏——鼓励轿车进入家庭的忧思》，原载《科技日报》1994 年 12 月 2 日。

（五）再远就用民航、高速铁路、水路船航等。

所以社会主义中国完全有可能避开"轿车文明"。但这是城市学的一个大课题，您的研究会不该考虑吗？③

此致

敬礼！

钱学森

1994 年 12 月 4 日

---

③ 根据钱学森的意见，中国城市科学研究会于 1995 年 3 月 16 日召开了"轿车与城市发展学术讨论会"，《瞭望》1995 年第 18 期作了报道。

把北京建成"卫星城市"*

鲍世行同志：

您寄来的《北京规划建设》1994年第3期 ① 及第4期 ② 均收到；此刊印刷精美，我对您表示感谢！第3期1、2页还有我们讨论立交桥景的信。

翻看了这两期刊物也想到一个北京市规划问题似未得大家注意。人们讨论到京津唐大区域的规划，但北京市区本身不要有个安排吗？难道北京市就是扩大城区加建设几个外围小市镇吗？这就是21世纪的首都北京了吗？

我记得60年代初，毛泽东主席曾经夸过当时西德建都于一个小城市Bonn（波恩），而工业等则分别集中于临近的几个城市，在Bhein河（莱茵河）下游形成一个城市职能各异而又通盘协调合作的城市体系。毛主席的这一指示是批评一味扩大老北京市区，而不建设远郊区。我现在想这里还有一个保护农田面积的问题，我国人口多，耕地少，已是大家注意的问题。这样，21世纪的北京为什么不选市区近郊山区几个点分建有专业功能的小城市，它们与老北京作为政治、文化中心，相配合，形成大北京的有机整体，这是可能的吧！

例如金融业是现代社会中一个大行业，目前的城市规划因西二环阜成门外已有中国银行大楼，所以就设想将西二环中段建成将来的金融区。为什么不选一个近郊山区开发个金融城呢？距北京中心区几十公里，不占农田，空气也清新，不更好吗？

---

* 选自《论宏观建筑与微观建筑》一书，原书中题为《关于北京市规划问题给鲍世行的信》，现标题为编者所加。

①② 《北京规划建设》1994年第3期第1、2页发表有1994年1月16日钱学森给中国城市科学研究会常务副秘书长鲍世行的一封信和1994年2月19日鲍世行给钱学森的复信，以及当时中共北京市委主要负责人对这两封信的批示。上述两封信都是讨论进一步美化北京城市立交桥，并将其融入山水城市的问题。

一主多辅，北京成为一个功能齐全的城镇体系，保护耕地。此设想有无道理呢？请指教。

此致

敬礼！

钱学森

1994 年 9 月 15 日

第九讲

灵感是花，只开在思索的岸边

——谈思维科学

思维科学的出现 *

　　马克思主义哲学在辩证唯物主义这个总论下，除前面已经讲到的自然辩证法和历史唯物主义（社会辩证法）之外，还有另外两个组成部分：辩证唯物主义的认识论和辩证逻辑。这方面意见也不一致，也有一些自然辩证法工作者认为认识论和方法论都可以归入自然辩证法，因为研究自然科学离不了它们。但我看还是不归入自然辩证法为好，因为认识论和方法论并非自然科学所独有，其他学科也离不开它们；而且在现代科学技术中所用的研究方法也逐渐统一了，不能区分自然科学的方法论和社会科学的方法论。更进一步，我认为问题还不在于马克思主义哲学的这种部门划分，而在于现代科学技术的实践，已预示着更重大的变革：思维科学的出现。

　　引出这项变革的是电子计算机。电子计算机是毛泽东同志指出的由重大技术变革形成的技术革命，是和历史上的蒸汽机、电力和现在的核能并列的技术革命。电子计算机怎么会引起思维科学这个问题呢？这是电子计算机作为技术革命的一个重要问题。

　　先要从现代数理逻辑的一个结论说起。这个结论是，所有用数理逻辑可以解答的问题，电子计算机都能解答。也可以换用通俗一点的话讲：凡是一位老师能讲清道理的事，老师能通过讲解教会学生去做，那老师也能教会电子计算机去做。去年《北京日报》报道，北京地区的科技工作者把著名中医肝病专家关幼波教授治疗肝病的整套理论、经验都"传授"给一台电子计算机了。计算机能根据肝病的八个主型，三十六个亚型，以及具体病人情况来调整处方，大概可以开出两亿多个不同处方，而且每次都开得正确，得到关教授的肯定。这不就说明用数理逻辑可以解答的问题，电子计算机也能解答吗？

　　当然这就要我们去研究如何用数理逻辑去解答问题，也就是第一，能不

---

* 选自《哲学研究》1980年第4期《自然辩证法、思维科学和人的潜力》一文的第三部分，标题为编者所加。

能得到答案；第二，用什么逻辑演算方法，如何一步一步算。研究这一门的学问，叫算法或算法论。当然，即便算法论说某一些问题能算，有算法，也不见得现在就有电子计算机能解答这个问题，困难在于算法太笨，用现有的最快最大的电子计算机算一万年也算不到结果。一个有趣的例子就是电子计算机下国际象棋：在美国目前最好的电子计算机棋手叫 Belle，是贝尔电话实验室的两位科学家 K.Thompson 和 J.Condon 搞的，Beller 在走棋子时能每秒检验 15000 棋子位置，但在正式棋赛所要求的两小时走四十步的速度下，胜不过人的象棋大师！ Belle 的评定是 1900 分（E 级从 0 分到 1199 分，D 级从 1200 分到 1399 分，C 级从 1400 分到 1599 分，B 级从 1600 分到 1799 分，A 级从 1800 分到 1999 分，能手从 2000 分到 2199 分，大师从 2200 分起），而当前的世界冠军 Anatolly Karpov 的评分是 2705 分。对棋的残局 Beller 的能力尤低，胜不过一般进入棋赛选手的一半，虽然在开局时能胜过百分之九十五的选手。所以人到底比电子计算机强。据说电子计算机计算程序的弱点在于不能从全盘敌我双方棋子的布局，通盘估算形势；而这在残局子少时，人的这方面能力就十分突出。人不是靠算，而是靠认出形势。

人的这种长处，也许就是我们说的智慧。这一对比，对电子计算机的专家，特别是软件工程师和软件科学家来说是一个很大的压力，促使他们问：能不能使计算机变得聪明点，不再那么笨？这就是所谓人工智能的研究。它是 50 年代开始的，经过二十年的工作，我们现在已经知道要解决这个问题需要掌握的几个方面：第一是把问题的有关因素明确下来，因素之间的关系明确下来，也就是把问题在问题空间摊开，叫做问题的表达（Representation）；第二是开始找问题的解（Search），是从不知到知，因而是盲目的，所以往往结果是不成功的，不合格的；第三是从失败中认识到问题空间的某些特征，即图像识别（Pattern recognition）入找解可以避开不大会成功的途径；第四是学习（Learning），即总结以前的经验；第五是程序，也就是把开始的盲目性变为有目的地去找解，这就大大提高求解的效率，最后也许计算机能达到一定程度的综观全局的归纳。其实列出这几个方面只不过是一个工作大纲，具体工作还得一点一点做起。也还有许多细节以及重要环节没有列出，如从第二到第三、到第四都有一个记忆的问题，记忆就还有个语言问题。此外还有一门与人工智能共同生长起来的所谓"认识科学"，也在研究这些课题。人工智能和认识科学是两门发展很快的现代科学。

　　这是从计算机的观点来看问题，要使机器更聪明些。当然还有另一个方面，那就是回过头来看看人脑，因为人脑是人的智慧所在，这就是神经解剖学和神经生理学所研究的对象。研究这两门科学是需要非常细致的工作的，实际上直到本世纪初才开始找到必要的工具。所以尽管脑的作用早就认识到了，但神经解剖学和神经生理学的大踏步进展还是近一二十年的事。最近美国高级科普刊物 *Scientific American* 专门发了一期讲这件事。虽说有很大进步，但离了解大脑的全部功能还远得很，我们也许仅仅知道问题的概貌而已。人脑有大约几百亿个神经细胞元，每个神经细胞元又大概有几千个胞突接触，所以总起来人脑可能相当于一台有 10^{14} 或一百万亿个开关的计算机！但有一点和现在人造的电子计算机不同，神经细胞元之间的联结，看来不是完全固定的。一个人的大脑左右两个半球就不完全相同；决定人生长发育的遗传密码也不能完全管到大脑结构的细节。这结构细节非常重要，它可以随着人的实践而改变、而发展。人比猴子聪明，这是先天的，但人的智慧看来却大部分是后天的。再看又一方面的研究，心理学的发展也是如此。心理学已经过一百年的曲折道路。我国心理学工作者在辩证唯物主义指导下，总结这百年的实践经验，认为心理是脑的机能，是客观现实的反映，我们要防止心理学生物学化和心理学社会化的两种偏向，也就是说，是人脑这个物质的东西在思维，但思维的功能是受社会实践影响的。这个结论是同神经解剖学和神经生理学的结论完全一致的。一个宏观，一个微观，有总的相同看法，是令人高兴的。

　　经过以上几段的说明，我们看到不论从计算机的观点还是从人脑思维的观点，人之所以比现在的电子计算机强是可以理解的；或者说，我们认为人的思维过程是可以理解的。不但如此，而且有具体的研究途径，即通过四门科学：人工智能、认识科学、神经生理学（神经解剖学）和心理学。这个研究范围要比逻辑学广得多，它包括了人的全部思维，包括逻辑思维和形象思维。我们也可以称这个范围的科学为思维科学。

　　思维科学是一大类科学，除了已经讲到的人工智能、认识科学、神经生理学（神经解剖学）和心理学之外，还有语言学、数理语言学、文字学、科学方法论、形式逻辑、辩证逻辑、数理逻辑、算法论等。和思维科学有密切关系的还有数学、控制论和信息论等。这样，长期以来分散而又不相直接关联的学科就可以有机地结合成为一个体系了，而且从数理逻辑引入了精确性。这是由于电子计算机技术革命带来的现代科学技术体系结构的一个发展动向。如上所述，它把现在作为哲学的一个部门的辩证逻辑分化出来纳入思维科学，把现在有人作为自然辩证法一部分的科学方法论也纳入思维科学，而哲学的又一个部门辩证唯物主义的认识论就作为联系马克思主义哲学和思维科学的桥梁了。这可以说是科学技术体系的一个重大改组。当然，这些考虑离建立思维科学的体系还有相当一段路，比如上述各门学科之间的关系我们也不很清楚，周建人同志说思维先于语言文字，这是对的，其他就知道得不多了。但如果我们积极推动这方面的科学研究，建立并加强各专门研究机构，那就可能不要等到本世纪末，思维科学的体系就可能建立起来。

一个美妙的前景 *

发展思维科学的一个效果，就是原来研究人工智能的目的能实现了，造出更聪明的计算机，叫计算机代替人的脑力劳动的更多一部分，人就能从脑力劳动中更多地解放出来。也许有人要问，机器能够干的事越来越多了，那人还干什么？我想这不应该成为问题，人从比较简单的脑力劳动解放出来之后，人脑就去解决更难更高一级的题目，从而促使人脑向前发展。人类的历史不就是如此的吗？在原始社会人的脑子能想的事总比现在少些，我们现在的脑子总比我们的祖先的脑子好些吧。

发展思维科学的又一个效果是使我们懂得如何更充分地发挥人脑的能力。比如人脑有创造的能力，这不是逻辑推理而是思想的飞跃，是所谓"灵感"。当然灵感也是从实践经验的总结提高得来的，要不是从实践当中来，小孩子刚一生下来不就能灵感一番，就能创造了吗？没有这样的事。而且创造的能力、灵感，是无法说清楚和无法教学生的。记得鲁迅先生就讲过他是怎么学习做文章的：说他的老师从来没有教过他文章怎么写，反正是天天写，写来写去，后来他说老师在他的文稿上画的红杠子慢慢少了，加圈多了，最后不改了，尽画圈了，这就叫学会写文章了。这说明人的脑力劳动中最深奥的是创造，而现在因为我们不了解创造性的过程，不了解创造思维的规律，无法教学生，只能让学生自己去摸索，也许摸会了，也许摸不会。如果我们发展思维科学，那就可能有朝一日我们懂得创造的规律，能教学生搞思想上的飞跃，那该有多好呵。

从辩证唯物主义来看，人胜于计算机，这也将是思维科学的一个结论。就在今天的西方国家，他们那里广泛地应用电子计算机来代替人的不少脑力劳动，但一说到领导决策，他们总是说不能靠电子计算机。王寿云、柴中良、陈宝廷等同志在《从领导艺术到软科学》一文中认为这门学问，领导的科学，就是国外的所谓软科学。我想，因为现在思维科学尚在幼年时代，软科学也不是

---

* 选自《哲学研究》1980年第4期《自然辩证法、思维科学和人的潜力》一文的第四部分，标题为编者所加。

真正的科学，领导的学问也处于从领导艺术转化为领导科学的过程中，领导工作的"艺术"成分还占很重要的位置。将来呢？将来思维科学发展了，领导工作中的一些思维规律搞清楚了，变成科学了；但人脑又向前发展了，领导艺术又会有新的、还未总结为科学的东西。所以软科学总有点"软"，软科学是个很准确的词。

人脑会不会"别出心裁"？ [*]

已经是几年前了，我写了两篇涉及思维科学的东西，本来是探讨在现代科学技术的体系结构中有无思维科学这样一个平行于自然科学技术、社会科学技术等大部门的科学技术部门。后来我又多次同中国科学院学部委员、计算技术研究所研究员胡世华同志和上海华东师范大学心理学系胡寄南教授讨论过这个问题，还有许多热心同志和我书信往来或面谈过思维科学的研究。他们的见解对我都有启发、有教益，使我对思维科学的认识有些发展，有些调整。为了向大家报告我学习的情况，我写了这篇文字，请大家批评指正。

我想首先要说清的问题是：能不能和有没有必要建立思维科学这个科学技术大部门。关于这个问题的第一部分，能不能的问题，实际是问人的思维有没有规律。如果没有规律那当然不能建立关于思维的科学。从广泛的意义上讲，从唯物主义的思想讲，思维当然有规律，因为思维也是一种客观现象，而一切客观的东西及其运动都有自己的规律，思维当然也不例外。但我们还要再深入地研究一下这个问题，这又可以分两个方面来讲。

我们可以先从思维是人的中枢神经系统，特别是大脑受外界各种刺激而引起的这一点看。外界各种刺激又是客观世界变化和运动的产物，这些变化和运动是遵循客观世界规律的，即自然界的和社会的规律，所以外界各种刺激也是有它们自己的规律，而不是无缘无故无章可循的。这样，人的中枢神经系统大脑的活动也就当然要有规律，人的思维要有规律。也许有人会问：外界各种刺激有规律就能说人的思维有规律吗？人脑会不会"别出心裁"？或说因人而异，人与人完全不同？这就是又深入一步到答案的第二个方面了：虽然每一个人的脑子在结构和功能方面不见得一模一样，不然就成了机器人，不是活人、真人了。但是人脑毕竟是亿万年生物进化的结果，遗传是起作用的，从根本上说人

---

[*] 选自《科学的艺术和艺术的科学》一书，原书中题为《关于思维科学》，现标题为编者所加。在这篇文章中，作者从思维的规律性和现代科学技术体系两方面，说明了建立思维科学这一科学部门的可能性和必要性。

脑的结构是完全相同的，人脑受相同的生活经验或相同的社会实践所引起的适应、发展和调整也是相同的，这就从人脑的微观结构方面保证了人的思维的规律性。

当然，不是绝对没有例外。社会上还有由各种不幸造成的病人——疯子，但疯人的脑子也是物质构成的，他们的思维可能不同于常人，可是也一定有它自己的规律，那是精神病的学问了。

以上讲了思维是有规律的，这实际早就是辩证唯物主义结论之一。研究这部分客观规律的学问，思维科学是可以成立的，不管什么种类的思维都不例外。什么"神灵感应"？没有的事！还是人脑的功能，叫"人灵感应"吧。

现在再来讲有没有必要建立思维科学这个科学技术大部门。这里的一个基本道理是现代科学技术已经发展成为学科林立，分工越来越细，但又同时相互关系密切，形成一个整体。是整体就不能不研究整体中的结构、学科之间的联系和相互关系。是整体就是一个系统，而系统一定有清晰的层次和部门性的分系统。所以我们研究现代科学技术的体系结构就要注意找出其中横向的层次和纵向的部门分系统，不然就认不清其中梗概；而如果连体系的梗概都没弄清，又怎么能真正理解学科之间的相互关系呢？这也是我不太满意有些评述现代科学技术体系的论文的原因，它们把学科之间的关系搞得很乱，体现不了事物本来具有的结构。我所建议的纵向分法已经在以前阐述过，即分为自然科学、社会科学、数学科学、系统科学、人体科学和思维科学六大部门理由已经说过，不再在此重复。

这里我想讲一讲横向层次的划分。我们作这种划分的原则是：由于人认识客观世界是为了改造客观世界，我们划分层次可以按照是直接改造客观世界，还是比较间接地联系到改造客观世界来划分。其实这种分层法早已在自然科学的近一百多年的实践中逐渐形成。因此也是经验的总结，不是凭空的臆想。在自然科学中，最先形成是理论的层次，即基础科学。至于直接改造客观世界的工程技术，先是作为工艺，不作为科学的；是大约在 19 世纪末、20 世纪初才成为科学，在高等院校中讲授了。至于介乎基础科学和工程技术之间的技术科学，它一方面是基础科学的应用，一方面又是不止一门工程技术的理论基础，形成得更晚一些，大约在本世纪 20、30 年代。我认为这种层次划分是有道理的，是普遍适用的，六个大部门（编者注：钱学森同志后来将现代科学技术体系发展为十一大部类）都分基础科学、技术科学和工程技术三个层次。三个层次之上，作为人认识客观世界的最高概括，当然应是马克思主义哲学。

　　总的来说，以上就是现代科学技术的体系结构，其中思维科学是作为一个部门和其他部门并列的，它也说明思维科学内部层次的划分，以及与马克思主义哲学的关系。思维科学作为一个部门这样建立起来了，就可以明确上下左右的联系，有利于思维科学内部各学科相互借鉴，促进其发展。这就是建立思维科学这样一个现代科学技术部门的必要性。

两条途径 *

认识到深入研究思维学和发展思维科学的重大和深远意义，我们要问：到底如何去研究思维学这门这么重要的科学呢？一条途径是比较古老的，可以称为心理学的方法，人自己内省，即自己考察自己的思维过程，即以人用自己做试验。老方法也有新内容，我们可以引用一些较新的科学，如认识科学和科学方法论的成果；而且现在试验技术也有很大的提高，可以用各种精密的科学测量仪器了，例如脑电图技术有发展，测到的电位信号可以经过电子计算机处理，滤去噪声，取得各种纯信号。有一种叫做"事件电位"（event-related potential，ERP），标志不同大脑思维活动单元。试验中还可以使用各种对大脑部位产生特定作用的药物，来改变其活动作用，然后观察对思维的效果。这条途径也可称为宏观的研究方法。

又一条途径是微观的方法。人脑是由许许多多神经细胞所组成。细胞种类也很多，有人估计有五千万种；细胞总数约一千亿，或 10^{11} 个（以前估计有 10^{10} 个）。每个细胞又伸出许许多多枝杈，有一个主枝，叫轴突，还有不少分枝，叫树突。轴突和树突都同相邻细胞或神经细胞形成一对一对的接触，叫突触；一个突触就好比一个开关，开关作用是通过特定的有机化学分子来实现的。大脑一共有多少对开关呢？一共有 10^{15} 个（以前估计为 10^{14} 个）。所以人的大脑好比一台有 10^{15} 个开关的电子计算机！这比目前世界上最大的计算机还不知大多少倍。而且还有一个重要区别：电子计算机，至少是目前的电子计算机，内部结构是固定的，不变的，做成了就那样了；但人脑，从小孩到成年、到老，一辈子在人的实践中改造、完善，人的智力可以不断提高。这也就是说人脑的功能和人的社会活动有密切关系，人脑是一个受社会作用的、活的、变化的系统，我们必须注意这一特征。

以上都只是现代脑神经解剖学告诉我们的人脑的概貌。不只是上述概貌，

---

* 节选自《科学的艺术与艺术的科学》一书中《系统科学、思维科学、人体科学》一文的第三部分，题目为编者所加。

脑神经解剖学和脑神经生理学还告诉我们人脑的大致构造，特别是神经细胞轴突和树突的具体动作。动作的细节也一天天搞得越来越清楚了。这是近十年来的巨大成就。我们说的研究思维学的微观方法，就是人脑这种微观结构和一个个单元的动作性能同人的思维联系起来，看到人脑有 10^{15} 个单元，或说人脑是由 10^{15} 个单元组成的超级巨系统。研究思维的微观方法行得通吗？如果不是有本文前几节讲述的系统学研究作准备，我想对这个问题是难以答复的。有了这个准备，我们总可以说：尽管人脑是极为复杂而庞大的系统，系统学的进一步发展终会使微观研究思维学的方法取得成功，完成从微观到宏观的过渡，在研究中我们也可以借助于电子计算机模拟的人工智能工作，从而我们终将不但知道我们自己思维的"当然"，而且知道其"所以然"。

构筑一座宏伟的思维科学大厦 *

思维科学与新技术革命

我们对于思维科学的研究，应该有一种紧迫感。在组织学会方面思维科学比起系统工程已经晚了五年。系统工程全国性的讨论会是在 1979 年 10 月由国防科委召开的，接着准备了一年的时间，中国系统工程学会，就在 1980 年 11 月正式成立了。而我们思维科学讨论会在 1984 年 8 月初才开，晚了五年。为什么说要有紧迫感呢？因为在新技术革命将要来临的形势下，我们应该研究将采取什么对策。在国务院技术经济研究中心马洪同志主持下，已经开了两次规模比较大的讨论会，研究新技术革命的对策。那么思维科学与新技术革命有什么关系呢？如果有关系，那当然应该有紧迫感。

1. 人类社会发展中的四种革命

对于这个问题，我是这样看的，人类对于客观世界的认识和改造有一系列变化或飞跃。这些飞跃称作革命。可以分为四种革命，一种是人认识客观世界的飞跃，这个我们叫做科学革命；第二种是人改造客观世界的技术飞跃，这个叫技术革命；那么，由于这两种革命，我们的生产力发展了，生产关系和一部分上层建筑也必然有所变化。形成这方面变化的飞跃，我管它叫做产业革命。产业革命是一个很重要的概念，人类社会已经经历了好几次产业革命。我认为，最早的一次产业革命，是人从自然界猎取食物到种地、养牲畜，就是有了农业牧业，这是人类生产体系的一次很大的变化，从而引起了人类社会的变化——原始公社进入到奴隶社会，这是很古老的一次产业革命。后来在奴隶社会当中，生产力又发展了，人不但是为了自己享用而生产，而且是为了交换而

---

* 选自《科学的艺术与艺术的科学》一书，原书中题为《开展思维科学的研究》，现标题为编者所加。

生产，也就是出现了商品生产。这又带来了很大的变化，实际上，就是奴隶社会崩溃，进入到封建社会。社会制度的根本变革叫社会革命。那么从这两次产业革命来看，好像都是产业革命引起了社会革命。那是不是说产业革命必然引起社会革命，产业革命在前，社会革命在后呢？这是一个大问题。

从我刚才说的这两次产业革命来看，好像是这样。但是让我们再来看看第三次产业革命，就不完全是那么回事了。那是 18 世纪末的那一次产业革命，即由于蒸汽机和大工厂生产的出现，引起的产业革命。实际上，在英国，这一次产业革命是在资产阶级革命成功以后，是社会革命在前，产业革命在后。我称之为第四次产业革命的，是列宁在《帝国主义是资本主义的最高发展阶段》这本书里讲的那种情况，也就是工业生产变成了国家规模的，国际化、世界化了。这一次产业革命标志着资本主义进入到帝国主义阶段，但是社会制度没有根本的变化。所以，从第一、第二、第三、第四次产业革命来看，它跟社会革命的先后关系，并不是固定的。重要的是生产力的发展到了一定阶段会引起产业革命。最近看到一篇文章，说产业革命就是工业革命并且研究中国为什么不出现那样的产业革命。实际上这是很清楚的，因为那时中国在封建社会，中国的生产力没有发展到那个阶段嘛，所以不会出现英国 18 世纪末的那次产业革命。事实上，我们国家是在中国共产党领导全国人民夺取了政权之后，生产力才得到了很大的发展，就是说，我们首先是社会革命成功了，才有可能出现产业革命。

2．所谓"信息社会"

那么，这和思维科学有什么关系呢？这要联系到现在讨论的新的技术革命，或者按照我的说法，是第五次产业革命，它的核心是什么呢？北京工业大学二分校洪加威同志在《红旗》1984 年第 14 期上发表了一篇文章，他建议不要叫"信息社会"，叫信息的社会化。不管怎么说吧，意思就是指信息、知识、智力的重要性要提到一个前所未有的高度。那当然与思维科学有密切的关系。在国外，前几年提出了一个词：信息圈（Noosphere）。过去有大气圈、磁圈，现在又出了个信息圈。"noo"在希腊文里的含义就是知识信息，后面加个"sphere"。我觉得，这个字很值得我们注意，这就是说我们生活在一种气氛里，什么气氛？就是知识、信息的气氛，也就是思维、知识的气氛，这么说来思维科学当然重要了！

　　既然说到"信息社会"，那么我想从什么是信息这一点开始。英文里的"信息"和"情报"实际上都是一个字"information"，就是知识，它是指人通过实践，认识到的客观世界的规律性东西，也就是人类创造的精神财富，不是物质的。知识这种精神财富是非常广泛的，图书馆、档案馆、资料库、博物馆、美术馆、唱片、录音带等等上面的东西，都是精神财富。在信息社会，人类的知识，要变成生产力。现代化的生产，没有知识是不行的。

　　关于知识，我觉得外国人也有一些奇怪的说法，比如奥地利出生的英国"科学哲学家"波普尔就说了一些怪话，他提出所谓"三个世界"理论，说人是"世界一"，客观世界是"世界二"，人类创造的精神财富，即知识是"世界三"。奇怪的是，他说世界三是独立自主地发展的，这就荒谬了。这个世界三，即精神财富，是人创造的，它怎么能独立自主地发展呢？按照辩证唯物主义的观点，客观世界是物质的，是第一性的，人的精神是第二性的，人可以通过实践逐步地认识客观世界本来存在的规律，从而利用这些规律来改造客观世界。而人通过实践认识到的客观世界的规律叫知识，精神财富。我觉得这是符合马克思主义的哲学的，而波普尔的那个讲法是唯心的。

　　但是，我们也要吸取他的一点正确的东西，就是他把人类的精神财富，把知识的重要性提高了。从前古典的辩证唯物主义哲学讲，物质是第一性的，精神是第二性的，而波普尔提出还有一个方面，就是人通过认识客观世界所创造的精神财富这也很重要，他这句话我赞成。所以人不仅要继续认识客观世界，继续创造精神财富，而且还要经常地使用前人已经创造的精神财富。而我们所说的信息、情报，广义来讲就是人的知识，人类多少年来所创造的精神财富。为了说明精神财富的重要性，波普尔说，假设现在打核大战，两个超级大国发射核弹，把整个地球上累积起来的物质财富统统打掉，把精神财富也打光了，就是说，有知识的人都死掉了，图书馆、资料库等等也都没有了，人类又回到了最原始的状态。那么，在这种情况下，我们要再建设起来的话，也许还要一百万年的时间。但是，如果仅仅是把物质财富摧毁了，而人类的知识还保存着，我们再建设就不需要那么长时间，十年、二十年，顶多几十年就可以了。我想这个例子说明了知识的重要性。

3. 科学与"前科学"

什么是知识，大家常常想到的是科学，这是很重要的知识。但是现代意义上的科学，还有一个约束，就是科学必须能够相互联系起来，构成一个体系。现在不但自然科学、工程技术是一个体系的，还要与社会科学联系起来，整个现代科学技术要联成一个整体。是不是知识就限于科学技术？那当然不是。人从实践中认识到很多东西，其中有些东西还没有进到科学的结构里面去，是经验。比如，现在争议很多的中医是不是科学？中医很重要，宪法上都说要发展传统的医学，但是中医现在的处境很困难，有的同志甚至说中医现已濒于消亡。这里且不讲十年内乱的情况，就是现在，这个问题也还是这么严重！我想，问题的症结是，中医不是现代科学，是经验。中医治病确实有疗效，但是怎么回事，恐怕老中医自己也说不清楚，中医书上也说不清楚。我举这样一个例子是想说明，中医上的东西是知识，但不是科学。也可以用恩格斯的话说，中医是经典意义上的自然哲学，而不是现代科学。自然哲学里虽然有丰富的经验，但包括了很多猜想的因素，因此不是科学，但是我觉得，说不是科学并不等于就不重要。

我认为，我们谈信息，或者说知识，说人类的精神财富，包括两大部分：一部分是现代科学体系；还有一部分是不是叫前科学，即进入科学体系以前的人类实践的经验。这都跟思维科学有关系，因为这些都是人认识客观世界的结果，而思维科学就是要解决人是怎样认识客观世界的，有什么规律。因为客观世界是无穷尽的，人认识客观世界的过程也是无穷尽的。人现在认识到的客观世界，不管是科学还是前科学，只是整个客观世界的一个很小的部分，而且情况是在变化的。一部分前科学，将来条理化了，纳入到科学的体系里，那么前科学的内容是否少了一点呢？不会的，因为人类还在不断地总结自己的实践经验。这都联系到思维科学，所以思维科学的任务非常光荣，是一件大事情。从前人类发展还没有到达这个阶段，好像不大认识这个问题。现在说"信息社会"知识是生产力，那就非常重要了。我们要从迎接新技术革命，或者迎接人类社会的第五次产业革命的角度来认识这个问题。所以，我觉得研究思维科学确实是当务之急。

思维科学中的基础科学

下面我就分别讲一讲思维科学方面的问题。先从思维科学的基础学科——思维学讲起。

先说人的思维除了有自己能够控制的意识以外，还有很多所谓下意识，就是人脑不直接控制的意识。比如人走路，开步走是人脑控制的，走了二三步后就"自动化"了，脑子并不去想该怎么走。要拐弯了，又控制一下。所以，人确实有很多意识是没有经过大脑的。这是另外一个科学部门即人体科学要研究的。思维科学是要研究人能够控制的那部分意识。以前我按我们习惯的称呼，把一个人的思维分成三种，抽象（逻辑）思维，形象（直感）思维和灵感（顿悟）思维。这只是说从思维规律的角度来说，有这么三种；但是，第一，不排除将来进一步研究会发现这样划分不合适，或还有其他类型的、具有不同规律的思维。第二，虽然划分为一种思维，但实际上人的每一个思维活动过程都不会是单纯的一种思维在起作用，往往是两种、甚至三种先后交错在起作用。比如人的创造思维过程就绝不是单纯的抽象（逻辑）思维，总要有点形象（直感）思维，甚至要有灵感（顿悟）思维。所以三种思维的划分是为了科学研究的需要，不是讲人的那一类具体思维过程。这三种思维学都是思维科学的基础科学，也可以合称之为思维学。我在下面还要提出另外一门思维科学的基础科学：社会思维学。

1. 社会思维学

人的思维是不是集体的？答案是肯定的。因为我们要认识客观世界，不但靠实践，而且还要利用过去人类创造出来的精神财富。什么知识都不用，那就回到了一百多万年以前我们的祖先那里去了。所以人的思维质量的好坏，一是靠社会实践，二是靠知识。知识是人类社会实践的一个非常重要的补充。所以人的思维是集体的。

从学术讨论对人的启发作用这个角度来看，也是如此。我感到，我们国家的学术讨论气氛不太活跃。所谓不活跃就是一个同志在会上讲了之后，没有一个人发言讨论。第二个人再讲，也是如此。外国的学术交流和我们不一样，一个人作了报告之后，讨论热烈极了，发言各有不同，有的是提问，有的发表不同意见，有的作补充，有的提新看法。所以过去我曾经想，学术讨论是不是西方的东西？那个在天文学上有很大贡献的哥白尼，他之所以会提出日心说，据说是得益于他所在的波兰大学里有一个很好的学术组织，大家相互促进，所以他才有那么大的成就。但去年王炳照同志说，在南宋淳熙二年，吕祖谦在江西信州主持"鹅湖之会"，由朱熹和陆九渊等讲论为学之道，辩论甚烈，首开"讲会"之先河。这篇文章里还说讲会有规定，各种意见都可以讲，不同意老师的意见也可以讲，老师不能骂学生。还有一条是不准在会场之外吹冷风。违反这些规定者，下次不许参加，这是很严肃的！既活泼，又严肃。南宋淳熙二年，即公元 1175 年，比西方的学术讨论会还早三百多年呢！

当然，我们党提倡"百花齐放，百家争鸣"这确实是非常重要的。据我个人体验，在国外，哪一个学术中心学术讨论搞得好，这个中心的学术成果就多。在学术讨论中，不是每个人讲的都是正确的，错了也没关系。我们中国人现在好像错了就下不来台似的。我认为不然，在讨论中，讲错话，提错误意见的人，对于最后得出的正确结论也是有贡献的。

所以人的思维是集体的，不完全是一个人的，它受集体的影响也是非常重要的。

我看到过两篇文章，一篇是朱长超同志在《自然辩证法通讯》1984 年第 1 期上发表的文章，题目是"试论用比较法研究意识的起源过程"。还有一篇是李燕强同志在《哲学研究》1983 年第 12 期上发表的文章，题目为"皮亚杰：发生认识论若干问题"。我认为这两篇文章里讲了很多有意义的事情。比如说，在人类发展中意识是逐渐由感性意识转向理性意识，由具体的意识转向抽象的意识，由集体意识向个体意识发展，这一点很有意义。这就是说，在人类的早期，个体意识几乎是没有的，都是集体的。人们还举蜜蜂的例子，认为蜜蜂是集体的意识，没有个体的意识。在观察人类社会组织进展中也发现，人类进步了，才逐渐出现个体意识。朱长超同志似乎强调这一点：他说，越是古老的意识，理性成分、抽象的能力、个体意识的水平就越低。言下之意，他不大强调集体的作用，社会的作用。是不是朱长超同志也受了皮亚杰的影响？皮亚杰的心理学是不大讲社会作用的。我觉得，我们要很好地认识这个问题。人是社会的动物，人的发展不能脱离社会对人的影响，我们国家的心理学界在这一点上是明确的。所以我觉得，我们是不是要认真地探讨一下，在思维科学中的基础科学里也研究集体和集体所创造出来的精神财富对于一个人思维的作用。那么，反过来说，个人生活在社会里，它对于社会的集体也有作用，也有贡献。因此，我们要研究个人跟集体和集体创造的精神财富在思维方面的相互作用。

这可能是一门新的学科，社会思维学。它当然跟社会心理学等等都有关系。我们研究思维科学的，也要研究社会思维学，这是一个客观事实，不研究不行。我认为，这个问题在我们国家是个重要问题。因为在我们国家，不但是学术讨论气氛不浓，就是一个集体当中，封锁、闭塞、闭关自守等现象也非常严重。这是违反社会思维学的规律的。

因为社会思维学要研究人作为一个集体来思维的规律，它与集体的相互关系，相互影响。所以这是一个系统学的问题。从系统学的角度来看，一个系统不是浑然一体，而是有层次结构的。当然，最底层是人，每一个人。再以上是集体（家庭、同道等）、国家、世界。我也发现，现在一种常见情况是，他的爱人跟他是同行的，搞一样的东西，这个家里就是一个调，形成这种情况的社会原因我不去讲它了。在国外这种现象是很少的，很可能一个是搞自然科学的，一个是搞社会科学的。这里我想说明的是，系统中怎么样的一种组合是最好的。我们要讨论问题，假设两个讨论问题的人，或者讨论问题的集体完全没有共同语言，你说的他根本不懂，当然不行，所以又要有同行。但是，你接触的这个集体里都是清一色的恐怕也不行。清一色的组织是出不了好东西的，反而变成了闭塞。

那么，专与不专怎么统一起来？这就说到一个非常重要的问题，就是人的群落问题。关于这个问题，我最近看到山东大学的李庆臻、胡孚琛二人合写的一篇文章，他用了一个生态学的名词，我认为这篇文章里面讲的就是我刚才说的意思，即怎样组成群落？这是应用社会思维学的问题。

2. 抽象（逻辑）思维学

首先必须说明，我们在这里讲的逻辑，是人的思维规律，而不是作为哲学涵义的客观世界发展运动的规律，那将包括因果关系等不属于抽象思维学的内容。哲学内的辩证法也是讲客观世界的发展运动的，也不属于抽象思维学。

我们在这里讲的抽象思维学，也有些同志认为可以直接称为逻辑思维学，但我觉得仍然称作抽象（逻辑）思维学为好，因为抽象思维比逻辑还广阔些。就是说，抽象思维学里面的逻辑思维比我们常常说的数理逻辑似乎更广泛一些，譬如说多值逻辑，数理逻辑碰到多值逻辑，结构就要变了。譬如所谓量子逻辑，这种变成符号化的数理逻辑，碰到各种不同的情况，它的结构就变化了。也还有其他逻辑，比如所谓模态逻辑（Modal Logic）也是非常重要的。我觉得我们研究抽象思维学是不是可以研究抽象思维与数理逻辑的关系？这是一个问题。

抽象思维中还有辩证思维，有的同志称之为辩证逻辑。据我所知，1982年出了两本书，一本是章沛主编的《辩证逻辑原理》，由湖南人民出版社出版；一本是马佩主编的《辩证逻辑纲要》，由河南人民出版社出版。"辩证逻辑"是什么？讲讲道理比较容易，具体运用就不那么容易了，用不好会犯错误，原因是没有形成规律。作为思维科学基础的辩证思维理论如何进一步规律化也是抽象思维学的一项艰巨研究任务。关于这一点，我从中国社会科学院近代史研究所何新同志的文章得到启发：我想如果把集合论的二维平面 Venn 图加以发展，引入时间，形成三维的结构，成为枝干有粗细的"树林"，也许有可能引出"数理辩证逻辑"，使辩证思维规律化。只有到那时，辩证思维才真正进入抽象思维学。

再有一点，不知道对不对。就是形象地讲，抽象思维好像是线型的，或者分枝型的，这是它的特点。这联系到一个非常重要的问题，就是电子计算机。因为一切逻辑思维的东西都可以上电子计算机，都可以用电子计算机来代替人的劳动。现在电子计算机的最大作用就是如此。也就是说，他可以代替人的抽象思维，但不能创新科学技术。不久前胡世华同志说了一句话，对我很有启发。他说，图灵机（Turing Machine）就是这么个东西。我一想，对了。许多同志把图灵机讲得神乎其神，实际上，图灵机是代替不了人的，因为图灵机能够做的，就是抽象思维、逻辑思维这一套。人的思维比这个范围大多了，我们搞思维科学的必须明确这一点。图灵（Turing）有贡献，但是我们把图灵机说得那么万能，也不妥当。

3. 形象（直感）思维学

再就是形象思维或叫直感思维。这个问题，以前我从实践当中有些体会。1957 年写了一篇短文，那时候我没有什么理论，仅是朴素的感觉。技术科学是把基础科学应用到具体的问题当中去，这里不完全是逻辑推导、演算。因为要解决一个具体问题，现象是很复杂的，要在这么复杂的现象里抓住要害才行。抓不住要害，就无从做起。那么要害问题到底是什么呢？它是在东面还是在西面呀？如果它本来在东面，你往西面去攻，攻了半天白攻了。而且，既然问题是复杂的，你就不能一口吞下去，得一口一口地咬。往哪儿咬，从何下手？这就是要对研究对象有一个认识。至于认识是怎么来的？那时我也说不清楚。

再有一点是，我那篇文章讲，工程师处理问题，别人看来不明白是怎么回事。譬如总工程师最后下了决心，大家就这么干。一干对了，究竟怎样对的？为什么要这样干？谁也不知道是怎么回事。在当时，我说的是总工程师。实际上，战争中的指挥员，都是这样的人物。他有丰富的经验，他把地形一看，形势一估计，决心就下了。参谋们可能向他提了很多方案、建议，他说不行，就这么打。别人搞不清是怎么回事，但是仗一打，胜了，说明他是正确的。这样的例子多极了，任何人只要做工作，大概都有这个体会。关于这个问题，张光鉴同志有个理论，叫相似论[1]。他说是探讨相似在科学技术思维发展过程中的作用和规律。大家可以进一步研究，形象思维中相似是个因素。我 1957 年的那篇文章只提了个问题，当时也闹不清楚是怎么回事，但是现在我觉得，这里头最根本的是形象思维，或者叫直感思维。这个形象思维好像跟那个抽象逻辑思维的路子不一样，抽象逻辑思维是一步步推下去的，是线型的，或者又分叉，是枝杈型的。而形象思维常常连一点来龙去脉都搞不清楚。所以我似乎觉得它是不是面形的、二维的，而不是一维的？诺贝尔奖金获得者 L.Pauling 是位化学家，搞理论化学的，研究分子结构，把量子力学用于研究化学分子结构是他的贡献。研究分子结构，都是用电子衍射等办法。当研究生向他报告，把某个分子结构研究出来了，Pauling 想了几分钟说不对，你说的那个结构在那个角落里打架了，没有空间，原子塞不进去呀。Pauling 没有画图，就那么一想。研究生回去一查数据，果然是这个问题自己忽略了。你说 Pauling 老师是

---

[1] 张光鉴：《相似论》，《农村发展探索》1984 年第 3 期。

推理吗？不是，是怎么出来的？他也说不清楚，但他知道就是这么回事。

去年，美国科学家麦克林托克（B.McClintok）获得诺贝尔生物学奖。McClintok 是专门研究玉米遗传学的，在 40 年代，她曾预见到染色体中遗传基因内的"转座因子"（transposition elements）。当时，她的理论是整个遗传学界不能接受的。到了 50 年代以后，脱氧核糖核酸的螺旋结构才搞出来，到 70 年代末期在细菌中发现了"转座子"（transposon），才证明 McClintok 在 40 年代末提出的理论是正确的。但在四十年前，大家头脑里不可能有今天的分子遗传学概念，而 McClintok 是超越了那个时代的，那当然不完全是科学推理。她的工作方法也似与众不同，有时候，她一个人想问题，跑到树荫底下琢磨，冥思苦索。她在获得诺贝尔奖金后说："我这么多年来，确实得到许多愉快的经历，我的经历就是问玉米，要玉米给我解决问题。我给玉米出题，然后我就等着，从玉米生长的表现得到回答。"她认为，她跟玉米的关系好像是朋友关系，可以对话似的。所以，很难说她那些工作完全是靠抽象（逻辑）思维的。在日常生活中，这种例子多得很。比如说，有块铜片不平，一位钳工老师傅拿起锤子，几下子就平了，别人就不行。这位钳工老师傅能不能把他的经验给你说出个道理来？说不出来。这说明什么呢？说明这不是科学的推理，而是实践的经验。这些实践经验还没有总结出科学的规律来，还没有进入到科学的行列。

我认为，我们既要认识到经验的重要性，又不要犯经验主义的错误。在运用经验时，切忌硬套，死抱住过去的老经验不放。在现实生活中，这个毛病恐怕还很多。例如现在中央的许多方针政策、很多基层干部不理解，觉得中央的政策跟他那一套老经验对不上号。记得几年前，我去参加一个讨论国民经济长远设想的会议。我不懂经济，是外行，思想倒是解放的。最后，有一位从解放后就担任一个省的经济领导工作的老同志说，他听不懂我们讲的话。他说："在新中国成立后的一个时期，我这一套很灵嘛，为什么现在不灵了？"这很简单，就是你拿过去那一套经验往现在的情况上套，那就坏了，变成了经验主义。所以，我们在运用经验、形象思维或者相似论这样一些概念时，要有一点警惕性，弄不好就会犯错误，变成经验主义了，变得思想很保守。所以我以为，如何正确运用陶伯华同志提出的"类比推理"是个问题，要是机械地运用这种类比推理，就要犯错误，就会变成套框框。总之，运用形象思维要小心，要用得对。

反过来讲，人认识客观世界首先是用形象思维，而不是用抽象思维。就是说，人类思维的发展是从具体到抽象。比如，小孩子的思维也是从形象思维开始，然后到抽象的，你跟很小的小孩子讲道理是讲不通的。在这一点上，我同意王南同志的意见①：形象思维在一些动物身上已经开始了，人类很早就有，从人的发展来看，一般讲，语言先于思维，是指抽象思维而言的，形象思维是在语言以前就有的。是不是这样，大家可以研究。

　　这样说来，形象思维应该是我们当前研究思维科学的一项最重要的任务。因为它这么广泛，涉及到人类很大一部分知识，很大一部分精神财富，但我们现在对它却不怎么了解。关于这个问题，凡是对我们有用的，可以给我们提供一点线索、一些启发的东西，都要下工夫去搜集、分析、研究。

　　首先在心理学方面，现在兴起来的认知心理学，华东师范大学胡寄南教授在这个会议上专门有论文报告，这当然是很重要的一个方面。认知心理学也涉及到模式识别问题。据我所知，在我们国家，研究这个问题的，有中国科学院自动化研究所的戴汝为同志，中国科技大学生物物理系的陈霖同志和华中工学院的李德华同志等。这是一个很大的问题，比如认字，人认字的本事大得很，写得很潦草的字，龙飞凤舞，也难不住人。用机器去认，就不行了。现在，外国图书馆里有盲人读书机，认印刷体可以，能读出来，书写体就认不出来。前几年邮政局搞邮政编码，中国科学院自动化研究所搞了一个识别数字的机器，虽然只是几个简单的阿拉伯数字，由寄信人填写，机器也识别不全，邮电部只得放弃这个办法，还是由人去分。可见，人比电子计算机要高明得多。

　　其次还有语言问题。不久前在北京举行的"第五代电子计算机专家讨论会"上，中国科学院声学研究所的侯自强同志说，你们搞计算机语言，但人的自然的话叫言语，要加以区别。人听话的本事也是很大的，比如我在这儿讲话，即便我的话里毛病很多，可能文法也不对，还有些语气词夹在里头，大家可能都听得懂。一个人的口音很重，也可以听懂。要是机器呀，就不行。现在机器能够听懂的，就是口令式的东西，国外已在应用，比如，战斗机上驾驶员的口令。为了在战斗中使驾驶员的眼睛不离开敌机，得用口令来操纵，这个机器能听懂，但是听人讲话或者听言语不行。这里边是不是有个形象思维的

---

① 王南：《论形象思维的普遍性》，《求是学刊》1984 年第 2 期。

因素？

第三个方面是人工智能，这里问题就更多了，什么计算机下棋呀，专家系统呀，等等。对于一位熟练的人来说，那是没有问题的。他觉得该这么办就这么办。但是，他是怎样做出决定的？为什么一下子就看得那么清楚，这是不是跟形象思维有关系？因为，可以肯定的一条是，那不完全是推理。再者，中国科技大学的陈霖同志认为，图像或者模式识别是跟图形的拓扑学有关系，是一个整体分析问题。过去，不用拓扑观点，不用整体分析观点的路子可能走错了。这个概念是陈霖同志在美国提出来的，很受重视，这可能是一个新的途径。当然，这涉及到视觉的生理心理学问题。必须指出，生理学家、脑科学家们，对视觉确实下了很大工夫。但是人的视觉是很复杂的，研究了这么长时间，也出了不少成果，然而直到现在，根本问题仍没有解决。这不是指光的信息是怎么进去的，这个简单，而是指人脑是怎么处理这个信息的。比如熟练的外文打字员，为什么打得那么快？如果程序是：人看到一个字，然后反射到脑子里，再由肌肉去控制手指头，那就慢得多了。实际上这里面是个什么关系？所以在视觉生理心理学方面，有很多材料可能对于我们研究形象思维学是有帮助的，我们要吸取这方面的成果。

第四是文艺理论、美学，这当然跟形象思维有密切关系，我们国家对这个问题的争论是不是已经解决了？不少同志从前说，文艺只有抽象思维，没有形象思维。后来毛泽东同志说还是形象思维。关于美学，什么叫美，这是跟形象思维密切相关的，而且是一个古老的领域，已经做了很多工作。这些工作虽然还不能说就是形象思维学的工作，只能说是形象思维学的应用（关于这一点，在后面讲美学时还要说），但对于我们搞形象思维一定是很有意义，很有帮助的。所以，我们也要从这一方面吸取营养。

第五，就是人体特异功能。人体特异功能怎么跟形象思维有关系呢？因为从已经做的一些实验来看，是很有意思的。比如，耳朵认字，或者认出密封在里面的东西，这个过程是很复杂的。他认一个"十"字，开始认的时候，可能不是个"十"字，是一部分，比如只有一横，或者一横上还有一竖，有点像"上"字，又一看不对，好像是"下"字，这段过程，可能有几分钟。据有特异功能的人自己描述，他脑子里有个形象在那儿转，一会儿像这个，一会儿像那个。几分钟之后，他认出来了，一下子就明确了。这个过程好像是人的视觉过程的放慢，可能放慢了几千倍，从而使过程可以描述出来，这很有意思。另外特异功能还有一个低倍数显微镜的作用。这方面做过一些认真实验的，是北京大学陈守良同志。这也可以给我们提供形象思维的资料。

第六，联系起来，还有个做梦的问题。人在醒着时得不到对问题的答案，可以在梦里得到，在梦里怎么得到答案的？他描述的梦里的情况都跟形象有关系。再者，跟做梦有很密切关系的是灵感。我们这儿说的是形象思维，不是灵感思维，但是灵感思维里的一些观察结果，将会有助于我们研究形象思维。关于灵感问题，我在后面还要讲。

第七，最后一点，就是心算神童，这些人的情况是很有意思的。不久前，我见到中国科学院半导体所的王守觉同志，他说我们国家的一位心算神童史丰收，在他那儿工作过一段时间，他经过观察认为，史丰收所以算得那么快，是他脑子里记住了一些具体的数值计算结果，他有个很大储存库。当你出了题目以后，他就用那个储存库里已有的东西凑凑就解决了。凑不上，再稍微改一下，这样计算，工作量就小多了。我设想，他库里的东西跟你出的题目怎么个凑法？这恐怕不完全是逻辑的东西，对我们研究形象思维也可以提供素材。

以上我说的恐怕还不全，我的意思是，要综合一切可以利用的素材，加以整理，把它构筑成一门形象思维的学问——形象（直感）思维学。当然，在运用这些素材时，我们要采取严肃的态度。现在我看到有一些同志在论述形象思维时，好像把形象思维说得有一点虚无缥缈，好像形象思维什么都行似的。有同志提出来一套分析形象思维的"泛系分析"，还有同志讲 "美学的泛系论"。都很难捉摸，不知说什么东西。所以我们在用一切资料的时候，还是要严肃地进行科学分析。

我建议把形象（直感）思维作为思维科学的突破口。因为它一旦搞清楚之后，就把前科学的那一部分、别人很难学到的那些科学以前的知识，即精神财富，都可以挖掘出来，这将把我们的智力开发大大地向前推进一步。这还同我前面讲的社会思维学有很密切的关系，因为人们在交往中，很多是用形象思维，而不是用抽象思维的。

4. 灵感（顿悟）思维学

关于灵感思维，黑龙江省委党校刘奎林同志做了不少工作。我在和他讨论的过程中有一个想法，好像灵感是形象思维扩大到潜意识。所以我说，如果逻辑思维是线性的，形象思维是二维的，那么灵感思维好像是三维的。这就是说我们的中枢神经系统接受外界的信息，有几种可能性，一种就像人走路，已经开步走了，脚已经踩在地上，这些反映传到人的神经系统，神经系统产生反射式的动作，来控制人的肌肉。这些反射式的动作，是下意识的，根本没有进入到大脑的上层，所以人没感到想怎么走，自然就走起来了。另外，这些信息到了人的大脑之后，是经过显意识，就是人对意识到的思维过程进行加工，然后是有意识的动作，不是反射式的动作。但是所谓灵感，恐怕是人脑有那么一部分对于这些信息再加工，但是人并没有意识到，这在国外也称为"多个自我"，即人不光是一个自我，而是好几个，一个是自己意识到的，还有没意识到的，但它也在那里工作（见表四）。那么，假设一个很难的问题，在这些潜意识里加工来加工去，得到结果了，这时可能与我们的显意识沟通了，一下得到了答案。整个的加工过程，我们可能不知道。这就是所谓的灵感。从前我也讲过，灵感灵感，不是什么神灵的感受，而是人灵的感受，还是人，所以并不是很神秘的事。不过在人的中枢神经系统里是有层次的，而灵感可能是多个自我，是脑子里的不同部分在起作用，忽然接通，问题就解决了。那么，这样一个说法，实际上就是形象思维的扩大，从显意识扩大到潜意识，是从更广泛的范围或是三维的范围，来进行形象思维。从这个意义上说，灵感思维与形象思维有密切关系，这也是胡建平同志说的意思。

表四

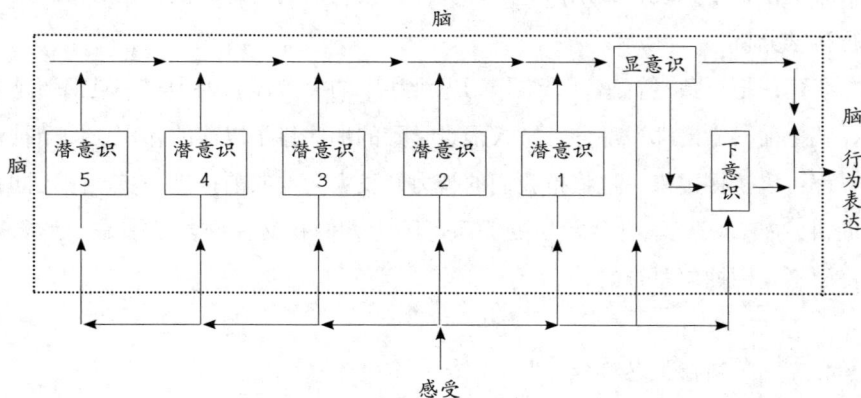

这项工作怎样做？我觉得，现在我们还只好耐心，突破口在形象思维，如果形象思维解决了，那么灵感思维也就比较容易解决了。目前，我们只能收集资料。但灵感的描述有时色彩很浓厚，添油加醋的，所以收集资料时千万注意，要真实。

我还要附带讲点不同意见。山西省社会科学院思维科学研究所张铁声同志，按照 Köhler 的说法，认为 insight 是顿悟，这么说顿悟就是直感了。对这个我有一点意见。看来 Köhler 对 insight 这个字的理解有错误。我理解 insight 是直感，而不是灵感。灵感英文是另外一个字，叫 inspiration。insight 是什么涵义？比如，一个学生与一位大科学家在一起讨论问题，学生觉得这个问题没有线索，不清楚。但是科学家说很清楚。然后，学生去仔细分析一下，做一做实验，证明科学家是对的。为什么学生看不出所以然来，而老师一下子看到了？如果我是学生，就要问老师怎么回事。老师的回答是说不清楚，你好好学，将来有经验了，知识丰富了，你也可以做到这一点。这就是说，它不是科学，而是经验的积累，这是形象思维的一部分，或者是形象思维在科学里面的直感，也是我们常常说的，这个人看到了问题的核心。就像 McClintok 与玉米"交谈"看到了玉米问题的核心一样。但是，灵感不一样，它不是我们意识中能够求得的，而常常是把意识放开了，比如，睡觉啦，干别的事啦，忽然来了，就是来去无踪。而直感即 insight 对于专家来说，是来去有踪的，能琢磨得出来的。现在讨论这个问题的人很多，但如天津医院叶伟胜同志也是把直感和灵感混在一起了，结果把直感和灵感都统统认为是人的潜意识的作用。我要强调直感是显意识，而灵感是潜意识。我从自己的接触中感到有这么些问题，讲得对不对？请同志们研究。

以上四节中讲了思维科学的基础科学，大概就是这么一些内容，叫思维学吧！当然，还有同志提出很多其他种类的思维，我觉得不太确切。这里就不一一列举了。

思维科学的应用科学

下面我讲几个思维科学里更接近应用层次的领域。我不是全面地讲，只讲几个我现在认识到的问题。

1. 情报科学技术

关于情报科学技术，大约在一年以前，开过一次国防科工委系统的情报工作会议。在会上我作了一个发言。讲的是科技情报工作里的科学技术问题。为什么我讲这个问题呢？我觉得科技情报在科学技术里面的重要性大家是清楚的，历来领导上都很重视。在我们国防科研体系里，情报工作一直放在很重要的位置上，组织了一支相当强的队伍，大概有十万人以上。但是，过去总是把科技情报作为一项工作来考虑，没有认识到要做好科技情报工作，还要研究它本身的科学技术问题。比如说，有没有情报学这门学问？我认为有情报学，它当然是一门应用科学，就是把情报工作上升到理论的、系统的学问，使科技情报工作形成一个有效的组织结构体系。

有了情报学之后，具体做这些工作所需要的科学技术，就是情报技术。情报技术也很广泛，比如说现在资料库里的技术就多了，用电子计算机、磁带、磁盘、光盘等等。检索要有一套复杂的系统。其他两个方面又有很多特殊的技术。这些都属于情报技术。

情报科学技术是思维科学的应用范围，或者说是技术科学的层次。现在从事这项工作的人是很多的。迫切需要用思维科学的概念，把这方面的工作认真地发展起来。

2. 语言学与信息学

再一个属于应用科学层次的思维科学，就是语言学。科学的语言学已经是非常重要的部门了，理由是因为信息的传递，总是和语言有关系。而且常常因为各种原因，或者是因为保密，或者是为了让信息可靠地传过去，抗天然或人为的干扰，还有一个编码和译码的问题。因为我们现在传递信息的一种非常重要的手段是无线电波，比如用通讯卫星。就是说你在传递信息，这件事是谁都知道的，而且谁都可以接收这些信息。问题是如果你不愿意他接收的话，就要编码，要保密。这是一个很大的问题，一门很大的学问。上面已经讲了科学语言的研究，也有助于形象思维学的研究。因为看起来人的自然语言不光是逻辑推理的问题，好像已经用了形象思维，这方面已经有了一个很好的队伍在搞。我们研究思维科学的要重视这方面的工作。

再一个方面是信息学。关于这个问题，现在思想认识还不统一。什么是信息？有各式各样的说法，人们常常说到美国科学家维纳（Wiener），这个人我和他有接触，他常常开玩笑似的讲话，所以他讲的并不都是很严肃的。维纳曾经说，"什么是信息？信息不是精神的，也不是物质的"。这句话好像是开玩笑讲的，但是大家都在引用。那么，信息到底是什么呢？有各式各样的说法。我认为信息并没有什么神秘，信息是由一个点（信源）、一个传播渠道和一个接收点组成的。那用什么传递的呢？传递肯定是物质的运动。比如我在这儿讲话，传递的是声波。声波是什么？是空气的运动。如果传递是无线电波，那是电磁场的运动。这样追下去，一切信息的传递，都是物质运动，不可能有别的形式。只不过是我们怎样来认识这个物质运动罢了。当我们研究信息的时候，有一种特殊的方法，就是看到物质运动的某一个侧面，研究某一个侧面对我们是有用的。物质运动是客观存在的，问题是怎么认识这个客观运动，给客观运动起什么名字，注意它哪一个侧面，这是人为的。请看，物质总是在时空中运动的，而物质有质量，从运动的角度来讲，就是质量，和在时空中所占的位置。研究力学的人就在这个方面概括出了新的概念，比如说动量、能量。既然如此，人也可以注意到物质运动的信息传递的侧面。说它里面有一个信息量，这就是信息学里研究的问题。从申农（C. Shannon）开始，把信息科学化了，定量化了。所以，我个人以为，信息还是物质运动，只是物质运动的某一个侧面被我们概括起来了。

我最近看到山东大学文史哲研究所胡孚琛同志在《大自然探索》1984年第3期上有篇文章讲"广义信息论"。他的广义信息确实广得很，实际上是讲整个系统。讲系统，里面当然有信息。一个系统内部就有信息的变换，也有控制的问题。所以，在讨论这些问题的时候，人们常常提出"三论"，就是系统论、控制论、信息论。这个三论现在很流行，我们社会科学界也接受了三论的观点。什么都是三论，我认为这是思想上的混乱。怎么是三论呢？实际上核心的问题是系统，就是一个系统论。在系统里面，你要看到信息传递的侧面，那就有信息问题，你要看到控制的侧面，就有控制的问题。所以，我在前年的一次会议上讲，不是三论，是一论，就是系统论。那两论包括在系统论中了。这样一来，也许同志们说我是以系统来概括信息和控制，而胡孚琛同志是以信息来概括系统和控制。我想，整个系统里面的结构，这是非常重要的，由系统的结构产生的功能，当然也是非常重要的，而功能必然有信息传递，也会有控制的问题。这样说是不是更实事求是一点？

关于思维科学的体系问题

下面我再讲一讲关于思维科学的结构问题。关于思维科学的结构，还是和其他科学技术大部门一样：最直接地改造客观世界的是工程技术类型的学科，比如说情报技术；指导它的理论的是技术科学性质的学科，比如情报学；再把这些概括起来，就成为这个门类的基础科学。而所有的科学，最后最高的概括，当然是马克思主义哲学。马克思主义哲学的核心是辩证唯物主义。每一门科学到马克思主义哲学中间有一个桥梁，就是把这个部门里头的原则性的东西概括起来，联系到马克思主义哲学，我把它叫做桥梁，又是马克思主义哲学的基层构筑。

1. 关于认识论

马克思主义哲学是人对客观世界认识的最高概括。马克思主义哲学当然要指导思维科学的研究；而思维科学的发展也必然会丰富和深化马克思主义哲学。这么一来一往，即从马克思主义哲学到思维科学，从思维科学到马克思主义哲学中间的桥梁，我认为是认识论。当然，这也会涉及到认识论自身的发展。我这里讲的认识论，已经不是经典的辩证唯物主义认识论了，要发展。我查了一下《简明社会科学辞典》关于认识论这一条，有这么一段释文："研究认识活动的本质及其发展过程的哲学理论。它的主要内容包括认识的主体和对象的联系，感性认识和理性认识的发展，真理的本质，及其发展的过程等⋯⋯辩证唯物论的认识论，把实践提高到第一位，并把辩证法运用于认识论，克服了旧的唯物论认识论的缺陷，科学地揭示了人的认识活动的本质及其发展规律，正确解决了认识论的根本问题。"这是对马克思主义认识论的一段评价。释文接着说："现代科学技术发展使认识的主体和客体，手段和方法，都发生了巨大的变化，研究和总结这些变化，并做出哲学的概括，已成为认识论的新课题。"这些说法我是同意的。不要把认识论看做是固定的，它必然要发展，因为人类在进化，人的知识在发展。

对于我刚才说的这一些看法，有一些同志不大同意。比如说，中南矿业学院的曹利风同志在《自然信息》1983 年第 3 期上有一篇文章《思维科学体系初探》，副标题是"兼评钱学森同志关于思维科学体系的设想"。他认为认识论是思维科学的基础科学，属于思维科学的基础理论。他的"认识论"也包括了科学方法论、形象思维和灵感。而他的基础理论中也有包括了形式逻辑和辩证逻辑的逻辑学。此外还有跟基础理论平行的生理的基础，那就是脑科学之类的东西。曹利风同志认为，思维科学的技术科学有系统论、信息论和控制论。这三论又出来了。他这种说法，涉及整个学科的体系，什么是自然科学，什么是系统科学，什么是人体科学，这些统统都不划分了。这是一种议论。华南师范大学哲学所的傅寿宗同志不同意曹利风同志把逻辑学说成是思维科学的基础理论。但是，他又说认识论是基础，不是桥梁。还说思维科学只有基础理论和应用科学，没有基础学科、技术科学、应用技术这样三个层次。

所以，这方面的议论很多，思维科学到底是怎样个结构，大家还可以研究。我的意见就是前面讲过的这些。

2. 思维科学包括脑科学吗？

我觉得关于思维科学的体系还有以下几个问题值得进一步研究。

第一是科学技术的体系结构。我们不能就思维科学谈思维科学，要考虑和其他科学技术部门的关系，比如和人体科学、系统科学的关系。你不能把系统科学和人体科学的东西拉到思维科学里来，也把它纳入这个体系之中。我认为，研究人的大脑活动，当然是非常重要的，它与思维科学有很密切的关系。诺贝尔奖金获得者斯佩里（R. Sperry）认为，意识、精神活动是大脑活动的最高层次。大脑活动有很多层次，最高层次是精神和意识的活动。而他把研究大脑最高层次的活动叫精神学（Mentalics）。精神学又跟心理学有关系。但是，精神学和心理学应该安排在人体科学体系里，因为它涉及的不光是思维、意识，也是人体科学的基础。

不久以前看到一本 1983 年出版的会议录，名字叫《脑的协同学》[①]，四位编辑中的哈肯（H. Haken）我是比较熟悉的。他就是协同学（Synergetics）的

[①] E. Basar, H. Flor, H. Haken and A. J. Mandal, Ed., *Synergtics of the Brain*, Springer Verlag, 1983.

创始人，协同学实际上就是系统学，他叫协同学。看了这本书就会知道，斯佩里提出的所谓精神学，即人脑的最高层次的活动这一门学问，要建立起来是很不容易的。什么叫脑的协同学呢？就是他们觉得，过去研究脑的方法常常是用探针测电位，而脑是那么复杂的一个系统，脑的活动，不是从哪一个局部就可以研究清楚的，而要研究脑的整个活动。这就是协同学的观点。哈肯在文集的头一篇文章中就很强调地说，不能把大脑作为那么多的神经单元的叠加，是集体，但这个集体的活动远远不是把单个神经细胞的活动加起来能够解决的。他特别提出批评的是，过去用的一些探针研究方法。探针的测量对不对呢？当然是对的，探针测量的那一点确实有电位变化，但你不知道其他的点是不是也有变比，你没有同时测量嘛。这种研究方法就很成问题了，这就是只知其一，不知其余。

这就使我想起著名瑞士心理学家皮亚杰的一些论述[1]。他认为，研究心理学，如果是从现象出发去找解释这个现象的答案的话，那就有点盲人摸象似的，没有看到整体，而人的活动都是互相联系的，只从一点去观察脑的活动，然后要做出解释，那就会这样解释也行，那样解释也行，很多解释方法都可以解释得通。为什么呢？因为你没有看到所有这一些因素的联系，它们的协同动作嘛。

我看到外国有的评论说，研究意识、研究人的思维，可以有两条道路。一条路是研究脑——脑科学。第二条道路是从心理学、人工智能，或者叫认知科学方面着手。评论说，看起来走第一条道路好像是最根本、最彻底的，但是这条路很长，一时恐怕得不到什么结果，我们还是不得不走第二条路。

本次会议中有国防科工委航天医学工程研究所刘觐龙同志的论文，对此也有阐述，我讲这些话是什么意思呢？就是说不要把思维科学跟人体科学混在一起了。如果我们用更彻底的办法，这条路非常长，恐怕一时、两时不会有结果，还得依靠我们思维科学内部的一些方法来研究。正如物质结构当然可以深入到基本粒子，深入到亚基本粒子、夸克，但多少年来化学家们研究分子结构，并没有等待这些深层结构的阐明；化学还是化学，不必越过学科划分，进入物理学、进入基本粒子物理学。

---

[1] J. Piaget, P. Fraisse, M. Renchlin, Ed.: *Experimental Psychology-History and Method*, Basic Books, 1968.

3.逻辑是思维科学的唯一基础吗？

第二个问题是，有的同志说，思维、思维学的基础是逻辑。我看这些同志是不是受了古典思维学说定义的影响。古典定义认为，逻辑和逻辑学是唯一的思维规律，人的思维，就是逻辑，就是抽象思维。这在我国是很有影响的，许多人就是抱住这点不放，并搬出经典著作来作为根据。

但是，我觉得，古代的学者认为，只有抽象思维才称得上学术性研究，那些什么实践经验啦，什么小孩学说话啦，又是什么工人师傅的手艺啦，都是不能登大雅之堂的，不能叫思维。不知是不是这样？我们当然不同意这种看法，我们是实事求是的，人的思维是什么就是什么，现在看起来，把人的思维仅仅看成是抽象思维是不对的。

4. 现代科学技术的体系

我要说的第三个问题是，马克思主义哲学是发展的，马克思主义哲学的核心就是辩证唯物主义。辩证唯物主义是人类认识客观世界的科学的最高概括。但是，在马克思主义哲学这个核心之外也是有层次结构的，为什么不允许有桥梁呢？桥梁就是核心结构下面更基础的、联系到各门科学技术的，更直接的那一部分。整个桥梁加核心都是马克思主义哲学，就是马克思主义哲学本身也是有结构的，有层次的①。

我的看法是：一、我们在考虑一个部门的结构时，不能就部门论部门，我们必须看到整体。思维科学跟人体科学还是要分开的。二、认识论也要发展，古典的东西在它那个时代是个很大的成就，但我们不能抱住古典的东西不放。

我们研究科学体系的时候，不是从人的思维是怎么一个发展过程的角度来考虑的。假如从那个角度来考虑的话，当然最根本的是人体科学，最初总是从人出发，由人来认识客观世界嘛。那就是变成第一位的是人体科学，人体科学通过人的思维，所以，下面是思维科学，然后，人最后认识客观世界了，出现了这样一些自然科学部门、社会科学部门、数学科学部门和系统科学部门。这样排起来的话，最高的层次是人体科学，第二个是思维科学，下面的四个部

---

① 见《哲学研究》1982 年第 3 期。

门是自然科学、社会科学、数学科学、系统科学。我们不是这样出发来考虑问题的，我们认为有几个科学部门，它们最后都要概括到马克思主义哲学中去。我觉得这比较合乎科学技术体系的概念。

5. 美学

关于思维科学与美学。什么是美学？我不是这方面的专家，没有什么发言权。我从前说，美学也是思维科学的一部分。现在看来不能这么说。什么叫美？李泽厚同志说过，美是主观实践与客观实际交互作用以后的主观客观的统一。假如做到了这一点，那么人就感到是美的。而这种相互作用是通过思维来实施的。所以，研究美学当然对思维科学是有启发的，而思维科学的成就也会有助于美学的研究。这一点我在前面讲形象与直感思维学的时候已经说到了。

但是，也要说清楚，美学不仅仅是思维。还有另外一些非常重要的内容。根据马克思主义的原理，美是离不开社会的，文艺是社会的产物。这一点在经典的美学著作，像普列汉诺夫的《没有地址的信》中讲得很清楚，他反反复复地讲了这一点：美是社会的产物。所以，美学不能说是思维科学，而只能说思维科学与美学有很密切的关系，美学是思维科学的邻近科学。

对于文艺，我们从前认为文艺有纵的划分，比如说，小说、诗词、造型艺术、建筑、音乐、戏剧等等，这是大家都承认的，文艺部门也就是纵的划分。但是，我认为文艺还有横的划分、有层次的①。其实这并不是我的话，毛泽东同志《在延安文艺座谈会上的讲话》中说得很清楚，有"阳春白雪"还有"下里巴人"嘛。如果不这样认识，不考虑人的社会存在对于人的美感的影响，那不符合马克思主义，也不符合大家常引用的普列汉诺夫的经典著作。

所以，美学的问题更复杂，比思维科学涉及的社会问题更多，不能把美学放在思维科学里面，我纠正从前的说法。关于这个问题，我跟中国社会科学院哲学研究所李泽厚同志交换过意见，我们的认识是一致的。

6. 有"特异思维"吗？

下面，我要讲的这个问题把握就更小一些了，就是特异功能。特异功能是

---

① 见《艺术世界》1982 年第 2 期。

人自己可以控制的人体的功能态，这种功能态肯定与人的中枢神经系统的活动有密切关系。因此，我们可以问：气功、特异功能会不会导致人的另外一种非常的思维活动，即"特异功能"活动？当然，我们国家有许多古老的说法，比如，佛家说"定能生慧"，"定"就是禅定，也就是佛家气功。这就是说，佛家认为练气功会增加你的智慧。四川省社会科学院人体科学与自然辩证法研究所叶峻同志也提出人的特异思维问题[1]。

现在许多外国人也这样讲。比如，John H. Crook 写的一本书[2]中，就用了很大篇幅讲气功对于人的智慧的影响。在这本书里，气功称作 TM（Transcendental Meditation），还说通过 TM 可以使人的智慧增加并发展。研究 TM 就是为了研究还有没有可能使得人的智慧再进一步发挥，这是一种说法。不久以前还看到另外一本书[3]，两位作者都是美国斯坦福研究所的研究人员。这本书的名字叫《精神竞赛》。其含义是说，有特异功能的人跟没有特异功能的人的竞赛。他们用许多科学测量的结果，证明人确实有特异的感受。而且这些特异的感受是可以逐渐培养的，这种培养过程就是要你不受一些常规思维干扰，越脱离常规思维的干扰，你的特异思维就可以越明显地表现出来。这是又一种说法。

再者，从更深刻的角度来考虑这个问题，那就联系到量子力学的哲学解释。我们知道，自从量子力学出现以来，到现在有六十年了吧！这中间，量子力学结论的正确性都已被实践所证实，这一点大家没有什么不同的意见。但是，对量子力学怎么解释就有不同意见了。因为按照量子力学的观点，所有的物质都是相互作用的，没有孤立的物质。这好像把因果关系给打乱了。关于这一点，从前爱因斯坦就不大满意，他跟尼尔斯·波尔争论，一直争到去世。关于这个问题，30 年代就提出了所谓 EPR 的理论，E 就是爱因斯坦，P 是 Podolsky，R 是 Rosen。这三个人在 30 年代曾经发表过论文，提出隐参量的学说。就是量子力学用的时空不是真的，是表象，还有更根本的东西隐藏在这下面。到底隐藏在下面的是什么，也还没有说清楚。

最近我看到文章[4]，作者是一个科学记者，他去访问英国伦敦大学的物理教

① 见《思维科学研究简讯》1984 年第 2 期。
② John H. Crook: *The Evolution of Human Consiousness*, Oxford, 1980.
③ R. Targ and K. Harary: *The Mind Race*, Villard Books, 1984.
④ J. Gliedman: *Mind and matter*, Science Digest 1983.

授 D.Bohm。Bohm 是一位很有成就的物理学家，写过量子力学的理论著作。Bohm 年轻的时候还见过爱因斯坦，所以他对爱因斯坦的意见是很清楚的。Bohm 在 1980 年写过一本很惊人的著作，叫《整体性和隐秩序》[1]，他说，现在我们熟悉的四维时空，不是真实描述物质的好办法，还有更深刻的东西，就是他所谓的隐秩序，隐藏在下面的秩序。他把我们看到的这个秩序叫做显秩序。他说在隐秩序里面，所有的物质都是相互联系的，而且这种相互关系可以超光速地传递。当然他的理论，现在也还没有完全建立起来；但他有这样的基本观点。有趣的是，他谈到这个基本的观点时，对记者说，这个理论要是建立起来的话，可以把特异功能都解释了。

所以，从各方面的情况看，无论是中国古代的话，还是现代外国人对于气功、特异功能的说法，以至于这位 Bohm 教授的隐秩序观点，好像都隐隐约约地说明，还有另外一种思维，就是特异思维。是不是这么回事，请大家来研究。

思维科学与智能机

下面，我想把上述问题归结起来。我们研究思维科学最终是要为社会主义建设服务。现在我们面临新技术革命的挑战，又是"信息社会"。思维科学对于这么重要的一个问题，到底能做什么贡献？这个问题涉及到前几天我们在这儿开的一个会，"第五代计算机专家讨论会"。日本人前几年提出来搞第五代计算机，说它那个第五代计算机比起现有的电子计算机有许多突破。比如说，包括国家信息处理系统（PIPS）。就是计算机能够认识图像。还有一个知识信息处理系统（KIPS），那就是知识库里的东西，机器都能利用。再一个就是专家系统。最后是把这些东西系统地结合在一起，并与逻辑计算结合起来，组成一个体系。这么一个体系要是能够做出来，那就不叫计算机了，它比计算机要广阔得多了，我以为可以叫智能机。因为计算机，就是算嘛，充其量就是把上升到科学的那一部分知识利用起来。前科学的、经验的那一部分没办法算，那不是个推理问题，是形象（直感）思维问题。

前面我讲了，图象处理系统里有经验的成分，经验也是知识。所以知识要

---

[1] David Bohm: *Wholeness and Implicate Order*, Boston; Routledge & Kegan Paul, 1980.

比科学的范围广得多。专家系统更是这样。专家系统就是专家的经验，比如说，有了一、二、三，就有九。你问他怎么有了一、二、三，就有九呢？他说不清楚，反正你记住，有一、有二、有三，就有九。这就是在一定范围内总结出来的经验，但是这个经验还没有上升到现代科学。这样的经验存储在库里，如果把这些专家系统都纳入系统里，再加上知识库，那么这系统所处理的问题，就远远超出了科学的范围，把人的实践经验都纳入进去了。所以，这已经不是计算机了，而是把人的知识充分利用起来了。在美国，这叫做知识工程。我觉得这是有道理的，就是人的知识，人的全部精神财富，我们现在要用一个机器把它利用起来。当然，这并不是说，头一台智能机就能做到这样。但是最后要能做到这样，那就是件大的成就。

我们现在要分析一下，日本人这个说法有没有道理？我认为是有道理的。我觉得这里新的因素就是想办法把人的经验纳入到这个系统中去。人的说话，人的认字，都有经验的因素。这就联系到形象思维。形象思维比抽象（逻辑）思维更广泛，逻辑思维只是解决科学问题，形象思维是把还没有形成科学的前科学知识都利用起来。这是智能机的问题。

当今人类的精神财富的量是极大的，我们现在的困难就是不能很好地利用它。过去我们的老办法是去学习，或者请教，这个办法太落后了。许多事情我们不知道，不可能知道，没法知道，也来不及知道。以前古人就说，读书靠记嘛，一个人活到老，读书到老，记的东西也就是那么多，"皓首穷经"。那是说头发都白了，还在那儿念书，没完没了的。现在有办法了，不记也没关系，可以通过现代的电子设备，供你调用。怎么是小事情？

我从前在一篇讲情报系统的文章中，有这么一段话：当我们讨论了建立现代化情报科学技术、图书馆文献和档案信息体系之后，让我们想一想，这将是一个多大的变化。向来一个人自一生下来，都得用脑子记住以往人类和自己社会实践经验产生的知识，对于一个脑力劳动者来说，更是如此。古人夸一个学者，说他博学强记，可见在脑子里记住学问的重要性。每个人记得住的东西虽然不同，有些人多，有些人少，但总是有限的。比起人类千百年积累起来的知识量，只不过是沧海之一粟，所以前人也说皓首穷经。在将来，我们将从这样一个繁重的脑力劳动中彻底解放出来，查阅资料可以做到如同自己脑子里记得它一样简便，那就不要去费脑子记了。用计算机的终端就可以了。如果我们再深思一步，什么是情报资料、图书文献档案，它包括不包括文学？当然包括。它包括不包括绘画？包括。它包括不包括音乐、乐谱、录音、录像等等？当然也包括。而且包括文物档案，甚至通过全息摄影，它可以包括造型美术，如雕塑等等。那么，我们所设计的信息体系简直可以包括全部人类千百年所创造的，而且还在不断地创造的精神财富。这全部的精神财富又可以由我们一个人随手调用和享受。这不仅能把我们从旧的脑力劳动中解放出来，而且会给我们带来一个伟大的新世界，一个从来没有的高度文化的新世界。难道这不是翻天覆地的变化吗？脑子不要花在记忆上了，那脑子还干什么？从繁重记忆的脑力劳动中解放出来的人，将有可能把智慧集中到整理人类的知识，全面考察，融会贯通，从而搞更多的更高的创造性的脑力劳动。人将变得更聪明，人类的前进步伐将进一步加快。

刚才讲的这些说明，如果不搞智能机，那么我们将会被人类自己创造的大量精神财富压垮。如果搞，那么这样大量的精神财富就可以为人们所利用，大大提高人的智力。

看起来这些问题涉及到形象思维，这个问题要是解决了，我们还会进一步解决灵感思维的问题。现在可以说，这个方面的研究有个门儿了。就是通过智能机，特别是专家系统，因为无论是图象信息处理系统，还是知识信息处理系统，实际都是像专家系统这样的东西，就是把经验、知识利用起来嘛，而专家系统的概念过去在人工智能里已经用了，并逐步在发展。我们国家现在有很多同志在做这个工作，比如中医看病，已经进入计算机，实际上就是一个专家系统。所以专家系统这个东西并不难。现在的问题是怎样进一步提高，把不同的专家、不同的经验，统统搜集起来，通盘地利用。关于这个问题，我看到马希文同志写的一篇文章①，文中讲人工智能的部分，就是涉及这样一个问题。按照马希文同志的意见，这个工作是可以做的。就是把不同的小的专家体系联合起来，成为一个统一的大体系。当遇到问题时，我们可以到这个大体系中去寻找最适合的专家系统。然后用这个专家系统来解决问题。当然第一代智能机搞出来也许还是初级的，但它朝这个方向走了一步，也非常重要。将来还有第二代，第三代，继续做下去，最终总可以做到把人类的精神财富全部调动利用起

① 见《自然杂志》1984 年第 6 期。

来。这是一件了不起的大事。这一任务就跟我们思维科学有密切关系。思维科学也要通过这项任务向前发展，比如解决形象思维的问题。既然如此，我们思维科学工作者就面临着怎样参加第一代智能机的工作，怎么为中国的第一代智能机作出贡献的问题。在我们思维科学界，能不能组织一支力量，为中国的第一代智能机作出贡献？这可是一项重要的、全国性的任务。行不行，请大家讨论。

学术组织问题

我们这个会是学术讨论会，学术讨论总要搞个学术组织。关于这个问题，我在"关于思维科学"这篇文章里面最后讲了一段话，我的意思是，思维科学要搞些什么组织活动呢？一是成立研究所，二是在大学里设置专业，三是成立学术组织。

目前，研究所好像全国已经有一个了，就是山西省社会科学院成立了思维科学研究所，所长是张光鉴同志。学校设什么专业呢？我也不太清楚。关于学术组织，据我所知，现在地区性的学术组织已有了，山西省有一个"自然辩证法研究会思维科学专业组"，黑龙江省建立了思维科学研究会。

1. 队伍问题

这样看来，一个迫切需要考虑的问题，是成立全国性的思维科学学术组织。过去我们搞过系统工程学会。与系统工程相比，今天思维科学情况有点不一样。1979年，国防科委支持召开全国系统工程学术讨论会时，系统工程只有任务，没有什么队伍，搞系统工程的人不多。但是，今天思维科学不一样，在座的都是专家，我们这个队伍可以说是很大的。比如，科技情报工作，光是国防口就有十多万人，而且他们已经有了一个中国科技情报学会。再如文艺理论，那跟我们的形象思维有关系，也有支队伍，人数我不清楚。另外，全国总有好几百所师范专科、师范学院、师范大学吧，这些学校里都有一些搞文学、美学的人，人数恐怕也有好几千吧，他们也都是跟思维科学有关系的。再有一个是信息、编码、译码的队伍，他们在国防部门，也有相当大的力量。还有语言学家、科学语言学家、心理学家、脑科学家，还有人工智能、机器人以及创造学、智力工程等等方面的人才和组织。

这么一想，能够参加我们思维科学学术组织的人多极了。而且我们要看到，这一些同志早就在他们各自的领域做了很多工作，差不多也都有他们自己的学术组织。而我们是后来者，好像是小弟弟，他们是老大哥。现在这个小弟弟说，要把老大哥们联合起来，形成一个思维科学研究集体，这会不会有点困难？但是联合很有必要。这个工作怎么做？我想来想去，好像只有一个办法，就是我们来宣传思维科学的体系结构。让大家都明白，联合起来，组成一个体系，我们各自的工作可以做得更快、更好、更有成效。

2. 调查情况的工作

据我的经验，这跟系统工程不一样。系统工程是从无到有，从小到大。我们这个队伍本来已经很大了，但是没有联合起来形成一个体系。现在我们来呼吁，要形成一个体系，是要做说服工作的。

因此，我建议，如果我们这次会议要成立一个筹备全国性学术组织的小组的话，这个筹备组要做以下调查研究工作：

第一，要调查跟我们思维科学有关的，已经有哪些学术团体，这些学术团体的情况如何，将来要参加我们这个思维科学学术团体，他们怎么安排？他们做出什么样的贡献？调查以后，要写出正式报告，将来开成立大会时发给大家。

第二项调查是专业教学方面。就是在我们国家大专院校里，与思维科学有关的有一些什么系，什么专业，开什么课程？思维科学方面有没有研究生？这些材料都要具体化，具体到哪个学校、什么系、什么专业、什么课、负责的教师是谁等等。最后，也要写出报告。

第三项调查工作，就是有哪一些刊物在发表关于思维科学的文章。现在我知道的有上海的《自然杂志》、四川的《大自然探索》、黑龙江的《求是学刊》和《思维科学信息》、山西的《思维科学研究通讯》和《潜科学》、湖南科技出版社的《科学探索》和《自然信息》、湖南大学的《人工智能研究》等等。我列举的这些刊名仅是我接触到的，是不全的。对这个情况我们也要心中有数，所以，也要做一番调查工作，写出报告，将来在学会成立大会上印发。

大家也可以想一想，还有什么问题需要调查。这是我们成立学术组织的基础，调查清楚这些情况，也是筹备组的任务之一。

3.要有良好的学风

关于学术组织本身的问题，我也说不出什么成熟的意见。我希望，如果按照系统工程学会的程序，从前是国防科委，现在是国防科工委支持一下，先开一个这样的全国性学术讨论会，把大家请来，见见面，交流一下之后，酝酿成立一个筹备组。经过一年的工作，在1985年能不能考虑成立学会？这次会议我们只能够酝酿，考虑搞一个筹备组。

从前我在《自然杂志》那篇"关于思维科学"的文章里呼吁，这个学会的核心成员应该是真正能干的，三四十岁或者再稍大一点，像我这个岁数不行。我的道理是，这个班子要干到21世纪，我们这些老同志是不行的。如果一时中青年不好找，老的还得使点劲的话，可以当顾问嘛，主要的工作还是要请中青年同志来做。

我们这个学会要有很好的学风，我们要严肃认真地搞学会工作，不能随随便便，更不能有江湖习气。搞学术，态度就是要认真、严肃。当然，严肃并不等于说不活泼。我们要诚恳地交流，有活泼的气氛。有话就说。我想，在我们思维科学这个新的领域里，没有什么权威，所以，我们决不能搞一言堂。大家充分发表意见，互相交流，争吵一下也没有关系。暂时统一不了认识，不要紧，慢慢来。总之，我们既要严肃认真，又要生动活泼，充分发扬民主，百家争鸣，百花齐放。只要坚持这样去做，我们这个学术组织就可以搞好。

我觉得，一旦我们把思维科学宣扬出去，它就会变成热门。因为现在讲什么新技术革命对策呀，"信息社会"呀，都与思维科学有关嘛！但是我们也要冷静。那么，怎样冷静？我们有一个有利的条件，就是有马克思主义哲学，这是最锐利的武器，我们一定要注意应用马克思主义哲学。前面我讲到的国外一些著名科学家的明显错误，都是由于犯了背离马克思主义哲学、脱离辩证唯物主义的毛病。思维科学不像有些学问（比如说机械工程），那尽是物质的，而思维科学常常涉及到精神问题，涉及到精神与物质的关系问题。因此在这个问题上，一定要用马克思主义哲学，辩证唯物主义。要不然，你就容易掉进两个坑里，一个坑是机械唯物论，另一个是唯心论。所以，我们一定要在工作中自觉应用马克思主义哲学。

学术组织成立以后，总得有个挂靠单位。大家可以考虑考虑，怎么挂靠法？

现在是地区性的组织成立得比全国性组织早，那末，将来全国性组织成立后，跟地区性组织怎么取得联系，怎么协调，也是一个问题，也要研究。这些都是筹备小组的任务。

形象（直感）思维是我们思维科学现在要突破的，而且，由于智能机的研制工作已经提到日程上来，对突破形象思维也是一个压力。多少年来，这个问题一直是隐隐约约的。中国古话讲，只能意会，不能言传，能言传的都是讲得清楚的问题，而形象（直感）思维现在没法讲清楚。如果将来我们说能讲清楚了，哪怕只讲清楚了一点儿，也不是小事，我想那将是人类历史上又一次科学革命。所以我说，思维科学的研究将孕育一场新的科学革命。另一方面，思维科学的研究又会推动智能机的发展，把人的知识、智力提高到前所未有的高度，这肯定又将是一场技术革命。

从"五月黄梅天，三星白兰地"说起[*]

戴汝为同志 钱学敏同志：

我近日在想：既然文学创作中要运用抽象（逻辑）思维、形象（直感）思维和灵感（顿悟）思维，那我国几千年古老的文学作品不就是三种思维的结晶吗？ 那我们为什么不从中国的赋、诗、词、曲及杂文小品中学习探讨思维学呢？它们是最丰富的泉源呀。

最容易的是对联，这在旧中国是文人思维的基本功。它也最容易分析入手。例如，最熟知的有：

五月黄梅天

三星白兰地

这最简单，只是字与字对。复杂一点是毛泽东与周恩来的对联：

橘子洲，洲旁舟，舟行洲不行（毛泽东）

天心阁，阁中鸽，鸽飞阁不飞（周恩来）

这就不只是字与字对，而且有巧妙的涵义。

更深一点是清代名儒纪晓岚被一江船上武夫难倒的故事。这武夫乘的船有帆，纪晓岚的船无帆用橹。武夫出联为："两舟并行，橹速不如帆快"。这里利用"橹速"与"鲁肃"谐音，"帆快"与"樊哙"谐音，说文不如武。纪晓岚一时无对，被困数日，闷闷不乐。直到数日后抵福州主持院试大典，听到乐声才顿悟到，下联应是：

八音齐奏，笛清怎比萧和

这里"笛清"与"狄青"谐音，"萧和"与"萧何"谐音，说武不如文。这对联就不止于形式，字与字对，而且通过谐音运用典故，达到对阵。

这种文例极为丰富，长联发展到昆明大观楼长联，每联九十字。更有邓小平旧居长联，每联二百五十字！真洋洋大观，是一宝库，也是我国文人的

---

[*] 选自《科学的艺术与艺术的科学》一书，原书中题为《从思维学的角度研究中国古代文学》，现标题为编者所加。

心血。

从思维学角度看，对联的过程是：出联的上联是给出一个结构，请应联的下联人按此给定结构去找零件，字、词填入这个结构，思维就在于搜索思想库找材料。这就是对联答对联的思维学——搜索入结构。

我自己体会，所谓形象（直感）思维则是与上述答对联相反的：有材料，但无结构。思维的任务是找形象，即结构。相反，不也相成吗？我们总结中国极为丰富的对联文学，不能为研究形象（直感）思维做贡献吗？知道形象（直感）思维是从零碎材料找结构不就是一个开端吗？从思维学的角度研究中国古代文学是值得的。以上当否？请指教。

此致
敬礼!

钱学森
1994 年 9 月 18 日

第十讲

青山清我目，清水静我耳

——谈环境

认识我们的环境 *

    首先我认为所谓人与生物圈的概念是不够确切的，它不能把今天人活动的范围全部包括进去，倒是如同中国科学院地理研究所浦汉昕同志指出的，苏联科学家用的地球表层或地理壳更准确。地球表层包括上至大气对流层顶层（在极地上空约八公里，赤道上空约十七公里，平均约十公里），下至岩石圈的上部（陆地上约五~六公里，海洋下平均深四公里），这才是今天我们在开发利用，并有很大影响的范围。因此环境的涵义，现在应该是地球表层，而不是什么 MAB。

    浦汉昕指出：地球表层包括的非生物、生物和人可以看做是一个巨系统，而且是开放的、有序的巨系统，因而也是诺贝尔奖金获得者普利戈金所说的远离平衡态的耗散结构，是活的，不是死的，是在发展、演化的，不是静止不变的。为什么说它是开放的而不是封闭的呢？因为地球表层同它以外的地方有物质和能量的交换：从输入到地球表层的方面来说，有太阳辐射，大到 1.73×10^{17} 瓦的功率；还有潮汐能 3.5×10^{13} 瓦；地壳深处也向地球表层送热岩浆；地球表层也接受来自天上的各种粒子流，如宇宙线，以及电磁波；还有流星、陨石；等等。另一面，地球表层也有输出，最大的一项就是同太阳辐射能大致相等的红外辐射，散发宇宙空间；还有少量的质轻的气体分子散溢到上层大气，以至空间；在地壳板块边缘处，也会有岩层离开地球表层斜插入深处；现在人还把人造卫星、飞船送入太空；等等。对地球表层来说，进来的东西不等于出去的东西，地球表层内部变化了，所以地球表层是开放的。

    为什么说地球表层又是有序的呢？因为它是在有规律地发展着，或说地球表层是在进化着，从形成地球时的无生命的地球表层到有生物的地球表层，再从有生物的地球表层到今天居住着有高度文明和文化的人类的地球表层，已有几亿年的历史了。这一点浦汉昕已经做了说明，我不再在此重复了。我想指出

---

* 选自《社会主义现代化建设的科学和系统工程》一书，原书中题为《创立地球表层学》，现标题为编者所加。

的是地球表层巨系统的有序性还表现在它的多层结构，而多层结构是有序巨系统的特征。有什么层次？从保护环境的角度来说，最基层的一级结构是一个工厂、企业，一个生活区，一片林地，一块农业种植田，一片渔业水面等。对后面这几种结构，一个非常重要的概念就是生态群落的思想，对此我国生物学和农业工作者已经有很多研究并在实际运用中取得很成功的经验。

地球表面层结构的再上一层次就是一个地区的环境。地区的划分不能按行政区域，不能是什么市、市管县。而应该根据实际情况，相互影响的关系，也就是相对独立性来定。例如长江三角洲是一个地区单位。我们国家大约有几十个这一级的结构。

更上一级层次就是国家层次，最后当然是世界层次。所以从基层单位算起，一共有四个地球表层的结构层次。在分层次中，我们以人的活动为主，自然条件为辅来划分，其原因就是因为人在今天是主宰地球表层的，是地球表层最活跃的因素。这也就说明我们认识地球表层的内在关系，它的运动变化规律是多么重要了。不认识会导致策略错误，办蠢事，以致使地球表层的演化不是向进化发展而是向后退化发展。为了引起重视，我建议称这一门学问为地球表层学，是门跨地理学、地质学、气象学、工农业生产技术、技术经济学和国土经济学的新学科。因为我们在研究一种巨系统，是有层次的有序结构，所以需要系统科学的基础科学系统学的帮助。我们要创立地球表层学，从而深刻认识巨系统的运动规律，并且找出使环境改善和进化的理论根据。

层层保护地球 [*]

　　现在也就清楚了：我们讲地球表层巨系统，提出要创立地球表层学的目的是因为地球表层的一切变化将影响我们的环境，为了搞好环境保护的工作，有必要深入研究它，以建立必要的理论基础。而且既然已经肯定地球表层是个巨系统，那么管理这个巨系统的技术就也肯定是一门系统工程——环境系统工程。所以地球表层学是环境系统工程的理论学科，而环境系统工程又是应用地球表层学来保护和改造我们的环境的工程技术。

　　既然保护和改造环境是一门系统工程，那么环境系统工程也要依靠系统工程的一般方法和理论，如运筹学，以及电子计算机技术和控制论等。环境系统工程也要运用国土经济学的成果。

　　下面讲讲有关环境系统工程的轮廓性的意见。

　　根据地球表层巨系统的概念，在环境系统工程中也要明确分级解决：第一级是有关地球表层巨系统的第一个层次的，即工、农业生产和人民生活的基层单元的；第二级是有关第二个层次的，即区域性的；第三级是有关第三个层次，即全国家的；第四级是有关第四个层次的，即全世界的。每一级的环境系统工程的工作任务都不尽相同，管理的方针也因此要有区别。

　　从国家行政角度来讲，第一级的环境系统工程主要是制订法令、规定，要求各基层单元严格遵守，不得污染环境，另外就是监视的取样测量工作，当然标准要适度，要逐步随技术的改进而加高要求。这就要求引用效益分析的科学方法，比较各种监测标准的经济效果，权衡利弊。另一方面，我们也要做宣传工作以提高人们对保护环境的重要性的认识。以前我们对此做得很不够，对利用废水、废气、废渣的意义总是从防治祸害来看，而不从积极意义来看，比如废物实际上是人造的资源，而且是送上门来的资源，不用去开矿，不用去远道运输，就在手头！我们还要指出所谓废弃物的利用，不但在工业上像上面讲

---

* 选自《社会主义现代化建设的科学和系统工程》一书，原书中题为《环境系统工程的分级问题》，现标题为编者所加。

的，在农业上也是如此，也要努力发展。这一级的环境系统工程工作是基础，基础打好了，再上面几级的工作才能进行，比如酸雨问题就是如此。充分利用废物，变废为利，应该是社会主义制度优越性表现之一。经济学家许涤新同志对此已讲得很清楚。

再上一级到第二级的环境系统工程是以一个地区为单位的。这里第一位的环境改造工作是植树造林，进行绿化，包括培养花草，现在国家十分重视这项工作，发出了绿化祖国的号召。我想有关的环境工作还有恢复露天开矿所破坏的地表，改造矿渣堆置的地面等，使它们重新成为生机勃勃的地方。这个问题在工业发展较早的国家已成为公害之一，美国每年增加这种人造荒原五百平方公里，现累积已达一万五千平方公里。我们从现在起就要注意，从一开始就避免这种破坏，随时恢复。更积极的环境系统工程工作是控制气象，如在我国东南部沿海地区，改变台风运动的方向，不叫它登陆，做到有台风降雨之利而无台风破坏之害。再进一步搞人工降雨也有可能，这原是 50 年代就开始了的气象技术，后来又衰退下去，无人问津了，原因是降雨区控制不准，一家投资，雨下到别人那里了，不能得利。

更上一级的环境系统工程是全国性的、跨地区的。我国现在正在营造北部林带以防止沙漠化，就是这类措施，今年开工的东线南水北调工程也是这类措施。随着社会主义建设的进程，这一级的环境系统工程措施会因国家力量的增长而多起来。但国家一级环境系统工程还要考虑另外一个方面的问题，这些问题解决得好，又能反馈到下面几个层次的环境保护和改造。例如国家的能源政策，为解决烧煤带来的麻烦而改造燃料煤，大力发展沼气解决农村能源和城市污水处理问题，充分利用水力和风能等清洁能源，等等，这都将为第一级、第二级的环境系统工程创造条件。其实建筑形式也对环境有影响，能够节能的建筑，冬季低温，夏季凉爽，也能有助于保护环境，减少污染。中国建筑学会副理事长、兰州市副市长任震英同志提倡黄土高原的窑洞是有道理的，国外不是在搞地下建筑吗？窑洞是几乎在地下的建筑，加上现代技术完全可以成为现代化的住房和工作用房。联系到环境保护，国家现在就要研究利用核能后产生的核废料的处置问题，这是一个世界各国都没能很好解决的问题。

最后一级环境系统工程关系到全世界的环境保护和改造，特别是今后长期的演化，是恶性的，还是良性的？大气中的二氧化碳浓度真的在不断增加吗？

真有所谓温室效应而气温上升吗？全球环境系统工程是一项国际协作的工程。

前面讲的四级环境系统工程又是一个整体，因为环境就是地球表层这一统一的巨系统，是互相关联的。这是环境系统工程的一个特点。当然这里讲的也不一定都全了，例如非常重要的天气预报、地震预报就没有列入环境系统工程，而气象与地震都是影响环境的重要因素。

让太阳为人类工作 *

什么是农业型知识密集产业？

农业型的产业是指像传统农业那样，以太阳光为直接能源，靠地面上植物的光合作用来进行产品生产的体系。太阳光是一个强大的能源。在我国的地面上，每亩地每年接受的太阳光能量相当于一百一十四至一百九十吨标准煤。农业型的产业就有这个得天独厚的优势。

当然，这里并不是说这些太阳能都能全部为植物所利用而合成产品，限于水和肥料的供应，限于光合作用所必需的二氧化碳在大气中的浓度，限于植物本身的能力，上述巨大太阳光能只有很小一部分转变为植物产品。这个比例不到 1%，常常只有 1‰。那 99% 以上的太阳光能到哪里去了呢？还没有立即离开地球，只是释放在空气里，用来升高气温，用来蒸发水汽。风和雨就是这样产生的。所以，太阳光还能在地球上转化为风力和水力资源，农业型产业也要利用风力和水力于生产。

就是变成植物产品了，人也不能全部直接利用。就以粮食作物来说，籽实在干产品中还占不到一半，其他 60% 是秸秆。现在农村缺燃料，往往把作物秸秆当柴烧，肥料和有机质不能还田，这是个大损失。

要提高农业的效益，就在于如何充分利用植物光合作用的产品，尽量插入中间环节，利用中间环节的有用产品。例如利用秸秆、树叶、草加工成配合饲料，有了饲料就可以养牛，养羊，养兔，还可以养鸡，养鸭，养鹅。牛粪可以种蘑菇，又可以养蚯蚓。蚯蚓是饲料的高蛋白添加剂。它们排出的废物还可以再利用，加工成鱼塘饲料，或送到沼气池生产燃料用气。鱼塘泥和沼气池渣最后还可用来肥田。

---

* 选自《社会主义现代化建设的科学和系统工程》一书，原书中题为《农业型知识密集产业》，现标题为编者所加。

这样，我们一方面充分利用生物资源，包括植物、动物和微生物；另一方面又利用工业生产技术，也就是把全部现代科学技术、新的技术革命，都用上了。不但技术现代化，而且生产过程组织得很严密，一道一道工序配合得很紧密，是流水线式的生产。这就是农业型的知识密集产业。它是一个值得重视的方向。它已经不是传统的农业了，而是一种生产体系，一种产业，其特点就是以太阳光为直接能源，利用生物来进行高效益的综合生产。

农业型知识密集产业的分类

1. 农业产业

农业型的知识密集产业可分五类。第一个是农田类的农业，以种植粮食作物和经济作物为基础。这个产业是目前最受注意的，因为它在我国是劳动力最多的，也是产值最高的农业型产业。它包括的不只是种植业的农，也有绿化的林，养畜的牧，养家禽的禽，养鱼的渔，也有养蜜蜂、蚯蚓等虫业，还有菌业、微生物（沼气、单细胞蛋白）业，当然也必须有副业和工厂生产的工业，所以是十业并举的农业产业体系。为了深入研究和发展这类产业体系，我想有必要考虑在不同地区，根据不同自然条件，设置试验点，调集科学技术力量，创造经验，开辟道路。

试验点该有多大？关于这个问题，我们要看得远一点。历史上，资本主义社会在形成中是破坏农村，建设城市，人口涌向大城市。我们今天要走城市同农村同时建设，城市同集镇协调发展的道路。上述农业产业的据点是集镇，大约万人左右，其中直接搞种植业的只是少数，也住在集镇，早出晚归。其他生产如粮食的深度加工、食品工业，也都在集镇。集镇是生产和文化教育中心、盖楼房少占地，将来甚至可以发展到地下建筑，冬暖夏凉，又完全不占地面。地上是园林，给人们游乐休息。

2. 林业产业

林业是又一类农业型的知识密集产业。如果包括宜林荒山，我国林业面积可达四十五亿多亩，是农业的三倍。现在林业的形势落后于农业，尚在探索最适当的生产关系。

生产关系和生产体制问题解决了之后，就要解决林业产业的生产组织和生产技术。这方面要发展木本食用油和工业用油的生产，可以参考农业产业的一些做法。林业产业当然也有牧、禽、虫、菌、微生物、副业和工业的生产，也会有些农田种植业和鱼池养殖业。

但作为林业产业特点的，是林木的加工和森林枝叶的利用。现在把原木运出林区到城市加工的做法值得考虑。能不能把木材在林区加工到半成品、成品？能不能从林区直接运出纸张？如能做到这一点，再加枝叶的利用，那么林业产业就可以大搞饲料，发展牧畜。牲畜粪又可以养蚯蚓等，获取饲料的蛋白质添加剂，而它们大量排放的有机废液又可以用来生产沼气，作为林业产业的燃料产品。这样，我国林业产业不但能提供食用油、工业用油、木制品、纸张、肉食、乳制品等，而且能每年提供相当于上亿吨标准煤能量的沼气。

创建知识密集的林业产业也要通过试点，取得经验。

3. 草业产业

再一类农业型产业是草原经营的生产，这可以称为草业。我国草原面积，如果包括一部分可以复原的沙漠化了的面积，一共有四十三亿亩，也差不多是农田面积的三倍。我国目前草原的经营利用十分粗放，效益很低。但在利用科学技术把草业变成知识密集的产业以后，这种状况是可以改变的。

怎样利用现代科学技术发展草业？还得从利用太阳光这一能源做起，搞好光合作用，也就是要精心种，让草原生长出大量优质、高营养的牧草。这里有引种和培育优良草种的工作。还有防止自然界的敌害工作，如灭鼠。一亩草原经过这种科学改造，亩产干草可以比现在大大提高。

草要及时收割下来，运送到饲料加工厂。这里有个一年能收几次和何时收割为最好的问题。以牧草为基底的饲料加工技术是比较成熟的。

既然集中在工厂生产饲料，饲养牲畜也当然是集中的，工厂化了的。

畜产品的乳和出栏供屠宰的牲畜，都要运到集中的加工工厂进一步加工，综合利用。而这里有些产品，如血粉、骨粉又要返回到分散的饲料厂作为添加剂。

根据前面讲的多层次利用的设想，饲料加工的废料和饲养点的牲畜粪便也要充分利用，种菌、养蚯蚓、养鱼、造沼气等。沼气多了还可以用来开汽车，开拖拉机，发电。这种生产和定居点大约有几百人的居民，构成草业的生产基地，它经营的草原范围有十几公里到二十公里。既是几百人的居民点了，就可以有小学和初级中学。有用沼气和用风力的上千千瓦的电站，有生产及生活用水的供应等，从通信广播卫星可以直接收电视广播节目，这就是现代化的草业新村。

畜产品的综合加工厂设在县级小城市。那里也是政治文化中心，应该有草业的中等技术学校和师范专科学校。

创建这种知识密集的草业产业，每年可能获取几千万吨的牛、羊肉和大量的乳品，我国人民的食品构成也将改观。当然，要做到这一点，也要选适当地区建立试验点，以取得经验。

4. 海业产业

另一个农业型的知识密集产业是利用海洋滩涂的产业，即"海业"。我国近海有七十亿亩海洋滩涂，其中浅海滩涂为二十二亿亩的，的确是一个庞大的资源。当然在这里，我们主要以海洋中天然生物光合作用的产物为饲料来经营鱼、虾、贝等的养殖和捕捞。所以类似于草原放牧，草是天生的，放牲畜去吃草生长育肥。当然，长期以来我们连放牧式的海洋渔业也远没有做到，只捕捞而不养殖，就如人类原始社会早期畜牧业出现以前，以打猎为生。我们由此也就悟到创建知识密集型海业产业的道路，就是"转'猎'为'牧'"。

以前我们似乎不认为海业是一门自成体系的产业，而是所谓渔业或农业的一部分，最近开始有了转变的兆头。山东省荣成县认识到他们有三百多公里的海岸线，五十万亩浅滩，水产量占山东省1/3，要建设一批以水产品加工和养殖为主的港口小城镇。在这批城镇中有水产品加工厂、副食品厂、塑料厂、阀门厂、渔船修造厂和对虾养殖场等，构成产业体系了。这是认识上的一个飞跃！

有了正确的认识就可以探讨建设海业的措施。这里，一个方面的问题就是改进近海渔业。我国近海面积是日本的5.6倍，而1982年我国全部海洋渔业的产量才是日本近海渔业产量的46%。改变这种落后状况的一个技术措施是投放人工鱼礁，造成在近海鱼类栖息的好环境。只此一项就有可能把我国近海渔业产量提高十几倍，达到每年五千万吨。

再进一步，我们还应该把海洋渔业变成"海洋放牧"。这就是利用有些鱼类回游到淡水产卵孵化的习性，创造河港中鱼苗生长的条件，鱼苗长成幼鱼自己进入海洋，成鱼又会从海洋自己回来，正好捕获。中国的高级食用鱼如大马哈鱼和鲥鱼都属此类。

海业产业的范围当然比上面讲的大得多，还有海带、海藻的养殖业，虾、贝的养殖业。而且海产品多了，加工和深度加工以充分综合利用就是必须发展的了。

当然，海业产业集镇的建设和发展也要通过试点，创造经验。

5. 沙业产业

最后一门农业型的知识密集产业是利用沙漠和戈壁的"沙业"。我国沙漠和戈壁大约十六亿亩，和农田面积一样大。沙漠和戈壁并不是什么也不长，极干旱不长植物的只是少数，大部分还是有些降水，有植物生长，有的还长不少的多年生小植物。也有小部分干旱地沙漠化了，那是可以考虑引水灌溉的。

目前人们从沙漠和戈壁获取的只限于特产的药材，但也只采不种。作为沙业产业，就应该既采又种，提高产量。现在国外也有人在研究种"石油植物"，收割后提炼类似原油的产品。这样，沙漠和戈壁成了取之不竭的地面油田，那真是沙业的大发展了。

上面简单地阐述了我们称之为农业型的知识密集产业，一共五类。农、林、草、海、沙之分，是以其主要生产活动来定的。在某一类产业中某一具体的生产活动也会与另一类产业中某一具体的生产活动相同，有交叉。例如农业产业中也会有林木的经营，而林业产业中也会有种植业生产。但产业类型还是可以划分清楚的，即以主要生产活动划分产业类型，因为它决定了整个产业的结构。

充分运用科学知识

既然说是知识密集的产业，那就要充分运用自然科学、社会科学、工程技术，以及一切可以运用的知识来组织经营它，这方面的工作量是非常大的，我们要在吸取全世界的先进经验和科学技术的同时，组织我国自己的力量，包括高等院校、各科学研究机构、中国农业科学院、中国林业科学院、中国科学院、中国社会科学院等来共同攻关。

在科学研究工作中的一大课题是对生物资源的全面调查研究，因为农业型的产业是靠生物来完成生产任务的。这看起来好像是老课题了，几百年来生物学不是一直在搞这项研究吗？是老课题，但有新的内容，就是要从定性观察过渡到定量观察。这是因为我们的产业是要高效益运转的，产业的组织结构又非常复杂，一层接一层，一环扣一环，非常严密，容不得半点差错，生产组织指挥是用电子计算机计算的。这就要求生物过程要精确地定量，不能只是定性。这对生物资源的调研工作来说，就是更高的要求了，科学研究中的又一大课题是发展新技术革命的生物工程技术，如细胞工程、酶工程、遗传工程等，为农业型的产业服务，也就是大大提高生物生产的效益和对生产有用的生物功能，以至创造新的生物。

属技术开发性的科研也有几个方面。比如用生物进行生产的生物工厂，我们要开发这项技术。还有沼气生产过程也要研究，提高生产效益，把目前每立方米池面积每天产气 0.1 立方米左右提高到 1 立方米以上。中国科学院成都生物研究所等单位用两步发酵法是个苗头，可能达到这个指标。再就是蚯蚓的养殖也要从现在的比较原始的办法逐步发展到全自动控制的连续性生产。还有其他。这方面的技术是随着生物技术的应用迅速发展着的，我们一定要重视它。

发展性科研的又一个方面是生物化工，也就是用生物产品做原料，用机械和化学方法，在工厂中分离和制造新产品。这里工作加工对象是无生命的。这一类中包括各种下脚料的利用，如骨头制骨粉，骨粉提骨蛋白质等。再如树叶也可以提叶蛋白。

此外还有一项为开发农业型知识密集产业服务的科学技术，这就是系统工程，组织管理复杂体系的技术。农业系统工程用到今天的农业，虽有一定的作用，不容轻视，但因为现在的农业还没有组织得那么严密，农业系统工程还不能充分显示它的威力。一旦农业系统工程用到知识密集的农业产业、林业产业、草业产业、海业产业、沙业产业，定会大显身手，不但在体系的组织，而且在日常生产调度上，都会显示其威。所以研究发展农业系统工程是创建农业型知识密集产业的重要内容。

搞科学技术还得有专业人员，所以必须提倡大力培养农业型产业专门人才。现在我国农林专业在教育系统中重视得很不够，工科专业比重过大。这个比例失调一定要改正过来，大大增加农林专业、生物专业、轻工与食品工业专业的招生人数，包括高等院校和中等专业技校。可能还要考虑创办一种新型的高等学校——"理农综合性大学"。这也是改变社会观感所必需的。多年来人们对理工综合性大学很尊重，而对农科大学就另有看法。美国的名牌大学都是理工综合性大学。我们国家也一样，著名的北京清华大学、上海交通大学、上海复旦大学目前在改革中都要办成理工综合大学。所以为了树立重视农业型知识密集产业的观念，为了培养新型农、林、草、海、沙的专业人才，创办理农综合性大学是必要的。

值得深思的严肃问题

农业型的知识密集产业的创建还不只是这些产业自身的问题，工矿业要跟上，原材料也要跟上，还有交通运输业、通讯情报业、教育文化事业，以及商品流通、城乡建设和生活服务等。所以生产关系也将有很大的调整，这是政治经济学的研究课题。对生产力的组织，变动就更大了，简直是个大改组，这是生产力经济学要解决的课题。创建五个类型的知识密集产业，涉及到中国的 8 亿农民，总投资大约要几万亿到几十万亿元，资金从何出？怎样利用国际金融资本？这些都是金融经济学的课题。实际问题还远不止上述的三个方面。所以创建农业型的知识密集产业还将大大促进我国社会科学的发展。

这难道不是翻天覆地的变化吗？这难道不是我国在公元 2000 年翻两番之后，在 21 世纪再进一步建设中国式的社会主义，向共产主义迈进吗？如果说，大约一万年前在中国出现的农收业生产是世界历史上的第一次产业革命，大约三千年前在中国出现的商品生产是世界历史上的第二次产业革命，在 18 世纪末、19 世纪初英国出现的大工业生产是世界历史上的第三次产业革命，在 19 世纪末、20 世纪初在西方发达国家兴起的国家和国际产业组织体系是世界历史上的第四次产业革命，而现在由于新的技术革命所引起的世界范围的生产变革是世界历史上的第五次产业革命，那么，创立农业型知识密集产业所将引起的生产体系和经济结构的变革，不是 21 世纪将要在中国出现的第六次产业革命吗？这不是一个值得我们深思的严肃问题吗？

第十一讲

从拂晓到黎明——自然科学的 400 年

——谈科学的历史

自然科学的研究对象 *

人类生活在自然界中，天天和自然界打交道，自然界既是人的变革对象，又是人的认识对象。所以人们形成了一种朴素的看法，自然界是自然科学的研究对象。

自然界是由各种运动着的物体、物质组成的统一系统，其中既包括漫游太空的庞大星球、太阳系、银河系、总星系及观测所及的全部宇宙天体，微小的瞬息万变的分子、原子、各种"基本"粒子，又包括各种复杂的无机物、有机物和各种有生命的微生物、动物、植物、人类，还有作机械运动的实体以及弥漫各种空间的许多场。总之，自然界一切实际存在的客体，它们具有的各种特性、结构、存在状态、运动形式等等，都是自然科学的研究内容。恩格斯说："自然科学的对象是运动着的物质、物体。"①

但是，物质和运动是密不可分的，各种物质的特性、形态、结构及其规律性，都是通过运动表现出来的，要认识物质首先得研究物质的运动。恩格斯说：自然科学只有在物体的相互关系中，在物体的运动中观察物体，才能认识物体。对运动的各种形式的认识，就是对物体的认识。所以，对这些不同的运动形式的探讨，就是自然科学的主要对象。

自从自然界产生人类以后，人和自然就相互作用、相互影响，自然科学的研究范围也相应地扩大，研究对象也更加复杂。现在的自然，除了太阳系以外的宇宙星系还没有受人的影响，属于天然的自然之外，整个地球、月球，包括太阳系中某些行星已经受到人的活动的影响，自从向宇宙太空发射宇宙飞船探测球外文明以后，人类对宇宙的影响范围还在扩大。此外，人类运用自己的智慧加工自然界原有的材料，制造出自然界原来没有的东西，如各种工具、机器设备、建筑物等；还创造出模拟人的思维功能的人工智能机器，这是具有特殊性质、形态、结构的人工自然物，属于人工自然，也是自然科学的研究对象。

---

* 选自《社会主义现代化建设的科学和系统工程》一书。
① 见《马克思恩格斯选集》第 33 卷。

因此，必须改变 16、17 世纪流行的自然科学只纯粹地研究自然界的观念，应该看到到了 18 世纪末以后，自然科学的研究范围早超出了自然界，包括了整个客观世界，自然的和人造的。只是自然科学研究的着眼点不同，看问题的角度不同，它是从物质在时间空间中的运动、物质运动的不同层次、不同层次的相互关系这个角度去研究整个客观世界。

从自然哲学到自然科学 *

　　人类大概在一万年以前就脱离了采集果实和打猎为生，开始了农牧业生产，我称之为第一次产业革命。从这时开始就有了技术，但当时还没有够得上所谓科学的东西。先有技术而不是光有科学，因为人总是从社会实践中得出经验，经验上升所迈的第一步就是技术，而不是理论性的科学。因此，科学技术发展中的飞跃在早期也是先有技术革命后有科学革命。只有当人类的实践逐渐丰富起来，经验的事实多了之后，人脑才开始思考着怎样把这些经验、观察体会到的事实串联起来变成一个更大的道理。这是人的一个愿望，实际上也是为了预见，预见将来的发展。然而，要实现这个愿望是很不容易的，有以下三点困难。第一，由于当时收集到的经验和事实是有限的、零散的，往往挂一漏万，要想连成一体就需要补充许多东西，就得凭脑子臆想了，因此难免有错。第二，当时缺乏科学的仪器，没有办法做科学的实验观察，有了理论也无法立即验证，有待于以后的实践。第三，人类社会出现了阶级，搞理论的只能是统治阶级，这就难免要有偏见，免不了出唯心主义。这三个困难是当时搞科学的主要困难。因此，当时把理论称为哲学，哲人之学，讲自然界的那部分称为自然哲学，而不是科学。这种情况存在了很长时间，在此期间的所谓哲学中，既包括了一些从实践中观测到的事实，也包括了一些猜想的东西，所以有对也有错。这种情况在当时是无可奈何的，没有办法解决。

　　这个道理在古代是中外一样的，欧洲是如此，我国古代的学问——国学，是在封建社会中发展起来的，也避免不了上述三个困难，因此也不是现代意义上的科学。我想就连功效卓著的中医、传统医学，其理论也免不了这一毛病，所以也算不上是现代意义上的科学。

　　到了近代这种情况有所改变。16 世纪西方文艺复兴以后，资本主义出现了，新生的资产阶级为了与封建势力作斗争，也是为了发展生产，认识到发展

---

* 　选自《社会主义现代化建设的科学和系统工程》一书中第六章第一节《科学技术发展的历史回顾》一文，题目为编者所加。

实事求是、一切以客观规律为准则的科学的必要性。因此出现了现代含义上的科学，这是资产阶级的历史功劳之一。但是这个科学只是自然科学，只是数、理、化、天、地、生等学科，不包括其他内容。（为什么如此，我将在后面谈到。）到了马克思、恩格斯时代，自然科学已经取得了辉煌的成就，所以，恩格斯在 1886 年初写的《路德维希·费尔巴哈和德国古典哲学的终结》一书中，宣告了研究自然的古代哲学——自然哲学已被清除掉。也就是说，由于自然科学的发展，不是科学的自然哲学就失去存在的必要了。恩格斯说得好：再要想去恢复自然哲学，那就是一种倒退，而不是前进。当时，只有自然科学由于排除了臆想的东西，确实以客观规律为准则，唯一地达到了一个特殊的位置，即科学的位置。因此，教科书一直这么写着：自然科学不属于社会的上层建筑，而是一种特殊的社会意识形式。

从自然科学到现代科学技术 *

　　自然科学的发展，经历了古代、近代、现代这三个阶段。自然科学作为人类征服自然的一种手段，是从古就有的，但是，真正作为一种专门的事业来搞，还是近代的事。近代自然科学技术开始于资本主义萌芽时期 l6 世纪的意大利。恩格斯热情地歌颂了这一事实，他说："这是一次人类从来没有经历过的最伟大的、进步的变革，是一个需要巨人而且产生了巨人——在思维能力、热情和性格方面，在多才多艺和学识渊博方面的巨人的时代。"① 确实是这样，从列奥纳多·达·芬奇、阿尔勃莱希特·丢勒到布鲁诺、哥白尼，他们开始了近代科学技术的时代。这个时代一直到 19 世纪 70 年代，资本主义开始没落，走向垄断资本主义而结束。近代科学技术就是以这先后四百年作为一个时期的。近代有别于古代，也有别于现代。这种划分的理由是，第一，它是合乎整个社会发展的历史的，是和资本主义的上升阶段相一致的。第二，它也是合乎科学本身的历史的。因为在这四百年的近代科学技术中，整整前三百多年还是恩格斯称之为"搜集材料"的科学。只是在这个时期中的最后几十年，才开始进入系统地研究事物在整个自然界中的发生、发展和相互联系的阶段，成为恩格斯称之为的"整理材料"的科学。所以，在这个时期的绝大部分时间里，自然科学是调查研究、搜集材料，还没有来得及建立一个体系。第三条理由，就是这四百年的科学技术的工作方式是个体劳动，没有社会化。比如，科学史上讲牛顿发现万有引力，据说是因为他看见苹果从树上掉下来，一下悟到了万有引力。事实上不一定是这样，但这可说明牛顿是一个人琢磨发现了万有引力。瓦特的蒸汽机，是瓦特带几个徒弟干的，世界上有伟大历史意义的蒸汽机就是这样造出来的。在历史上，发现电磁相互作用，也是了不起的事情，这是法拉第带一两个助手，在一间屋子里，用一个台子，弄几节电线，还有一块磁铁，

---

* 选自《社会主义现代化建设的科学和系统工程》一书，原书中题为《自然科学发展到现代科学技术》，现标题为编者所加。
① 见恩格斯：《自然辩证法》。

而研究出来的。这几个例子说明，在这个时期科学技术确实还没有社会化，尽管科学技术工作者是社会的成员，不能离开社会而生存，但就其劳动方式和状况来讲是个体劳动。

由近代科学技术再进一步发展，就到了我们称之为现代科学技术的时期。由近代科学技术进入现代科学技术，这是一个很大的变革。19世纪末叶出现了有组织的、规模比较大的科学技术研究单位——研究所，科学技术工作不再是一个科学家带几个助手干了。促成这种变化的有内在原因，也有外部原因。内在的原因就是科学技术发展到这一时期已经比较复杂了。专科、分科很多，不分科就深入不下去。但是分了以后，解决任何一个具体的学科技术问题，光一个行业是不行的，必须有多种行业或专业相互协作才能解决。再有，所使用的科学技术设备、研究设备、仪器也复杂得多了。过去法拉第研究电磁现象，弄个台子，有块磁铁，几根电线就可以搞了。但在这时电力工业出现了，其他各门学科研究也大大发展了，科学研究所需要的设备比较复杂，制造、维护这些设备也需要专门的力量。这时一个人或少数几个人已不再能够全部承担起来，所以就需要有一个组织，这是出自自然科学技术本身的原因。促使这场转变的外部原因，是当时出现了一场技术革命。

这个时期出现的技术革命是发明了电力。为了解决当时新兴的电力工业提出的各种问题，美国发明家爱迪生在1876年个人投资组建了世界上第一个科学技术研究所。这个研究所有一百多人，里面有各种专业的科学家，如物理学家、化学家，也有各种专业的工程师和技术人员、技术工人，还有图书馆、器材库。一句话，爱迪生1876年组建的研究所，是我们现代科学研究单位的一个雏形。当然，比起现代的科学研究单位，一百多人的规模不算大，但是现代科学研究所所有的一些组织部门它都有，很齐全；而且整个研究所的工作都在统一的、严密的组织下进行。爱迪生这个人，世界上推崇他是发明家，确实，在他名义下的发明专利是非常多的，但是我们要看到，实际上他是这一百多人的研究所的代表，这些专利实际上是他的研究所的一百多人集体创造出来的。这一点很重要，说明爱迪生的研究所，开始了现代科学技术的时代，也就是科学技术从个体劳动转变为社会化的集体劳动的时代。这是一个很大的变革，推动这种变革的，当然首先是资本主义从自由资本主义转变到垄断资本主义这样一个强大的社会原因。列宁说："竞争变为垄断。结果生产的社会化有了巨大的进展。特别是技术发明和改良的过程，也社会化了。"这精辟地指出了，从19世纪70年代开始，随着自由资本主义转化为垄断资本主义，科学技术进入到现代科学技术的时代，工作方式从个体劳动变为集体劳动，科学技术工作社会化了。

在这样一个转变过程中，劳动的集体化和社会化是和资本主义的私有制根本矛盾的。就是爱迪生这样一个现代化的研究所从它诞生的头一天开始，这个矛盾就出现了。本来爱迪生研究所的工作是集体的劳动，但是在资本主义制度下这样一个集体的劳动只能归功于一个人，就是老板爱迪生。这是资本主义制度和现代科学技术社会化劳动的一个根本矛盾。

以后，由于垄断资本主义的发展，垄断资本家的需要，从爱迪生的这个研究所开始，大规模的科学技术研究所纷纷成立起来，所有的垄断公司都有研究所，有的还不止一个。这种趋势从本世纪40年代起，又有了进一步的发展。第二次世界大战前后，由于战争的需要，武器发展的需要，科学技术的研究工作又进一步扩大到可以说是国家的规模。飞机研究工作、雷达研究、火箭研究、原子能研究是这样的，原子弹、氢弹、导弹、人造卫星、宇宙飞船的研究更是这样的。所谓国家的规模，就是说，要完成这些新式武器的研制，绝不是爱迪生那时的一百人或几百人，也不是一千人、两千人可以做到的，而是要把一个国家的科学技术力量组织起来，用几万人的集体来解决问题。从一百人到一万人，增加了一百倍，这就是规模的变化。到现在，科学技术发达的国家，每年花在科学技术上的钱要占国民生产总值的百分之一以上，像美苏两霸更是争夺激烈，疯狂备战，他们的科学费用很多，是和研制新式武器联系起来的，在美国差不多占国民生产总值的百分之三，在苏联比例就更大了，恐怕要占百分之五、百分之六。就是在其他科学技术发达的国家，也以占国民生产总值的百分之二来计算，这是很可观的。这种情况是历史上从来没有的。

不管资本主义国家的科学技术怎么发达，它有治不了的病，即资本主义社会化的劳动和资本主义私有制的矛盾。比如，1969年7月美国"阿波罗十一号"登月飞行成功以后，美国总统尼克松要论功行赏，表彰一部分人。这一表彰不得了，因为本来是几十万工人、科学技术人员和行政人员集体的工作，硬要抓几个人，说是他们的功劳，结果表彰以后，几十名在登月飞行中做过工作的科学家、工程师不满意，撂挑子跑了，不干了。资本主义国家的科学技术越发展，规模越大，内部矛盾就越解决不了。只有在社会主义制度下才能够解决这个问题，在我们国家里，有马列主义毛泽东思想的指引，有符合科学技术本身发展规律的路线和政策，有党的正确领导和国家的组织、管理，我们能够不断克服前进中的困难和纠正工作中的错误，能够解决这个问题。因此，我们国家科学技术发展的速度一定要比他们快，尽管现在落后一段，但我们终究要赶上、超过资本主义国家，这是历史的必然。

第十二讲

散落的星辰，终将汇入浩淼的星河

——谈科学技术体系

分化与融合 *

从 19 世纪下半叶开始，"经验自然科学获得了巨大的发展和极其辉煌的成果，甚至不仅有可能完全克服 18 世纪机械论的片面性，而且自然科学本身，也由于证实了自然界本身中所存在的各个研究部门（力学、物理学、化学、生物学等等）之间的联系，而从经验科学变成了理论科学，并且由于把所得到的成果加以概括，又转化成唯物主义的自然认识体系。"① 现代科学技术不单是研究一个个的事物、一个个现象，而是研究这些事物、现象发展变化的过程，研究这些事物相互之间的关系。今天，现代科学技术已经发展成为一个很严密的综合起来的体系，这是现代科学技术的一个很重要的特点。1978 年，中国科学院主持讨论自然科学学科规划，提出有六门基础学科：天文学、地学、生物学、数学、物理、化学。但是，从严密的自然科学综合观点，可以再综合成两门学问，一门是物理，研究物质运动基本规律的学问。一门是数学，指导我们推理和演算的学问。其他的学问都是从这两门派生出来的。知道了物质运动的基本规律，然后加工推理演算，就可以得出所有其他的学问。

比如化学，它实际上是研究分子变化的物理学。本世纪初有了原子和分子的物理学，30 年代又出现了量子力学，它是研究原子这个物质世界里运动规律的理论，化学的变化实际上就是原子结合的变化。所以，量子力学出现以后，很快应用到化学问题上，出现了所谓量子化学这门学问，使化学变成了应用物理学的一门学科。近来，由于高速电子计算机的出现，使人们能够解决人所不能计算的问题。所谓不能计算，就是时间有限，人一辈子也计算不清。有了电子计算机，就可以很快地计算出来。现在又出现了所谓计算化学。从前人们一讲到化学，好像就是用瓶瓶罐罐做试验，现在由于掌握了原子内部运动的规律性，又有了电子计算机，就可以靠电子计算机去计算。将来有朝一日化学

---

* 选自《社会主义现代化建设的科学和系统工程》一书，原书中题为《现代科学技术走向严密体系》，现标题为编者所加。

① 见恩格斯：《自然辩证法》。

研究主要靠电子计算机算，而且可以"设计"出我们需要的分子，"设计"出制造这种分子、化合物的化学过程。到那时做化学试验，只是为了验证一下计算的结果而已。

再说天文学。现在的天文学已经不是光看看月亮、太阳、星星在天上的位置和它的运行规律了，而是要研究星星内部到底是怎么样变化的，它现在是怎样的，过去是怎样的，将来又会是怎样，它是怎样演化的。我们要研究的是宇宙的演化，比如研究太阳内部、其他恒星内部。人又去不了那个地方，怎样研究呢？一是研究可见光，把可见光分成各种不同频段的光谱，来进行研究。现在不但研究可见光，还研究天体辐射的红外线、无线电波以至波长非常短的紫外光、爱克斯光和伽马射线。从前我们看到日月星辰，好像它们的变化是察觉不到的，可是现在就不然了，天上可是热闹得很，有星星的爆发，一个星星变成氢弹，爆炸了，释放出十万亿亿个氢弹爆炸的能量。现在还发现，不但一个星星可以爆发，一个星系，像我们的银河星系，它的中心也会爆发，一旦爆发能释放出亿亿个恒星爆发的能量。一颗恒星爆发的过程，大概是一个月，几个月。古书上说有一种星星叫客星，实际上就是星星的爆发。现在发现还有一些变化更快的现象，如中子星，是由中子组成的，密度非常大，由中子组成的一个芝麻大的物质有几百万吨重。中子星是很小的一个星，比太阳小得多，转得很快，转的时候发出强度变化的爱克斯光。变化周期不到一秒钟，有的时候一秒钟变几十次，快得很。还有一种星，密度更高，引力场特别强，强到光线都射不出来，黑洞洞的，所以外国人给它一个名字叫"黑洞"。这个名词不太好，因为它并不是什么洞，是有物质在那里，似乎可以叫"陷光星"。既然光都出不来，怎么知道它在哪里呢？就是当其他的物质掉进去时，在坠落过程中，即还未达"星"前，它要发光，发出爱克斯光。从上面讲的一些天文学的东西可以看到，没有物理学就无法理解天文学。

再说地学。地学就是研究地球，实际上现在也是搞物理。有一位地学家讲：地学有三个时代，第一个时代是 18 世纪末到 20 世纪初。这时研究地质年代引用了生物观念，也就是化石观念，用生物化石可以断定地层年代。因为全世界都有生命的存在，这个地层有这种生物的化石，另外一个地层也有这种生物的化石，就可以判断出这不同的地层是属于同一时代的。这位地质学家把它称为生物学地球观，因为是把生物的概念运用到地学上。到了 20 世纪初，又开始研究地壳里、海洋里化学成分的变化，地层的化学成分是怎样从一个地方慢慢变化，从一处渗透到另一个地方去？一个地方岩石的成分怎样受到火山的作用，又起了什么变化？这就是研究各种元素在地球上的分布和变化，从这里推论地球在地质年代中的变化。所以这位地学家说，本世纪初年以后出现了化学地球观，就是从化学的角度来看地球。最后，到了现在，地学上一个最大的发展就是所谓板块理论，就是说，地球的大陆和洋底都是一块一块拼起来的。地壳是硬的，但不是整块的，是好多块拼起来的，就像七巧板似的。块和块之间有相互作用。这就可以解释火山带、地震带的形成。这是根据海底岩石地磁走向推论出来的。一个大板块里还有小的断裂带、断层，这是更复杂的组合，像许多很小的七巧板凑起来的。这些研究加上对地球深处的研究，都要靠物理学，所以这位地学家说，现在是物理学地球观。这样，地学又归到物理学上去了。

再说生物学。半个世纪来，生物学有很大的变化和发展。这种迅速发展的泉源是分子生物学。分子生物学研究的不是细胞、细胞核、细胞质、细胞膜，而是研究生物体内脱氧核糖核酸和蛋白质这类大分子物质的结构和功能。最近，分子生物学上轰动世界的发现，就是可以把传递遗传信息的物质——脱氧核糖核酸从一种生物体的细胞中提出来，切成片段，在分子水平上使两种生物的遗传信息重新组合，然后通过一种中间物质的运载，引入到另一种生物的细胞中去，人工地改变细胞的遗传结构。这种分子水平的"杂交"，可以创造天然没有的新物种，它可以在动物和植物之间进行，从而打破植物和动物的界限。当然，现在这方面的工作还是在一个很粗浅的水平上。比如，胰岛素，它是治疗糖尿病的特效药。人和动物都产生胰岛素。胰岛素本身是一种高分子物质，化学生产很困难，以前靠从家畜屠宰后的胰腺去取，来源很少。但是，现在可以把产生胰岛素的胰腺细胞物质的遗传信息切下来，接到大肠杆菌的遗传物质上，而大肠杆菌是最容易培养的一种细菌，增殖速度很快，这样造出新的大肠杆菌，大量繁殖，就可以大量制造胰岛素，使胰岛素生产工业化。这仅仅是一个例子，就是说，生物学已经到了分子水平，实际上国外许多从事分子生物学的人，本身就是物理学家。生物学到了分子水平，生物学也就归结到物理学上去了。

所以，天、地、生、化这四门科学，从现代科学技术观点讲，都可以归结于物理学的分支了。当然，这里要推理演算，就要用数学，数学是一个工具。恩格斯说的整理材料的科学到现在已经有一百年的时间了，现代科学技术更综合了，体系更严密了，根本学问只有这两门：物理学和数学。数学，顾名思义是算，但实际上数学不光是算，还是"辩证的辅助工具和表现方式"。这是说，天、地、生、数、理、化这六门基础学科在科学技术的体系中并不是完全同排并坐的，其中数学和物理又是其他四门学科的基础。在此之上是各种分支学科；然后是各种技术科学；再上面是工程技术和生产技术，如电力技术、电子技术、农业技术以及医学等。这就是现代科学技术的体系构成。这里面基础科学为应用科学技术提供了理论基础，基础科学和应用科学技术是指导生产实践的，而生产实践不但为科学技术的研究提供了必不可少的设备、仪器，同时又是科学技术中好多道理的源泉。

伴随着自然科学技术领域内的体系化，在 19 世纪中叶，由于科学社会主义的创立，真正科学的社会科学诞生了，也建立了指导一切科学研究的马克思主义哲学。这就形成了一个新的结构：两大门类——自然科学和社会科学；在两大门类之上，有马克思主义哲学，作为人类知识的最高概括。到了本世纪40 年代以后，数学方法越来越用于社会科学的研究，所以把数学再放在自然科学之内也就不妥当了，它独立成为一大门类，数学科学。

所以，一方面是分化，成立新的部门；一方面又形成体系，形成严密的结构。到现在为止所认识到的现代科学技术体系，在横的方面分为九大部门：自然科学、社会科学、数学科学、系统科学、思维科学、人体科学、军事科学、文艺理论和行为科学。这比马克思、恩格斯时代是大大发展了，那时称得上科学的只有自然科学，包括数学。作为科学的社会科学是马克思、恩格斯首创的，还来不及确立。而今天已可以列出九大部门，这是人类认识和改造世界的伟大成绩。当然历史不会就停留在这点上，将来的科学技术还要发展，会出现新的部门和新的层次。

走向严密体系 *

　　我们的一切科学研究都是以马克思主义哲学为指导的。因此，现代科学技术体系应该明确，其最高的概括就是马克思主义哲学，也就是辩证唯物主义。而这个现代科学技术体系不仅仅是自然科学和社会科学两大部门，而是发展了，并且仍在不断地发展变化之中。目前这个科学技术体系有九个大部门。第一个部门是自然科学；第二个部门是社会科学；第三个部门是数学科学；第四个部门是系统科学。系统的概念几年前只是少数人在宣传，现在已被广泛接受了。第五个部门是思维科学，研究人是怎样思维的。第六个是人体科学。人有别于动物、有别于一般的生命，它是高度复杂的，特别是人的大脑，人的意识，所以，研究人要注意精神和物质、意识和大脑以及人体相互作用这个方面。第七个部门是文艺理论。现在我们要建设精神文明，文艺部门相当重要，我认为所有文艺工作者都应该具有一定的马克思主义文艺理论素养，纠正以往文艺界不重视文艺理论的倾向。第八个部门是军事科学。第九个部门是行为科学。当然，现在看是九大部门，这也不会是固定不变的，将来随着科学技术的发展，还会有增减。

　　这九个部门是怎样划分的呢，它们各研究客观世界的一部分，还是研究整个客观世界？以前我们习惯于认为每个部门就是研究客观世界的某个部分，如自然科学研究的是自然界，社会科学研究的是社会。这种观点现在看来是不对的。如果我们去一个工厂考察，自然科学家就会看机器怎么运转，能量怎样输送这类问题；社会科学家就会注意财政、管理。同样一个工厂，自然科学家和社会科学家分别看到不同的侧面。因此，我们分为九大部门，并不是说每个部门只是研究客观世界的一个部分，而是认为它们都是研究整个客观世界的。不同之处仅在于观察问题、研究问题的侧面、侧重点不一样。具体而言，自然科学研究的是整个客观世界中物质在时空中运动这个侧面。社会科学是研究整个

---

* 选自《社会主义现代化建设的科学和系统工程》一书，原书中题为《现代科学技术的体系》，现标题为编者所加。

客观世界中人类社会的运动和发展；因为人的眼界在不断开阔，活动范围越来越广，比如，美国的战略防御计划，也就是美国记者们戏称为星球大战的，就已经跑到地球上面的天上去了，我们研究社会科学的就不能不考虑空间，陆、海、空、天，不能不把眼光放远一些。数学科学是研究客观世界中数量与质量的辩证统一的。系统科学就是从系统的结构与功能的观点出发去研究整个客观世界。思维科学是从人认识整个客观世界的角度去研究这门学问的。人体科学研究的是整个客观世界中人体在整个宇宙环境中的发展和运动。文艺理论研究包括人在内的客观世界，着眼于人的主观实践与客观实际的相互作用后，主客观达到统一就得到美感。军事科学是研究整个客观世界中不同集团的矛盾和斗争的，实际上军事科学的应用不限于用武器打仗，商战、智力战都包括在其中。行为科学的核心是个人与社会的相互作用，以此为着眼点观察研究客观世界的事物，研究控制社会中个人的行为。以上是要说明，每一个大的部分都在研究整个的客观世界，求得将来掌握它的规律并改造它，不同之处只在于着眼点和研究的侧面不一样。

　　每个部门，除了文艺理论[①]，又可分为三个层次，即：基础科学、技术科学（应用科学）、工程技术三个层次。从这三个层次过渡、上升到人类知识的最高概括马克思主义哲学还需要一架桥梁。自然科学到马克思主义哲学的桥梁是自然辩证法。社会科学到马克思主义哲学的桥梁是历史唯物主义。数学到马克思主义哲学的桥梁是数学哲学，老名词是叫"元数学"，是数学的根本道理。系统科学到马克思主义哲学的桥梁是系统论。这里附带说一句，不是三论，只有一论，就是系统论。因为系统中当然有信息的传递，有控制问题，系统论中也就包括了信息和控制的概念。思维科学到马克思主义哲学的桥梁是认识论。人体科学通往马克思主义哲学的桥梁是人天观，即人和环境统一的哲学。文艺理论到马克思主义哲学的桥梁是马克思主义的美学，美的哲学。军事科学到马克思主义哲学的桥梁是军事哲学。行为科学通向马克思主义哲学的桥梁是注重研究人和社会这个部分的哲学，暂称为社会论吧。以上描述的就是我们认识到的现代科学技术的体系结构，见表五。

---

① 文艺工作的实际是艺术和技巧，不是现代含义的科学。

表五

桥梁	数学哲学	自然辩证法	历史唯物主义	系统论	人天观	认识论	社会论	审美观	军事哲学
	现代科学技术体系相互关系图（钱学森）								
学科部类	数学	自然科学	社会科学	系统科学	人体科学	思维科学	行为科学	文学艺术	军事科学
基础理论	几何 数学 代数 分析	物理学 生物学 力学 化学	经济学 社会学 民族学	系统学	生理学 心理学 神经学	思维学 信息学	伦理学 行为学	美学	战略学
技术基础	计算数学 应用数学	化工原理 机械原理 电工学	资本主义经济论 社会主义理论	控制论 运筹学	病理学 药理学 免疫学	情报学 模式识别	道德理论 社会主义	音乐理论 文艺理论	指挥学
应用技术	统筹方法 速算技术	硫酸生产工艺 齿轮技术	企业经营管理 社会工程	系统工程	心理咨询技术 内科学	密码技术 人工智能	公共关系学 人际关系学	文学技巧 绘画方法	战术训练 军事工程

马克思主义哲学的核心是辩证唯物主义。这个核心加上前面提到的通往九大部门的桥梁：自然辩证法，历史唯物主义，数学哲学，系统论，认识论，人天观，美学，军事哲学和社会论，就形成马克思主义哲学本身的体系结构。但哲学体系不是独立于现代科学技术之外的，马克思主义哲学通过以上九架桥梁指导着九个大部门的研究工作，这是我们科技发展的一个根本思想。这一点我重复过多次。我给搞科学技术的人做工作，让他们学点马克思主义哲学，他们

对此抱有怀疑，我猜他们怀疑的是：资本主义没有马克思主义哲学不是干得挺好吗？我认为，资本主义国家没有马克思主义哲学已经发展成这个样子，是历史造成的；如果我们有了马克思主义哲学来指导科学技术发展就会如虎添翼。当然，这可能只有由历史来证明了，但我真诚地希望能早一些解决这个问题。

强调用马克思主义哲学通过九架桥梁去指导科学技术活动，会不会把科技活动束缚住呢？我认为不会。因为存在反馈作用，九个部门的科学技术发展也要通过这九架桥梁反馈到马克思主义哲学，来深化发展马克思主义哲学。这样，一方面是马克思主义哲学指导科学技术的研究，另一方面科学技术的发展又去深化发展马克思主义哲学，有来有往，通过这种往来使整个科学技术的发展生动活泼。但这样的往来关系也说明了马克思主义哲学家决不能把自己封闭起来搞研究，而是需要同各方面的科学家，包括自然科学家、数学科学家等一起讨论问题，一个人的学识总是有限的，免不了犯讲外行话的毛病。

现在人们喜欢用"交叉学科"来形容研究中常常借用另一门学问的方法，或是因为要引用另一门学问的内容。我想我们不要滥用这个词，在前面区分科学技术的大部门时，强调了它特有的观察问题的侧面和侧重点，而不是其他，我们当然不能把凡是使用数学的学问都列入数学科学。至于科学学和数量经济学也都是社会科学。看来真正是几个大部门之间而"交叉"的倒是古老的地理学。国外还有一个词叫"汇合科学"（ Gonverged science），这似乎比较恰当。地理学是汇合科学。

按照现代宇宙学的观点，整个宇宙都在发展变化，所以自然科学不是一成不变的。至于社会科学当然也在变化，它的对象在发展着，社会有原始社会、奴隶社会、封建社会、资本主义社会，然后有社会主义社会，将来还会有共产主义社会。这样，学问也是一种历史发展的学问。社会的变化比起宇宙和自然界是快多了，而人的行为、人的思维的变化就更快了，因此，研究学问不能头脑僵化，要以发展的、变化的观点看问题。

这是个开放的体系 [*]

下面分几点说明这个现代科学技术体系是个开放体系而不是封闭体系。

第一，这个体系是以马克思主义哲学为指导的体系，非马克思主义的学问不包括在其中，但是，划在体系之外不等于不予考虑。《红旗》杂志1986第3期上有一篇郑杭生同志的文章，题目为"怎样看待西方哲学"，他认为，西方哲学不是马克思主义的，但必须对西方哲学进行研究，因为它恰恰是吸收了现代科学技术的新发现的哲学。现代科学技术有许多发现，这些发现必然要影响哲学的思想。对西方哲学研究就是要取其精华去其糟粕。这是对的。

另一方面，也有个很有意思的例子，有一位出生奥地利现在美国的物理学家 F.卡普拉，他看到了物理学中的一些理论困难，同时又听说了中国古代的一些哲学思想。据说有一次来中国访问，请他看川剧，剧中有姜子牙，姜子牙出台时亮了个令旗，上写着"无"，他问别人那是个什么字，人家告诉他是"无"，"'无'是什么？""'无'就是什么都没有，是空的。"这给他很大启发，回去后就写了一本《物理学之道》的书，讲得是神之乎也，以至于创立了一门新科学，把中国古代的道教哲学和现代科学结合在一起。这本书由四川人民出版社翻译出版，改名为《现代物理学与东方神秘主义》。这本书没有多少道理，日本的中山茂、田中三彦就对他这个所谓新学说持批评态度。^① 但是，其中也有值得我们考虑的问题：我们老祖宗的哲学是否也有一些可取的地方。我认为这种考虑问题的方式是恰当的，对古今中外的东西先进行甄别，好的就吸收；坏的、荒谬的就抛弃。这样做，我们的现代科学技术体系对于外国的科学技术就是开放的。

第二，客观实践包括科学实验、社会实践中在不断地产生新的知识，对于这些新的知识也不能采取关闭的态度，而是要研究怎样把这样新的经验、新的

---

* 选自《社会主义现代化建设的科学和系统工程》一书，原书中题为《科学技术体系是开放的体系》，现标题为编者所加。
① 见中山茂、田中三彦：《什么是新科学》，《国外社会科学快报》1985年第24期。

知识逐渐地提升到科学的高度，提升到马克思主义哲学指导下的科学的高度，吸收到我们的科学技术体系中来。这是我们一定要做的事，这样我们的科学技术体系才是不断发展、壮大的体系。

第三，人们经验的总结被系统化后就成为知识。但这些知识毕竟还不能叫做科学。科学并不是一个孤立的经验体系，而必须纳入到整个现代科学技术体系中，能够同其余各部门相融合一致，才算进入了科学体系。这点以前没有强调。今天，如果你说你有个单独的体系，却和现在的体系接不上钩，暂时就不能算作现代科学技术。一般来说，经验并不是科学，许多经验只知其然不知其所以然，而科学必须能说清楚为什么。这些经验的知识只是前科学。例如，如果我干某件事很熟练，我知道碰到什么情况该怎么做，但你要问我为什么这么做，我就说不出来了。这样的事情很多，都属于经验的知识。前面我提到中医理论，我觉得中医、中药这个重要的、宝贵的、我国几千年的经验总结也属于经验的知识，是前科学。在这样的情况下，我们的现代科学技术体系也必须是开放的，以便吸取这些经验的知识，把它们上升到科学。

谈到前科学我要说一下，在自然科学的研究中，从经验、实验的结果上升的第一步是"唯象理论"。从现象出发，通过对事实的观察，把现象捋出条理来成为一个更概括性的经验的学问，就是唯象理论。举例来说，中学课本中讲的气体定律，说一定量的气体体积乘上它所受的压力等于一个常数乘上绝对温度（$PV=CT$）。这个气体定理就是一个唯象理论，它的得出是通过大量实验概括出来的，它为什么如此则不好回答。但是，科学并不能停留在唯象理论上。上世纪末、本世纪初发展起来的统计物理彻底解决了这个问题，它从分子运动出发回答了为什么存在着气体定律，相对于气体定律这个唯象定理，统计物理学的解释就是一个科学的理论。从客观实践的结果到理论之间总有这么一个步骤，即唯象理论，现在一直是这样做的。再例如，基本物理学发现了很多粒子，怎么把它们纳入一个规律之中呢？1966年提出了一个八重法方案，但你不能问为什么有这么一个方案。那时，我国的科学家思想是解放的，认为应该研究一下为什么有这个方案，结果又提出更下一层次的粒子（层子），后来国际上称之为夸克。实际上这些都是不同层次上的唯象理论。现在又提出了更复杂的唯象理论，因为又考虑到了引力、弱作用力、电磁力、强作用力这四种力怎样才能统一的问题。先提出了超引力理论，后又提出了超弦理论。对于这两个理论，上海复旦大学的李新洲教授在《自然》杂志 1985 年第 11 期上有个高级科普式的介绍。什么叫超弦理论？无非是说假设我设想它不是粒子而是一根弦，就能把现在发现的现象纳入到可以解释的体系中去，但你不能追问为什么是弦。所以这也是个唯象理论。唯象理论是必要的，是从观察现象上升到科学的一个中间层次。

我说这些是要说明我们的科学技术体系是个开放体系。我们与许多非马克思主义的知识要有来往，不断地吸取营养，不断地壮大我们知识的内涵。这体系是个活的体系，是在全人类不断认识并改造客观世界的活动中发展变化的体系。而且，这个体系不光结构在发展，内容也在充实，每一部门都在不断发展。

各部门的前沿发展 *

　　自然科学里的基础科学——物理学就是一个迅速发展的科学。从历史上看，先发现原子，后来又进到基本粒子层次，然后又到了夸克层次。现在又出现了四种力的统一，出现了超引力理论，超弦理论，也就是说在敲下一个层次的大门了。这是从微观角度看，下面再从大的方面，从整个宇宙来看。宇宙学的研究在爱因斯坦提出相对论以后就变成一个可以科学地研究的学问，在此之前只是一种哲学思辨性的学问。根据爱因斯坦的理论提出了宇宙大爆炸的理论，认为宇宙是从一点开始，后来膨胀，现在还在膨胀。我国许多很出名的科学家、天文学家也完全相信这个理论、宣传这个理论。可是，这个理论从马克思主义哲学的观点来看是有点荒谬的，宇宙是从一个点开始的，宇宙就有了起点，那么这个起点之前到底怎样呢？我想我们都知道，恩格斯在《反杜林论》里，针对杜林提出的类似问题做过批判。宇宙一有起点，这就会引出上帝，所以，据说大爆炸理论受到罗马教皇的欢迎。作为科学工作者是不能接受这样的理论的。可是，不是由中国的科学工作者，而是由外国的科学工作者提出了修改大爆炸理论的"宇宙爆胀论"。这个新理论殷登祥同志在 1985 年 7 月 22 日《光明日报》上有一个介绍。大爆炸理论站不住脚了，代之而起的是宇宙爆胀论。爆胀论是说我们这个宇宙是膨胀的，它是在更大的宇宙当中，在宇宙历史的某一瞬间，我们所在的某一点达到了一定条件开始膨胀。在我们这个宇宙之外还有其他很多宇宙，其他的宇宙中物质的相互作用规律可能跟我们这个宇宙今天表现的并不完全一样。这就把人的眼界一下子开阔了。虽然我们现在的宇宙已经达到二百亿光年这个范围了，但是宇宙爆胀论把我们引出了这个范围之外，进入更大的范围。我们从前讲微观、宏观、宇观，现在有一个比宇观还要大的，我称之为胀观。

　　微观下面也没有到底，比微观还要小的，我称之为渺观。

---

* 选自《社会主义现代化建设的科学和系统工程》一书，原书中题为《科学技术各部门的前沿发展》，现标题为编者所加。

微观有一个大问题是量子力学的非决定论。量子力学是非决定论的，爱因斯坦在量子力学一出来就对这点不满意，他很想解决这个问题，但生前一直没有解决。现在伦敦大学的物理教授玻姆（D.Bohm）提出了一种可能，他认为，量子力学为什么看起来是非决定论的，只有深入到更深的一个层次中去，这个层次要比我们现在能用物理仪器观察到的层次小得多，是看不见的，所以他称之为隐秩序，是隐藏起来的决定论。近几年有个研究的热门叫混沌。混沌现象就是决定论表现为非决定论的现象。玻姆只是提出了这种可能性，现在还在做工作，但是这也说明了物理学在短短的二十年中发展迅速。

具体而言，宏观的尺度是一百米左右，微观的尺度是一百米的一千亿亿分之一即 100×10^{-19} 米左右，那么，微观的标准尺度就是 10^{-15} 厘米，这差不多是基本粒子的尺度，就是今天物理学实验的下限。渺观的尺度是 10^{-34} 厘米，现在还没有办法做实验观察。微观到宏观的交接面大概是一个大分子的尺度即 10^{-6} 厘米。宇观的尺度是 10^{21} 米，约十万光年，也就是银河系大小，宏观到宇观的交接面大约是三亿公里，即太阳系大小。胀观比宇观要大 10^{19} 倍，即 10^{24} 光年，我们现在的宇宙学根本摸不到边。宇宙的爆胀论提出除了我们的宇宙外还有别的宇宙，这就展现了莱布尼兹很早就提出来的一个问题：“可能的世界”。在莱布尼兹时代这仅仅是一种猜想，而现在这个“可能的世界”已经变成真正可能的了。对于这个方面的论述有很多，苏联的莫斯捷帕年科就有这方面的文章。[1] 刚才说到的两个层次——渺观和胀观，都不过是近几年出现的，物理学和天文学联系起来就有这么多发展，能说科学技术不是发展变化的吗？

另外数学科学这门很古老的学科最近二十年也有很大发展，模糊数学提出来了。所谓模糊数学是相对于清晰数学而言的。以前的数学都是很清晰的，1+2=3，一点不含糊。可是，人认识客观世界都是那么清晰吗？显然客观世界是决定论的，是有规律的，因果关系毫不含糊；但是，由于人的认识局限性，我们认识到的东西都有模糊性。做实验会有误差，思维中也有很多模糊性。“只能意会不能言传”，实际上就是存在模糊性使人说不清楚。所以，“模糊”是根本的。清晰数学、经典数学对于人类的文明做出了巨大的贡献，但还要看到，如今已到了 20 世纪 80 年代，科学技术迅速发展，如果我们不考虑人认识

① A.M. 莫斯捷帕年科：《“可能的世界”思想和现代物理学》，罗长海译，《自然科学哲学问题丛刊》1985 年第 4 期。

客观世界的模糊性，就会造成决策、判断问题上的失误。处理模糊性问题不能像过去那样笼而统之，不能光说只能意会不能言传就完了，还要进行科学的处理。与清晰数学比较，模糊数学复杂一些，这也是它发展得比较晚的原因，但现在，发展模糊数学已经摆在了非常重要的位置上，是迎接 21 世纪的一个非常重要的领域。这里，我要宣传模糊数学，因为老实讲我国的反对派还不少哩。为此我在这里引用一位美国数学家，芝加哥大学数学系教授 S.麦克兰，在一篇文章[①]上的话，这篇文章的结尾说，"在这种考察的基础上，我们试图给出数学的定义：数学在于对形式结构的不断发现，而形式结构则反映了客观世界和人类在这个客观世界里的实践活动，强调的是那些具有广泛应用和深刻反映现实世界的某一方面的结构。"他这话具有辩证唯物主义思想，是真正研究了数学发展的历史得出的结论。人类实践发现了新的问题，要解决问题就促使数学发展，因此，古老的数学科学大有发展前途。电子计算机、人工智能、智能计算机等的出现和发展，与模糊数学的发展关系重大，因此，必须重视模糊数学。

系统科学现在还不完整，系统科学中直接参与改造客观世界的、直接与工程技术相关的那一部分，发展得很快，也就是说，系统科学中应用科学（技术科学）这个层次发展迅速。控制理论、信息理论、运筹学都属于这个部分。现在系统科学的基础科学还是一个空挡。我认为在系统科学方面当务之急就是要创建系统学，奠定系统科学的基础科学。

思维科学的主要突破是搞清形象思维到底是什么。形象思维与模糊数学有关系，它带有模糊性。最近有两位搞模糊数学的同志，一个叫霍明远，一个叫汪培庄，发表了一篇文章[②]，是用模糊数学中的相似度概念解决类似预报地震这类的问题。如果要预报八级以上地震，首先看历史的记录，记录表明八级以上地震的分布是分散的，好像有规律又好像没有规律，说有规律是说和地壳的结构有关系，八级以上地震易发生在活动断裂带。其次用模糊数学的方法分析处理上述记录，最终提出八级以上地震有可能在哪些点，在什么时间出现。根据这种相似度估计，预测到 2003 年会在甘肃的天水、宝鸡、固原一带发生八级以上地震，其后要隔一百一十一年在贵阳、西昌、遵义这一带发生大地震。

---

① S.麦克兰：《数学模型——对数学哲学的一个概述》，边善裕译，《自然杂志》1986 年第 1 期。
② 霍明远，注培庄：《相似度求解的一般方法与应用》，《求是学刊》1986 年第 1 期。

当然这个结论并不能看成是地震预报，但是可以引起注意，到了 2000 年就对宝鸡、天水这一带严密监视。我觉得这种方法和科学里的创造性思维是完全一致的。爱因斯坦曾讲过，创造性思维不完全是逻辑的归纳，逻辑的归纳不能归纳出创造性思维来，创造性思维是从事实中产生一个飞跃，飞跃到一个设想，这个设想对不对，还要经过科学的、严密的论证。但是，如果你没有这个设想，那么你后面的工作也就没有了。对于爱因斯坦的这个观点我非常相信，我自己有实践的体会，开始时是怎么想到这一点的，说不清楚，模糊得很。现在，霍明远、汪培庄用模糊数学解决了这个问题，表明在模糊的时候还是有规律的，这种规律找出来就可以应用了。所以，思维科学现在是有希望的。

人体科学中最大的问题是中医的问题，中医怎么变成科学？还有看来更玄的，但实际上效果显著、一点不玄的问题：练气功。练气功对人们的健康有好处，可气功是怎么回事呢？气功可能练出所谓人体特异功能就更怪了。这些东西怎样才能成为真正的科学是个大问题。去年有些同志提出中医要现代化，但一直到现在也不知道怎样现代化。这个问题一定要研究，这个工作会使人了解自己的科学——人体科学产生飞跃。现在西医也感到自己的路不好走了，他们对中医很感兴趣，这一情况我们得重视，否则他们会赛过我们的。

文艺理论、军事科学、行为科学就不多说了，因为同志们可能更关心的是社会科学。最近我看到美国人写的一本有关办公室自动化的书，书中有几句话很有意思，它说，办公室自动化在技术上没有什么问题，问题在于我们搞办公室自动化要干什么，对我们社会有什么影响，这个问题还没有解决。现在美国科学技术的发展已经大大超越了人们理解这个社会的能力，书中举了个例子来说明这种状态，认为就好像已经建立起一个庞大的航空工业，但还没有什么飞机可造，在等待着莱特兄弟发明他们的"小鹰号"飞机。一旦知道莱特兄弟发明了"小鹰号"飞机，马上就可以使航空工业投产，生产出几十万架，上百万架"小鹰号"飞机。但还有个问题就是不知道飞机制造出来干什么用。它形容美国社会就是这么个状态，我觉得很有参考意义。它说，人掌握自然界、掌握物质规律的技术现在确实不得了，但是，人对于自己的社会发展的规律性还研究得远远不够，这种情况在我国同样存在。所以，我非常赞成、拥护中央关于制定"七五"计划的建议中，强调社会科学要联系实际解决我们建设社会主义中的问题。这里面要做的事非常多，如经济学，从前我们只有政治经济学，最近于光远同志创议，黑龙江大学熊映梧提出要搞生产力经济学，我认为这是对的。过去总认为生产力的结构设计比较简单，而研究生产关系的政治经济学比较复杂，可是，现在生产发展到这种复杂的程度，不研究生产力经济学是不行的。我还提出一个金融经济学，我在和一位同志的通信①中谈到，为什么在我们国家中大家憋着劲，但是却干不成呢？因为没有投资。这真是一个怪事。香港的包玉刚先生初到香港时没有什么钱，但过了二十年他已成为了不起的巨富。你说他光是扩大再生产吗？他还用了国际金融手段，这是很重要的。我们要发展经济，也要利用国际金融市场和国内金融市场，这就需要金融经济学。

历史要成为历史科学这是毫无异议的，马克思、恩格斯已把这个问题指出来了。我们要用马克思主义哲学、历史唯物主义作指导，把历史变成一门科学。但是，实际上怎样呢？马克思离开我们已经一百年了，我们做得并不令人满意。这里面有个工作量的问题，也就是首先要做的核实历史事实的工作量很大，要把这个工作做得更快、更有效，就要采用现代科学技术的方法。另外还要开拓新的历史资料，比如考古，我们对考古工作应该多支持，使这个非常重要的工作进行得快一些。第三是怎样使资料性的东西概括地反映社会历史的社会运动，这是最难做的一件事。举个简单的例子，《红楼梦》中林黛玉到底是几岁进贾府，研究红学的人历来争论得不可开交，有说七岁，有说九岁，有说十岁，还有说十一岁的。江苏镇江市科委的彭昆仑同志用计算机来解决这个问题，他把《红楼梦》里所有能收集到的有关林黛玉年龄的资料都输入到计算机中去，计算机的数量证明表明林黛玉入贾府时是九岁，只有九岁最符合《红楼梦》叙事前后关系。这就是科学的历史科学方法，那么多的事实凭历史学家开讨论会是没有希望的，但是现在有系统工程模拟方法，可以建造一个模型把所有的数据输入到模型中去，然后用电子计算机算。这样就把历史科学变成一个定量化的历史科学了。

再有一个大问题是对垄断资本主义的研究。以前有马克思、列宁的书，可就是列宁的书到现在也已有七十多年了，现在这个世界已不同于马克思恩格斯的时代，也不同于列宁时代，革命导师并不是神，不能要求他们预见到我们现

---

① 《关于"金融经济学"的一封信》，《云南金融研究》1985 年第 9 期。

在的情况，那么，我们就应该根据现在的情况来研究，写出今天的书来。这个问题我们必须好好研究，研究这个问题我们就能够看到他们的命运如何，知道用什么办法对付他们。《参考消息》1986年3月9日有篇标题很令人注目的文章，叫《美帝国主义的衰亡——太阳又在东方升起》。这是一个美国作家在英国讲的，说美国不行了，兴起的是东方，是亚洲、日本、中国。他建议美国赶快和苏联结合起来对付我们，观点很鲜明。这篇文章表明他们自己感到自己不行了，那么，我们就应科学地说明他们为什么不行，他们将来还会怎样。

另外，我们要研究社会发展。马克思提出的社会形态这个概念非常重要，它是社会的综合状态，社会形态的飞跃就是社会革命。我曾讲过社会形态有三个侧面，经济的社会形态，政治的社会形态，意识的社会形态。经济的社会形态的飞跃就是产业革命，政治的社会形态的飞跃就是政治革命，意识的社会形态的飞跃应该是真正的文化革命。社会形态这三个侧面的相互关系，它们的发展，也是非常重要的问题，我们现在讲要建设社会主义物质文明和社会主义精神文明不就涉及所有这三个侧面吗？

以上讲的问题我认为是重要的，搞明白了会有助于我们明确我国今后科学技术的发展战略。例如：我们过去培养人才侧重于理科和工科，如果按我们在文中提出的现代科学技术体系，我们还应该大大加强社会科学、系统科学、思维科学和行为科学的人才培养和研究工作。

当然，我们提出以马克思主义哲学为最高概括的科学技术体系，并且指出这是一个开放的、发展的体系，是要更高地举起马克思主义的旗帜。现在离开《共产党宣言》已经一百多年了，我们应该显示一下马克思主义的伟大精神力量！正如毛泽东同志在《实践论》中所说："马克思主义者承认，在绝对的总的宇宙发展过程中，各个具体过程的发展都是相对的，因而在绝对真理的长河中，人们对于在各个一定发展阶段上的具体过程的认识只具有相对的真理性。无数相对的真理之总和，就是绝对的真理。客观过程的发展是充满矛盾和斗争的发展。一切客观世界的辩证法的运动，都或先或后地能够反映到人的认识中来。""客观现实世界的变化运动永远没有完结，人们在实践中对于真理的认识也就永远没有完结。马克思列宁主义并没有结束真理，而是在实践中不断地开辟认识真理的道理"。

现代科学孕育着新的技术革命 *

原子能革命

我们说：现代自然科学孕育着重大的突破，指的是什么？是技术革命。毛主席 1969 年在一个空军党委的报告上有一段批示，这段批示在最近中央关于召开科学大会的通知上已经引用了。这段批示是："技术革命指历史上重大技术改革，例如用蒸汽机代替手工，后来又发明电力，现在又发明原子能之类。"毛主席提出了三个技术革命的例子，两个例子是过去的，就是用蒸汽机代替手工和发明电力。我们可以把毛主席指出的这两个例子作为技术革命的典型加以研究。蒸汽机是 18 世纪 70 年代出现的，它是一次技术革命，因为蒸汽和新的工具机把工场手工业变成了现代的大工业，从而把资产阶级社会的整个基础革命化了。工场手工业时代的迟缓的发展进程变成了生产中的狂飙时期。发明电力也是这样，电力工业出现于 19 世纪 70 年代，当时，恩格斯就英明地指出："这实际上是一次巨大的革命。蒸汽机教我们把热变成机械运动，而电的利用将为我们开辟一条道路，使一切形式的能——热、机械运动、电、磁、光——互相转化，并在工业中加以利用。循环完成了。德普勒的最新发现，在于能够把高压电流在能量损失较小的情况下通过普通电线输送到迄今连想也不敢想的远距离，并在那一端加以利用——这件事还只是处于萌芽状态——这一发现使工业几乎彻底摆脱地方条件所规定的一切界限，并且使极遥远的水力的利用成为可能，如果在最初它只是对城市有利，那末到最后它终将成为消除城乡对立的最强有力的杠杆。但是非常明显的是，生产力将因此得到极大的发展，以至于资产阶级对生产力的管理愈来愈不能胜任。"①

技术革命和我们要实现四个现代化是密切相关的，而且非常重要。在现代

---

* 选自《社会主义现代化建设的科学和系统工程》一书。
① 见《马克思恩格斯选集》第 4 卷。

科学技术里，什么是技术革命？一项是毛主席已经提出来的，就是原子能技术。原子能的发明先是和原子弹、氢弹的发展联系在一起的，接着又和核动力潜艇、军舰联系在一起。现在，原子能的利用又给人类提供了一个有广阔前途的新能源——原子能发电。在科学技术发达的国家，原子能发电在电力工业上已占相当比例，而且还在高速度地发展。一公斤天然铀大约含有的裂变能量相当于两千吨煤，目前利用的仅仅是天然铀中占其总组成中不到百分之一的铀235，其余百分之九十九是铀238，不好利用，剩下来作为废料堆在那里。要利用这百分之九十九的原料，就要发展原子反应堆的新技术——快中子增殖反应堆。所以许多国家都在搞快中子增殖堆，看来，大概这个世纪末这项技术可以拿到手。

一种更大的原子能能源，就是利用水里的重氢的聚合变化。水是氢和氧组成的，氢里除普通的氢外，还有两种氢的同位素，即氘（重氢）和氚（超重氢）。在高温高压下，把两种氢的原子核捏在一起，能够实行核聚变，变成氦，并释放出很大的能量。1公升的水，如果把里面的重氢利用起来，其能量相当于几百公升、上千公升的汽油。原子能技术使我们有可能把海水所含的聚变能利用起来，这就不要担心什么"能源危机"了。可控核聚变世界各国都在搞，我们也在搞，如果一旦成功，那就到处都是能源了。所以，确确实实可以说，原子能是一项技术革命，或者说是我们科学技术面临的一项重大突破。

电子计算机革命

随着现代科学技术的发展，还有没有第二项技术革命呢？我们分析，电子计算机似乎也是一项技术革命。为什么电子计算机值得作为技术革命来提出呢？前面已经提到一点，就是说自然科学的基础科学归根到底是物理和数学；也说到化学作为应用物理的一门学问，出现了所谓计算化学，就是不用试验而用电子计算机作为研究化学的手段。计算机还用来解决空气动力学问题。比如飞机、导弹、火箭在天空中飞，很重要的就是要研究它们在空气中运动时，空气和飞机、导弹、火箭有什么相互作用，如气流对飞行器的作用力有多大，气流与飞行器之间发生高速摩擦时对飞行器的加热作用有多大，等等，这在过去都是靠所谓风洞来解决的。所谓风洞，就是把飞行器模型放在一个管道里，然后用风扇、鼓风机、压气机把风吹过去，测量模型受了多大的作用。这是很好的办法。但是现在随着飞行器的不断发展，对风洞的要求越来越高，比如模拟一般的飞机在空气中运动，如果像我们民航机每小时七百、八百公里，折合下来，每秒钟二百多米，这还好办，然而现在要搞超音速的飞机，速度大得多了，若是导弹，速度就更高了。声速是每秒三百多米，导弹，特别是远程导弹，它重新进入大气层时的速度，是每秒七公里，是声速的二十多倍，这时你要用原来的风洞就难办了，就得建设性能越来越高的风洞。不仅如此，随着飞行器性能不断提高，研制一种飞行器所需进行的风洞实验时间也急剧增长了，例如，对一种 30 年代的老式飞机，大约是一百小时，而对一种现代大型旅客机，就需要一万小时。这些问题对风洞的要求越来越尖锐。正好这时候电子计算机出现了，所以现在就在研究不用风洞吹风，用电子计算机来算，当然，这需要计算能力很大的电子计算机。刚才说的计算化学，那也要能力很大的计算机，这就是我们为什么不断地在研制计算能力越来越大的电子计算机的理由，每秒钟运算一百万次的不够，要每秒钟运算一千万次的，现在正在努力做；一千万次的还不够，还要做每秒钟运算一亿次的；这还没有到头，照需要来讲，每秒一百亿次、一万亿次的都要，而且现在来看，做这样的计算机并不是不可能的。这是从高速计算方面来看电子计算机和科学发展的关系。

另外方面，小一点的计算机，比如每秒钟运算几十万次到一百万次的计算机，制造不太难，用于生产过程的控制，就可以大大促进生产过程自动化。不但如此，许多管理工作也可以用电子计算机来解决。现在我们国家计委一些生产统计报表就是用电子计算机来算的。而且国家计委正在建设一个全国的管理生产的电子计算机网，就是把各地区的生产情况，先送到地区的电子计算机，整理好统计素材，然后再送到国家计委的电子计算机中，进行全面综合、归纳、统计。即使这些仅是电子计算机的初步运用，那也解决了很大问题。从前要把一年的生产情况统计出来，要到第二年下半年才能完成，现在则只需几天就出来了。再举一个例子，长春汽车制造厂，最近几年来开始用电子计算机解决生产计划、调度和劳动工资管理方面的问题。以前一个分厂的计划，就需要搞一个月，现在整个厂几十个分厂的计划，几天就出来了。这样，就可以把搞生产计划的同志解脱出来，深入到第一线搞调查研究，解决问题了。所以，在工厂管理方面，长春汽车制造厂已经创造了先例。这在国外是普遍应用的。

电子计算机用于文献检索比人工效率高得多。情报资料、图书、文献浩如烟海，现在有了电子计算机，可以把这些资料存贮在磁带上，用电子计算机进行处理。工作人员用打字机把你要查的题目打进去，电子计算机不要一分钟就把与你要找的题目有关的文献名称都列出来，比如共有八条，然后看你要详细查哪一条文献，然后再把那一条文献的作者、发表年月、内容摘要等等显示出来；再问你要了解文献中哪一段更仔细的内容，你挑好后，他通过计算机在屏幕上显示出那一段的内容。你到资料室去查几天也查不到的东西，用电子计算机几分钟就查到了。

电子计算机还可用于设计工作。比如飞机的设计，现在在国外已经完全电子计算机化了。从前，飞机方案定下来以后到全套图纸出来，大概需要两年半到三年的时间，现在用电子计算机，三个月就出来了。所以，从这一点看，用不用电子计算机，发展不发展电子计算机这项技术革命，不是可有可无的事情，人家三个月，咱们搞三年，你能赛得过人家？这是一定要办的事。

电子计算机能不能代替人进行一部分思维。早在一百多年前，数学家就发明了一个猜想，这个猜想就是所谓"四色定理"，说画地图，不管多么复杂的地图，只要四种颜色就够了，三种颜色不够，五种又太多了，四种正合适。在以前，数学家要证明这个定理碰到很多困难，因为一步一步推理需要做的事太冗长了，以至于一个数学家一生也做不完。所以，这个猜想只能够说可能是对的，但是没有得到证明。一直到 1976 中，美国两位数学家才用电子计算机完成了这个定理的证明，这是用电子计算机费了一千二百个小时，做了二百亿个逻辑判断才完成的。有人估计过，要是没有电子计算机，用人工算要用三十万人年，也就是一个人要搞三十万年。这是按每日工作二十四小时算的。数学证明实际上是人的思维里面比较简单的思维，当然是很深刻的，但是并不太复杂，所以，可以利用电子计算机来进行。这是一个例子。这两位数学家特别指出，证明"四色定理"本身不能看作是一个了不起的贡献，最大的贡献是运用电子计算机完成了这件人没有能够完成的事。

科学工作者都有这样的体会，数学演算并不是什么了不起的事，简单地说起来无非是 2 加 3 等于 5，8 加 3 等于 11 这一类的事。但头痛的是，一些复杂的问题常常就是这类事弄得没完没了。你得一步一步弄下去。有的公式演算，不一定像数值演算，比如一个角加另外一个角的正弦是什么呢？是第一个角的正弦乘第二个角的余弦加第一个角的余弦乘第二个角的正弦。这都是书本上早有的事，但是你就要利用这些关系从一步走向第二步，第二步再走向第三步，第三步再走向第四步、第五步，很繁琐，过去做科学理论研究工作的人把大量的时间花在这上面。而实际上，计算数值，演算方程式，完全可以用电子计算机来做，这样就把人从繁重的、比较简单的脑力劳动中解脱出来了。

什么叫在机关办公？无非是这样：有一件事情来了，先看看党中央、国务院或其他有关部门有什么规定，你去查吧，这个规定那个规定。如果规定在这个问题上不是那么太严的话，最后可能有两个办法办这个事，或者是三个办法办这个事。现在，这个过程都是机关人员去查，然后他提出一个意见，送到领导那里，领导看哪一个意见总的看起来比较好，批一下。办公办公，一般就是这么办的。其实，这样的过程完全可以用电子计算机办，把那些规定储存在电子计算机里，一个事情来了，叫计算机去查，既省事又省时。

数学证明、数值计算、数学演算、生产过程自动化、计划管理、文献档案的检索，以至于将来的公文处理，这些都可以应用电子计算机。正如工作母机是人手的延伸，机器是人造出来的，但比人手做得好，电子计算机也是人造出来的，当然不可能代替人的全部思维，但是可以帮助人思维，而且更快，更精细，因此能够完成光靠人力无法完成的课题。我们说计算机能代替人进行一部分思维，因为"我们的意识和思维，不论它看起来是多么超感觉的，总是物质的、肉体的器官即人脑的产物。物质不是精神的产物，而精神却只是物质的最高产物。"① 既然是物质的产物，一旦我们掌握其一部分规律，就能用一台合适的机器，用电子计算机这个物质的机器来做这一部分工作。但我们认为计算机永远也代替不了人的全部思维，因为第一，计算机是人造的，人是计算机的主人；第二，当人从简单的、计算机能进行的思维中解脱出来时，人的思维又可以向更高一级发展。人是会越来越聪明的，计算机总是第二，不可能完全代替人的思维。不然我们就要陷入机械唯物论。

总的来说，电子计算机也是一项技术革命，它将影响我们整个生产以至于社会活动。发展电子计算机这门技术，是我们实现四个现代化中又一个非常重要的技术革命。

---

① 见《马克思恩格斯选集》第 4 卷。

其他可能出现的技术革命

　　第三项要考虑的技术革命就是航天技术引起的技术革命。卫星是由发展火箭、发展洲际导弹、远程导弹产生的，但是它的出现，给我们解决了许多生产、科研当中的问题。现在最有效的远距离通信工具就是通信卫星。地面远距离通信必须有很多接口，而且信号主要在大气层内运动，接口多了，信号在大气层内运动的时间长了，干扰因素就多了，可靠性也就差了。通信卫星的好处就是一个地面站向天上通信卫星发报，通信卫星转接过来，用另外一个频率向地面再发报到受信站，就这么一个接口，信号穿越大气层的距离也相对很短，所以，它很简单，很可靠，从经济效果来看，也很便宜。这是通信。广播更是这样，天上广播比地面广播效率高得多，高高在上，一照下来就是一大片。我们广播事业局的同志算过，这么大一个国家，不能一套节目，每个省市都有节目，但也只要发射两个广播卫星在上面就能解决问题了。我们搞广播的同志非常欢迎搞广播卫星，搞通信的同志也是非常欢迎搞通信卫星。还有，搞气象的同志说，气象卫星可是个好东西，因为地面台站收集材料，一点一点收很费劲，气象卫星在天上绕地球转一圈，一个半小时，全世界的资料都收集到了。现在还有美国人搞的所谓资源卫星，实际上是大面积收集地面的情报资料。我们国家搞测绘的同志当然欢迎这样的卫星，搞地质勘探的同志也欢迎这样的卫星。地震局的同志也说需要有这样的卫星，用这种卫星从天上就能把断裂带都照出来。他们拿了一些外国卫星拍的地球照片给我们看，确实看得出来。所以资源卫星对考察地面，对测绘、地质勘探，对预报地震都有密切关系。科学院对于科学卫星的要求也是很急迫的，因为地面上终究是蒙上了一层大气，许多天上的现象看不大清楚，要看清楚得到天上去。我们上一段讲的天文学上的新发现，很多都依赖于天文卫星。

　　刚才说的一些，仅仅是现在卫星已经能够做到的一些事，至于进一步发展就更多了。有人设想过，能不能在卫星上把太阳的光能变成电，然后再把电变为微波无线电波定向发射到地面接收站，地面接收站再转换成工业和民用所需的电能，这就是说把天空的太阳光变成电送到地球上来。也许同志们说干吗这么麻烦，地面上接收太阳光不行吗？地面上接收太阳光有个白天和夜里的区别，你夜里正需要的时候，太阳光没有了，天上不一样，什么时候都有太阳光。诸如此类，用卫星在天上可以解决很多问题，确实促进生产和各方面的建设。

天上这么多东西要放上去，就有个怎么提高效率的问题，现在搞卫星，说起来有一点浪费。什么浪费？就是把卫星送上去的火箭是一次使用，火箭把卫星送上去，自己就完成任务了，甩掉了。一般是三级火箭或两级火箭，第一级先工作完了，第二级再点火，第二级工作完了，第三级再点火。第一级和第二级火箭比较低，不能上天，工作完了掉下来，是一次使用。第三级最后把卫星送上去，那是留在天空的，但是本身也是完成任务以后没有用了。这一、二、三级我们叫运载火箭，把卫星运载到天上去，都是一次用完就甩掉了。这多么可惜！现在有一种新的航天运载系统，叫航天飞机，说它是飞机，因为它能够飞还能够降落，像个飞机的样子，但是起飞的时候又不像飞机那样，是绑着几个大火箭垂直起飞的，把它送上去后，它靠自己的动力系统推动进入环绕地球的轨道，再从自己的货舱里把卫星放出来，任务完成后，飞回地面，可以多次使用，这样就能大大提高送卫星的效率。航天飞机也需要有人驾驶，没有人全靠自动化也是不行的，就是说还是要人上天。人上天不是待在天上，而是把东西送上去，然后回来，第二次再送上去，再回来。这个系统，美国人叫航天运载系统，这是航天技术的一个新发展，提高运卫星的效率，节约费用。航天技术的上述这些发展和将来的其他发展，一定会对我们地面上人的生活、社会活动、生产活动、科学试验有深刻的影响，所以这也是一项技术革命。

第四项技术革命，是分子生物学的新发展，就是可以通过人控制遗传因素，人为地创造自然界没有的物种，外国人叫遗传工程，或者叫基因工程（基因是遗传物质的一种单位）。我们可以用他的词，也可以用我们中国人的话，叫创种技术，是创造新物种，不是育种。这项技术现在没有完全实现，是一种设想。但是，从现在看，这种设想是一定会实现的。这将带来一项新的技术革命，就是创种技术的技术革命。

所以，我们在四个现代化的建设中，要考虑这四项技术革命，一个是原子能技术革命；第二个是电子计算机的技术革命；第三个是航天技术的技术革命；第四个是创种技术的技术革命。就这四项技术革命了吗？现代科学技术是否还孕育着其他更新的技术革命？这也是一个发人深思的问题。

第十三讲

没有科学的哲学是跛子，没有哲学的科学是瞎子

——谈哲学与科学

"伟大的科学家，渺小的哲学家"？ *

　　什么叫自然辩证法？现在有些同志想把自然辩证法的研究范围扩大到远远超出恩格斯的原意，说这才是自然辩证法的现代化。例如他们要引入控制论、引入系统工程、引入科学学。其实控制论是技术科学，系统工程是工程技术，科学学是社会科学，怎么能都当做是自然辩证法呢？自然辩证法总不能无所不包地把现代科学技术的各个分支、新学科都吸收进去，如果那样，还有什么学科的合理划分和科学技术的体系结构了呢？

　　再有一点应该引起我们注意的，是自然辩证法作为一门学问在整个现代科学技术体系中的位置。在恩格斯的时代，为了建立马克思主义的哲学，必须吸取人类从全部实践，包括生产斗争、阶级斗争和科学实验中获得的经验，精炼概括；这当然要涉及自然界的辩证关系和社会的辩证关系。这就造成一种习惯，好像马克思主义哲学包括三个组成部分：辩证唯物主义，历史唯物主义和自然辩证法。但到了今天，马克思主义哲学已经确立了，我们应该把它的总论明确为辩证唯物主义；辩证唯物主义要指导自然科学和社会科学的研究，也要从自然科学和社会科学研究的新成果中吸取营养，不断丰富和深化马克思主义哲学，即辩证唯物主义。当然这个关系也同样存在于马克思主义哲学和一切其他科学技术（这里科学技术包括社会科学）学问之间。这种交流要通过两道桥梁，一道桥梁是自然辩证法，是对自然科学的，另一道桥梁是历史唯物主义（社会辩证法），是对社会科学的。不喜欢叫桥梁，称分论也可以。总之，辩证唯物主义与历史唯物主义和自然辩证法不应并列，后两者要在辩证唯物主义下面一点，而且它们又各有自己联系的一类科学技术。

　　前面讲的是今天应该做到的事，当然这是理想，实际并非完全如此。一方面马克思、恩格斯、列宁以后的一些自称为马克思主义的哲学家，并没有把科学技术的新成果用来丰富和深化马克思主义哲学，往往反而错误地去批判这些

---

* 选自《哲学研究》1980年第4期《自然辩证法、思维科学和人的潜力》一文的第一部分，标题为编者所加。

新理论，说是反马克思主义的。例如摩尔根遗传学和基因的发现，化学键理论的共振论，控制论，人工智能，电子计算机代替人的一部分脑力劳动等等都曾受到过某些批判。这些批判都被事实证明是错误的，必须全部收回。也许就因为有这些缺点，又引起另一方面的反应：有那么一些科学技术工作者不承认马克思主义哲学的基本原理对科学技术研究的指导意义，指责"伟大的科学家，渺小的哲学家"为一顶帽子，说去研究"彭加勒、马赫之后的科学家，在传统、精神、哲学等方面究竟有没有值得去虚心地学习的东西"是一块禁地，总认为我们这里不自由，从而对现在的资本主义国家的所谓学术空气却很向往。这样的争论有什么好处！

出现这两方面的情况是令人遗憾的，因为我们知道自从恩格斯写《自然辩证法》（手稿）之后，自然科学已经出现了翻天覆地的发展。相对论和量子力学早已确立而代替了经典力学；物质运动的层次，从微观世界里讲就增添了原子核、基本粒子、层子这三个层次，从宏观世界里讲也扩展到了星系、星系集和星系集的集团等新的层次。自然辩证法工作者和自然科学工作者本应携起手来，共同开发这块广阔的新园地，正好加深我们对物质运动层次无穷的基本认识。大家第一应该互相谅解，第二应该互相学习。自然辩证法工作者要认真学习科学技术，起码学到高级科普期刊《科学》的水平。而自然科学工作者要认真学习哲学，当然也要看点唯心主义哲学的书，有比较才知真和假。有了这个基础，两方面的同志就可以举行一个个领域的专题讨论会，如基本粒子物理、分子生物学、天文学等等。我很希望自然辩证法研究会能促进这件事。除了办讨论会之外，也办一些哲学进修班和现代科学技术进修班。为了同一理由，尽管中国社会科学院哲学研究所已经有自然辩证法研究室，在中国科学院建一个研究自然辩证法的单位也是适宜的。也不是要所有的自然辩证法研究者都集中到上述工作中来，还有许多事情可以做。例如在医科高等院校工作的自然辩证法同志，可以同医务人员一起，研究中医西医的结合以促进医学发展的问题。又如爱好史学研究的，可以转而专门研究科学技术史。有的也许已经开展了科学学的研究，那也可以继续搞下去。有的有志于科学技术研究工作的组织管理，那就可以搞科研系统工程。

哲学也分好坏 *

　　"四人帮"提出的哲学代替论是荒谬的，哲学不能代替自然科学理论。但是，我们也要强调，研究、发展自然科学技术，必须用正确的哲学思想来指导。比如，微观世界问题，30年代出现基本粒子这个名称，把电子、质子和中子看成物质的最基本的构成要素，是不可分的。这种基本粒子学说，当然是错误的，它在资本主义国家一直盛行到50年代。列宁在《唯物主义和经验批判主义》一书中早就批判了这种观点，说"电子也是不可穷尽的"。我还记得毛主席在1956年的一个会议上曾对我说：你们科学家相信什么基本粒子，在我们来看，基本粒子不会是基本的，也是要分的。毛主席在二十年前就预见到了今天高能物理的发展，充分证明了辩证唯物主义的无穷威力。资产阶级物理学家在错误的哲学影响下，原来说原子是不可分的，后来在事实面前不得不承认原子是可分的，原子还有原子核，核外还有电子。以后发现了基本粒子，又说基本粒子是不可分的。今天在事实面前，又不得不承认基本粒子是可分的。再说宏观世界的问题。宇宙是无限的，它在空间上是无限的，在时间上的发展也是无始无终的。形形色色的"宇宙有限论"都在日益进展的天文观测事实面前破产了。但是，受资产阶级唯心主义哲学思想支配的天文学家并未吸取教训，他们用"宇宙膨胀论"代替原来的"宇宙有限论"，把现今天文学观测到的无限宇宙中一个有限部分的事实，推论到整个宇宙，得出所谓宇宙在膨胀。既然膨胀，就有一个膨胀的起点，结果必然导致宇宙在时间上有了开端。这正是恩格斯在《反杜林论》中批判了的杜林胡说的翻版。罗马教皇对这种理论大为赏识，说好极了，并且接见了这些天文学家，因为这一理论为上帝创造世界提供了依据。

　　资产阶级科学家犯错误的原因在于他们没有认识到宏观世界和微观世界一样，都是有层次的。微观有分子和原子这一层，原子核这一层，还有所谓基本

---

* 选自《社会主义现代化建设的科学和系统工程》一书，原书中题为《马克思主义哲学要指导科学研究》，现标题为编者所加。

粒子这一层，往下还有，一层套一层。往大看也是有层次的。太阳光从太阳到地球大约要五百秒，太阳是在银河系边上，银河系的中心点的光，到星系的边缘，需要多长时间？需要五万多年。现在发现，银河系只是一个星系，这个星系以外还有很多很多星系，这些星系又可以组合成一个集团，这个集团从这头到那头，光要走一千六百万年。而且现在约约摸摸地可以看出，这些由星系组成的集团又和其他的集团组成更大的集团，这个更大的集团从这头到那头，光要走一点六亿年。所以，太阳系算是一个层次，也就是恒星的层次，银河系又上了一层楼，就是星系的层次，星系组成的集团又上了第三个层次，星系集团还可以组成更大的集团，还有第四个层次。还有没有？肯定还有，现在看不到就是了。这样一个宇宙的形式，从小到大都是由物质组成的。不论是微观世界还是宏观世界的各个不同层次，都只不过"是在分割的无穷系列中的一个'关节点'，它并不结束这个系列，而是规定质的差别。"[1] 但是在错误的哲学思想指导下的资产阶级科学家，却不认识这样一个基本的事实，他们硬要切断这个无穷系列，小也不许再小，大也不许再大，因而做出了许多荒谬的结论。"他们完全作了哲学的奴隶，遗憾的是大多数都作了最坏的哲学的奴隶，而那些侮辱哲学最厉害的恰好是最坏哲学的最坏、最庸俗的残余的奴隶。"[2] 所以，我们还是要有正确的哲学思想，也就是马列主义、毛泽东思想来指导我们的科学技术的发展。

---

[1] 见《马克思恩格斯全集》第 31 卷。
[2] 见《马克思恩格斯文集》第 3 卷。

"科学的科学"*

对人类知识、理论的最高概括的马克思主义哲学，我曾经把它称之为"科学的科学"。有同志提出，不能这样说，因为"科学的科学"是杜林用过的词。我也想了一想，这不是原则性的问题，就不用这个词吧。总之，现代科学的体系是六个组成部分：自然科学、社会科学、技术科学、工程技术、数学，以及把这些由实践得来的知识进行提炼概括的马克思主义的哲学（编者注：钱学森同志后来将科学技术体系发展为十一大部类）。这样看来，马克思主义的哲学是有根基的，它的根扎在哪里呢？扎在自然科学、社会科学、数学、技术科学和工程技术之中。

马克思主义的哲学不可能是一成不变的。自然科学、社会科学、数学、技术科学、工程技术在发展，它也要发展。这一点很重要。从历史上看，在哲学的发展中，好像哲学家常常以被动的方式来接受新的发展，好像每次科学技术的重大新发展都使哲学家受到冲击。哥白尼发现了地球和行星绕太阳运行，不是在哲学上引起了强烈的冲击吗？以后每一次科学技术的重大发展都爆发一场唯物主义对唯心主义的论战。就是在马克思主义的哲学已经建立之后，也是这样。电子的发现和相对论的创立没有被马克思主义的哲学家抓住用来发展哲学，反而被唯心主义的哲学家歪曲为反马克思主义哲学的口实。这使我们不能不感到遗憾。直到 20 世纪 50 年代，我们的哲学家还有一些被动。比如在苏联曾掀起一场对化学键共振论的批判，在国际上引起轩然大波并波及我国。现在看来，这场批判是错误的。再比如说"控制论"的出现，对哲学又是一次冲击。那时候，我们有些哲学家批评"控制论"是唯心主义的。现在恐怕得收回了。这一浪刚刚过去以后，又来了电子计算机，出现了所谓人工智能，这又对我们的哲学家来了一次冲击，又引起了很多混乱。实际上人工智能跟唯心主义是毫不相干的。说电子计算机能够代替人的一部分脑力劳动，又引起一些同志的反

---

* 选自《社会主义现代化建设的科学和系统工程》一书，原书中题为《马克思主义哲学》，现标题为编者所加。

对，说是"机械唯物论"。但我们在这里讲的，通篇都说明计算机确实代替了人的一部分脑力劳动，这是客观事实，反对怎么行呢？

我们千万不能把马克思主义的哲学看成是僵化的，一成不变的东西。马克思主义的哲学也就是人类社会实践的最概括的理论，随着人的社会实践的不断发展，新事物的出现，当然要不断地充实、发展马克思主义的哲学。

我们也必须反复强调，马克思主义的哲学既然是人类社会实践的最高的概括，它就应该对自然科学、社会科学、技术科学、数学和工程技术的发展有指导作用。必须承认这个指导作用。

物理学是基础自然科学更为基本的学科，因为现代物理的理论实际上构成了化学、天文学、力学、生物学和地学的基础。但是，有人反对。反对的理由，说物质运动是有不同的层次的，每一层次的运动有其特殊性，说物理是化学、天文学、生物学、力学和地学的基础，就否定了物质运动的层次了。是这样的吗？我觉得不是。我们并不否认物质运动有不同的层次，每一个层次的运动有其特殊性。微观和宏观，死的跟活的，这是有区别的。但是，区别的界限并不是铜墙铁壁，不可通过。我举一个例子。在自然科学里面有一门很重要的学问叫热力学，研究宏观物质的热运动。在热力学里有一些基本的概念，像"温度"、"熵"等。"熵"的概念，在我当学生的时候觉得很难懂。这个概念，用处确实很大，但它到底是什么东西？捉摸不透。"温度"的概念，"熵"的概念，在热力学里是很突出的，但是，"温度"和"熵"这两个概念在微观世界里面是没有的。比如说气体，我们这个屋子里面的空气，它是有温度的，它也是有熵的。但是，在我们这个屋子里的气体主要是由氮的分子和氧的分子所组成的。对一个一个的气体分子来说，没有"温度"，也没有"熵"，微观世界里面的氮和氧的分子运动不可能有温度和熵的概念。这就是说，物质运动的不同层次是有它的特殊性的。在微观世界里没有的温度和熵的概念，在宏观世界里就有了。物理里面的统计力学，就是研究这种从微观运动到宏观运动的过渡的，也就是如何从没有温度和熵的微观世界过渡到了有温度和熵的宏观世界。两个世界之间的桥梁搭起来了。这个桥梁一搭，理论上就自然地出现了温度的概念和熵的概念。发现并创立这门统计力学的是一个很有功劳的物理学家——波尔兹曼，奥地利人。后人为了纪念他的发明，在他的墓碑上刻着他所发现的熵的公式。

这说明一个什么问题呢？说明把物理作为一个基础，我们从更低一层的物质运动开始来考察上一层的物质运动，这并不是否定了物质运动的不同层次，而是把物质运动的不同层次认识得更深刻了。如果不许用微观的概念，不许用统计力学的话，那么对"熵"的这个概念，只能囫囵吞枣，闹不清是怎么回事。

　　再讲一个与哲学有关的问题，就是关于宇宙概念。同志们知道，我们太阳系是很大的，从太阳到地球有一点五亿公里，就是光以每秒钟三十万公里的速度走也得走八分钟。但是，在宇宙来看这还是很渺小的。我们的太阳只不过是银河星系（星的体系）里面千百万个恒星中的一个。绝不能把我们的太阳系，把我们的地球认为是唯一的。在银河星系里，大概还不知道有多少个太阳，也不知道有多少个地球。别的星球上可能也有什么生物，也许比我们的人还聪明一些，只是现在我们无法知道，因为我们没法到那儿去。现在人类可以到月球上去，到火星上或者金星上去着陆，也是可以设想的。但是，要想到离我们太阳系最近的一颗恒星上去，就是以每秒钟三十万公里的光速进行的话，也得要四年多，用我们现代火箭最快的速度走的话，那就得好几万年了！银河星系好像已是很大很大的了，但是，银河星系也仅仅是宇宙的沧海一粟。星系跟星系会集合成一个更大的集团。所以，如果说太阳系、恒星是一个物质层次的话，那么星系是更上的、更高一级的物质层次。星系以上呢？星系以上是半径为几百万光年的星系集物质层次，再以上是半径为几亿光年的星系集的集团；再以上还会有更高的物质运动的层次。可是，现在国外有的天文工作者，忽视这些物质结构的无穷层次，他们用爱因斯坦的广义相对论推导出所谓宇宙膨胀理论，说现在我们整个的宇宙在膨胀，遥远的星系在离我们向外走，而且越远的星系走得越快。这种理论令人着急的是，居然算出来膨胀的起点大概在一百多亿年以前。如果要问一百多亿年以前怎么样？回答不出来了。我认为这样的理论是不符合马克思主义哲学的。一个是时间有了起点了，这不是笑话嘛！再一个，认为物质的层次只限于星系，上面再没有物质的层次了，都是均匀的了，这也不合理。所以说，自然科学的研究如果撇开了马克思主义哲学的指导是危险的。

　　在物理方面这类事情就更多了。大家都知道，物理学家曾经认为原子是到了头了，不能再分了。后来发现原子也是可分的，有一个原子核，原子核外面还有电子。有人又说，原子核和电子不能再分了。过了一阵子，原子核也是可分的，里面有中子和质子。这时候又有人说中子、质子不能再分了，中子、质子、电子这些就叫基本粒子。但是，事隔不久，又发现质子、中子也是可分的，基中粒子不基本，也是可分的。物理学家每到一个阶段都想停下来，说是物质不能再分了。从马克思主义哲学的观点来看，物质的无限可分性本来是常识，列宁早在七十年前就说过，电子也是不可穷尽的。可是现在我们的物理学家才看到了这一点，才意识到电子也是可分的。

所有的科学技术工作，自然科学、社会科学、技术科学、数学、工程技术，不用马克思主义的哲学来指导，或者不重视马克思主义的哲学对于科学研究的指导作用，是危险的。我们一方面必须认为马克思主义哲学本身是要发展的，它要随着人类社会实践的积累而发展。发展了的自然科学、社会科学、数学、技术科学、工程技术，又影响马克思主义哲学的发展。另一方面，我们也必须承认马克思主义的哲学在任何时候都对于科学技术的发展有指导的意义。这就是理论和实践的辩证的关系。科学技术的整个体系包括哲学。六个组成部分，随着社会实践的发展还会有变化（编者注：钱学森同志后来将科学技术体系发展为十一大部类）。至于说一个大的组成部分之中的科学的变化就更多了。我们研究科学技术的整个体系，就要研究：它当前的组成是什么？它发展的趋向是什么？要研究各个科学的发生、成长，最后消亡或者转化。

上帝到底掷不掷骰子？ *

　　今年早些时候，我写过一篇讲基础性研究的文字，说明基础性研究包括两类性质不同的研究：基础科学研究和基础应用研究。前者是在探索中认识客观世界，暂时还不知道会有什么应用，自然也不知道会有什么收益；而后者是为了一个方面的应用，必须先下工夫把这个方面的基本规律搞清楚，是有鲜明的目的性的。因为基础科学研究是探索性的，风险大，只有投入，近期无产出，所以任何国家领导机关在确定这样一些研究项目时，自然总会有些犹豫，想把经费转过来支持基础应用研究。这是可以理解的。美国、日本、西欧都对高温超导舍得花钱，连对实验结果有争议的常温核聚变各国也都愿意开支研究经费，因为这都是基础应用研究，有可预见的收益。但对基础科学研究，就是在经费比较充裕的美国国家科学基金会（每年约二十亿美元），一项申请也往往很难得到专家评审委员会的通过。以致美国 Richard.A.Muller 教授向美国国会议员建议，国家要相信有成就的科学家，让他们自己选题，行政当局少插手。他说可以分四个步骤发放研究经费：第一，向全美国的科学家发出询问：谁是他认为最优秀的、现在正在作研究的科学家，提出名单；第二，向以上名单中的科学家再发出用于以上目的的询问，要他们提出名单；第三，把第二步的过程再重复一次，得到第三批名单；第四，给第三批名单上得票较多的前一千名科学家，每人每年一百万美元研究经费，不限课题，任其使用。Muller 认为，这才能解决基础科学研究问题，美国国家科学基金会研究经费的一半，即十亿美元，应该这么花。

　　我想类似的问题在我们中国也不是一点都不存在。支持基础应用研究还容易下决心，要支持基础科学研究就难了。这里面的一个思想就是，搞基础科学研究，没边没缘，谁知道能不能成功？在这篇文字里，我想就这个问题讲一讲个人的看法：近代科学技术经过约四百年的发展，已经成为一个以马克思主义

---

* 选自《哲学研究》1989年第10期，原题为《基础科学研究应该接受马克思主义哲学的指导》，现标题为编者所加。

哲学为最高概括的体系，它的演化是有规律的，因此基础科学研究绝不是像早年那样没有指导思想的摸索，而是在马克思主义哲学指导下的摸索，所以途径和路牌是有的。现在我就试着讲出来，向同志们请教。

一、爱因斯坦（A. Einstein）有一句名言："我不相信上帝是掷骰子的！"他对量子力学把决定性的牛顿力学以及相对论力学转化为非决定性的，就曾这样表示了他的不满。那么到底客观世界本身的运动规律是决定性的，还是非决定性的？

其实对这个问题的争议并非自 Einstein 始。早在上个世纪初，大科学家拉普拉斯（Laplace）写了本《天体力学》，他呈送给拿破仑皇帝，拿破仑接见了他，皇帝说："教授先生，你的书怎么没有提到上帝？"Laplace 回答说："我不需要上帝！"意思是世界上的一切都由数学理论、数学方程式决定了，这是牛顿力学明确了的。但是到上个世纪末，为了用分子运动论来解释热力学规律，奥地利的波尔兹曼（L.Boltzmann）不得不引入非决定性的统计力学。Boltzmann 的理论与热力学完全相符，但出现一个矛盾，决定性的牛顿力学怎么会引出非决定性的分子运动论？这个问题在当时科学界争议甚烈，Boltzmann 非常苦恼，以致最后自杀！他对创立统计力学是立了大功的，但解决不了决定性与非决定性的矛盾。这一矛盾直到本世纪 60 年代兴起了混沌理论才得到解决。按照这一理论，在分子数量极多，成亿、成万亿的情况下，只要在相互作用中有一点点非线性关系，就一定出现"混沌"。"混沌"看起来是非决定性的——混乱无章，可是实际它是决定性的，混乱无章正是决定性规律引起的；但可以当作非决定性的统计力学问题来处理。

这一段科学史说明，从决定性的牛顿力学演化为非决定性的统计力学是一次科学进步，而用混沌解释了统计力学的非决定性则又是一次科学进步。那么上帝到底掷不掷骰子呢？从上面这段历史看，应该说：如果这个"上帝"指的是客观世界本身，那么"上帝"是不掷骰子的，客观世界的规律是决定性的。但如果这个"上帝"指的是试图理解客观世界的人、科学家，那他有时不得不掷骰子，而且从自以为是的不掷骰子到承认不得不掷骰子也是一个科学进步。后来科学又发展进步了，科学家能看得更深更全面了，"更上一层楼"了，科学家又不掷骰子了，那又是一个进步，又是一次的科学发展。这样我们就把"上帝不掷骰子"和"上帝掷骰子"辩证地统一起来了。客观世界是决定性的，但由于人认识客观世界的局限性，会有暂时要引入非决定性的必要。这是前进的驿站，无可厚非，只是决不能满足于非决定性而不求进一步的澄清。

决定性与非决定性的问题也存在于人的思维规律理论之中，这就是逻辑学。早在17世纪，德国数学哲学家莱布尼兹（Gottfried Wilhelm von Leibniz）就认为，总有一天数学计算能解决一切争议，一旦遇到不同意见就说：让我们来计算计算吧！这个设想到了本世纪初，数理逻辑有了很大发展，于是又有一位德国数学家希尔伯特（David Hilbert）就认为，一切数学问题在原则上是可以判决的，是完全决定性的，而且他着手建立这样的数学大厦。但在Hilbert晚年，他的这一美好理想破灭了。本世纪30年代，哥德尔（Kurt Godel）和图灵（Alan M.Turing）先后用不同方式说明根本不存在这样的体系。他们证明：没有一组有很多个公理和推理准则所组成的体系能解决所有正整数提出的问题，现在美国IBM公司的Gregory J.Chaitin更进一步证明数论中存在着随机性，要用统计，即非决定性的理论来解决，这也是由于近一百年来数学原理，或称元数学的发展。现在逻辑学家们已经跳出经典逻辑，即所谓一阶逻辑的范围，开辟了二阶逻辑等高阶逻辑，称之为模态逻辑。所以思维规律的学问已经大大发展了。现在我们明白：在某些局限性出现的非决定性问题，在更高层次中又会变为决定性的。这已经是马克思主义的辩证逻辑了。

二、渺观、微观、宏观、宇观、胀观

我们怎么解决量子力学的非决定性呢？第一是要树立解决这个问题的决心。世界上是有这样的科学家的，如提出"隐秩序"的玻姆（D.Bohm），他说世界是决定性的，但在量子力学理论中还有没看到的东西，我们要抓"隐秩序"。Bohm的思想是对的，但他和他的同道都没有成功。我想这个"隐秩序"不能只在微观世界中去找，它藏在比物质世界微观层次更深的一个层次，即渺观层次。什么是渺观呢？

这要从所谓普朗克长度讲起。物理学家们意识到物理学中有三个常量，即万有引力常数G，光速c和普朗克常数h。它们可以结合成一个长度，这个长度极小，大约是10^{-34}厘米。过去多少年，这只是个有趣的量，并不知道它有什么具体意义。但近年来理论物理学家为了把这四种作用力：引力、弱作用力、电磁力和强力作用纳入统一理论，即"大统一理论CUT"，提出一个"超弦理论"（Superstring Theory），而这里"超弦"的长度正好是大约10^{-34}厘米。超弦的世界比今天中子、质子等"基本粒子"的 10^{-15} 厘米还要小十九个数量级！我们称基本粒子的世界为微观世界，那超弦的世界不应该称为更下一个层次的渺观世界吗？

超弦的世界还有一个特点，它不是四维时空（三维空间加一维时间），它是十维时空，四维之外再加六维。多出来的六维在更高一层次的微观世界是看不见的，因为它太细小了。这就使我们猜想：微观层次的量子力学所表现出来的非决定性，实际是决定性的渺观层次中十维时空运动的混沌所形成的。本来是决定性的运动，但看来是非决定性的运动。这是因为超弦的渺观世界是十维时空，有六维在微观看不见，不掌握，因而有六个因素没有考虑，漏掉了，可以说是因为微观世界科学家的"无知"，造成本来是决定性的客观世界，变得好像是非决定性的了。这才是"隐秩序"，藏在渺观的秩序。对不对？可以讨论。

从渺观到微观差十九个数量级。我们不妨让微观世界到人们所熟悉的宏观世界之间也差十九个数量级，而微观世界的典型长度是 10^{-15} 厘米，那么宏观世界的典型长度就是 10^{-15} 厘米 $\times 10^{19}$。那是一个篮球场的大小。

从宏观世界再往上呢？我们说是宇观世界，这也就是大家知道的天文学家的世界。它是不是与宏观世界也差十九个数量级？如果是这样，那将是 $10^2 \times 10^{19}$ 米 $= 10^{21}$ 米 $\approx 10^5$ 光年，10^5 光年是银河系的大小，正是天文学家的世界！

所以从渺观、微观、宏观，直到宇观，以上构筑方式是成功的。有没有再上面的世界层次？这不能瞎猜，要看有什么事实指向。在大约半个世纪前，天文物理学界的科学家从天文观测发现，我们所在的这个宇宙是在膨胀的，并且倒推到大约一百多亿年前，整个宇宙从一个微点开始爆炸！因此这个宇宙学理论的别名是"大爆炸理论"（Big Bang Theory）。时空有了起点！世界在这以前不存在！这一发现无疑是现代科学的进步，打破了古老的静止世界的观点；但也带来了问题：时间有了起点！据说当时罗马教皇就非常高兴，说科学家证明有上帝，是上帝创造了世界！不但罗马教皇高兴，中国的方励之也高兴，他抓住了大爆炸理论关于时间有起点的观点，并以此为依据批评恩格斯，因为恩格斯在《反杜林论》中论述时间没有起点，过去无穷尽，将来也无穷尽。其实罗马教皇和方励之都错了，这在查汝强同志和何祚庥同志的文章中已有详细论述，我不在此重复了。我们应该注意：外国宇宙学家们也认为时间有起点是不合常理的，所以近八九年来，提出了"膨胀宇宙论"（Inflationary Universe Theory）代替"大爆炸理论"，而且对我们所在的这个宇宙起始膨胀的机制提出了设想，也指出我们所在的这个宇宙不过是大宇宙中数不清的宇宙中的一个。大宇宙要大得多。

所以我就提出，在宇观世界之上的再一个层次，就称为"胀观"。胀观比宇观再上十九个数量级，典型尺度是 10^{16} 亿光年，比我们所在宇宙的现在尺度，即大约几百亿光年要大得多了。

综上所述，我建议在大家公认的世界三个层次，即微观、宏观、宇观之外再加上两个层次，一是微观下面的渺观，二是宇观之上的胀观，一共五个世界层次。微观与渺观的交界处大约在尺度 3×10^{-25} 厘米；微观与宏观的交界处大约在尺度 3×10^{-5} 厘米，即分子大小的尺度；宏观与宇观的交界处大约在尺度三亿公里，即太阳系的大小；宇观与胀观交界处大约在 3×10^{6} 亿光年。现在有物理理论的只是微观的量子力学及其发展、宏观的牛顿力学和宇观的广义相对论，新设的渺观和胀观还没有严格的理论。没有理论就要创立理论，这就是基础科学的研究方向了。更何况随着研究的深入，还会出现渺观以下的新层次和胀观以上的新层次。所以现在基础科学研究是有方向的，不是无边无际的探索。

不但如此，现在微观研究差不多都是在 10^{-15} 厘米以上，还有微观世界的下半部，直到与渺观交界处的大约 3×10^{-26} 厘米处，量子力学及其发展还大有可为。宇观的上部，直到与胀观交界处的大约 3×10^{6} 亿光年，广义相对论也还大有可为。这也都是基础科学研究的新领域。

在这里要注意的是，以上所提出的基础科学新领域直接做实验或观察都比较难。在微观世界下半部，物理世界可能要用能量超过现在已有或计划中的高能加速器，即大于几十个 Tev。在宇观世界上半部，天文观测所需要的仪器也大大超过现在已有或计划中的天文观测设备。不能做实验或直接观测，怎么做理论核实呢？好在今天我们已有计算能力很大的电子计算机和电子计算机系统，而且在不久的将来这种计算设备的能力还会提高。因此理论可以通过复杂的计算，综合成为可以同实验或观察结果相核对的结果，作间接对比。这个方法，即基础科学研究用电子计算机，今天已经在试用，效果是好的。这一方向也是将来基础科学研究要注意的。

三、开放的复杂巨系统的研究与方法论

上面一节是从整体结构层次看基础科学研究的方向，那么是不是在古老的宏观层次还有基础科学研究的重大课题呢？我以为是有的。这就是系统科学涌现出来的一个大领域：开放的复杂巨系统。

一个系统是由子系统所组成的。开放是指系统与系统外部环境有交流。子系统数量少，这个系统称简单系统；子系统数量达到几十、几百，这个系统称大系统。今天的系统科学对于比较简单的小系统和大系统，是有理论方法直接来处理的。如果子系统数量极大，成万上亿、上百亿、万亿，那就是巨系统了。如果巨系统中的子系统种类不太多，几种、几十种，我们称之为开放的简单巨系统，那还好办，现在也有处理的办法，这就是近二十年来伊里亚·普里戈金（Llya.Prigogien），哈肯（H.Haken）等发展起来的耗散结构理论或协同学理论，都把统计力学发展了，他们的理论处理开放简单巨系统很成功，解决了不少问题。

但是如果巨系统里子系统种类太多，子系统的相互作用的花样繁多，各式各样，那这巨系统就成了开放的复杂巨系统。对开放的复杂巨系统现在还没有理论，没有从子系统相互作用出发构筑出来的统计力学理论！那么什么是开放的复杂巨系统呢？举例说：人体、生物体、人脑、地球环境以至社会。这就是人体复杂巨系统、生物体复杂巨系统、人脑系统、地理系统和社会系统。社会系统尤其复杂。因为社会中的人是有意识的，他的行为不是什么简单的"条件反射"，不是有输入就有相应的输出；人接受信息后要思考，作出判断再行动，而这个过程又受各种条件影响，是变化多端的。所以社会系统可以称之为开放的特殊复杂巨系统。

从开放的复杂巨系统的实例可以看到它的广泛性，它涉及到医学、生物学、思维科学、地理科学以及社会科学的理论。但对复杂巨系统目前还没有理论！当然现在也有人很天真，硬要干。这又分两种情况：一是搞耗散结构、协同学的一派人，硬用处理简单巨系统的理论去处理复杂巨系统，包括一批热衷于美国所谓"系统动力学"的中国人，他们当然不成功。二是一下子上升到哲学，空谈系统的运动是由子系统所决定的，因此微观决定宏观，以至提出什么"宇宙全息统一论"。他们没有看到人对子系统也不能说完全认识了，子系统内部也还有更深更细的子系统的子系统，以不全知去论不知，于事何补？

现在能用的、唯一处理开放的复杂巨系统（包括社会系统）的方法，是把许多人对系统的点点滴滴的经验认识，即往往是定性认识，与复杂系统的几十、上百、几百个参数的模型，即定量的计算结合起来，通过研究主持人的反复尝试，并与实际资料数据对比，最后形成理论。在这个过程中，不但模型计算要用大型电子计算机，而且就是在人反复尝试抉择中，也要用计算机帮助判断选择。这就是所谓定性与定量相结合的处理开放的复杂巨系统的方法。对社会经济问题，经过试用，结果良好。

如上所述，开放的复杂巨系统和社会系统是如此广泛的问题，而现在对它的基础理论还不清楚；但也有一个切实有效的实用方法，其特点是把存在于许多人的、对一个客观事物的零星点滴只是一次集中起来，集腋成裘，解决问题。这一项重要基础科学研究就应该从这样一种实践经验出发，认真提高总结，建立一个基础理论。这可以是系统科学的基础学科，即系统学的重要课题；同时也是科学方法论的重要发展。它是真正的综合集成，不是国外说的综合分析 Meta-Analysis。

在前面几节中，我提出了对基础科学研究的一些看法。而我之所以能提出这些看法，是从马克思主义哲学中得到启发的。这也就是我说的马克思主义哲学是智慧的泉源。所以基础科学研究应该接受马克思主义哲学的指导。基础科学研究也是一条向前不断流去的长河，是有方向的，不是不可知的。我们应该常常想着毛泽东同志的一句话："马克思列宁主义并没有结束真理，而是在实践中不断地开辟认识真理的道路。"

第十四讲

用大脑思考，用双脚走路

——谈科技工作者

什么是做研究工作的基础呢？ [*]

中国科学技术大学是为我国培养尖端科学研究技术干部的，因此学生必须在学校里打下将来做研究工作的基础。

什么是做研究工作的基础呢？那自然是多方面的，政治觉悟、专业知识、体质、阅读外文的能力等，都是基础。我们在这里要谈的不是这些，而是专业以外的基础课。这在科技大学分两类：一类是基础理论，也就是物理、化学和数学；一类是基础技术如机械设计。这些基础课在科技大学教学计划中占很重要的位置，基础理论学时在各个专业里略有不同，但占总学时的三分之一左右；而基础技术的学时也占总学时的百分之十几。所以基础理论的比重在科技大学要比一般工科学院要高，而基础技术的比重又比在一般理科专业要高。我们重视基础理论的缘故，是因为科技大学的学生将来要从事新科学、新技术的研究。既然是新科学、新技术，要研究它就是要在尚未完全开辟的领域里去走前人还没有走过的道路，也就是去摸索，摸索当然不能是盲目的，必须充分利用前人的工作经验。可是在新科学、新技术领域里，前人的工作经验不会太多，因此我们只有更多地依靠一般的知识，也就是人类几千年以来和自然界作斗争的经验，通过总结所得出来的自然界一般规律。

对我们来讲，其中尤其重要的是关于物质结构、性质和运动的规律，这就是物理、化学。它们也就是我们在探索过程中的指南针，在许多条看来可以走的道路中，帮助我们判断哪一条或哪几条道路是可以走得通的，而其余是走不通的。也就是说利用自然界的一般规律去分辨出，哪一个想法肯定是对的，哪一个想法可能是对的，而哪一个想法肯定是错的。自然，我们作研究，不必在已肯定是错的路子上去花工夫，而应该集中精力在肯定是或可能是对的路子上。举个例子：运动的一般规律告诉我们说，永动机是不可能的，所以一切包含永动机构的机器是不可能的，不必去想它。再如量子力学的规律告诉我们

---

* 这一讲内容选自《集大成　得智慧——钱学森谈教育》一书，现标题为编者所加。

说，一切共轭量是不可能同一瞬间绝对精确地测定的，质点的位置和动量就是一对共轭量，因此如果在微观世界里一个理论要求同时知道质点的位置和运动速度，那么那个理论就是错的，不必去考虑它。再举个例子：化学键的能量是知道了的，特别是各种碳原子和氢原子之间的键，它们的能量我们知道得很清楚，我们也知道二氧化碳分子和水分子的结合能，因此如果有人说他发明了一种比汽油能量大一倍的碳氢化合物燃料，我们也可以断定这位同志搞错了，那样的高能碳氢化合物燃料是不可能的，不必去相信他。这些例子说明了基础理论的重要性，但我们也可以看出来要作这种原则性的判断，要求的还不是光知道自然界的一般规律，要求的是充分掌握这些规律，把规律的里里外外、前前后后都看得清清楚楚，摸得透。只有这样才能具有锐利的眼光，能在复杂的事物中分析出核心问题，不被形形色色的假象所蒙蔽，从而辨别真伪。所以科技大学里的物理、化学课除了教知识、注意和各个专业相结合，更注重这两门基础理论的系统性，要给学生一个清晰的全面概念和图像，要他们成为这两门学科的主人。为此，在辅导课里，我们也注意到养成学生分析事物现象的观点和方法，在独立思考方面，有所锻炼。自然，与物理和化学讲授课相辅的实验课，是有助于巩固规律的学习的；而且这些实验课，也使学生初步学到将来作研究所必不可少的工具、精密严谨的实验技术。我们也要提一下，科技大学对化学这门基础理论，即使在各个非化学专业里，也是被重视的。我们知道新科学、新技术的研究和发展是和新材料分不开的，而要对不断出现的新材料，能了解和掌握它们的性质，或是要合理地提出还不存在的新材料要求，那就要比较系统的和全面的化学理论知识。

进行科学研究的时候，我们必须研究各个因素和各个量之间的关系，进行量的关系的计算。当然计算与分析不是什么神秘的东西，在农业合作化初期，有些社的会计不是用黄豆粒的办法来记账吗？所以就是我们一点也不知道高深的数学，用些简陋的方法也并不是不可以；这里的问题不是能不能的问题，而是好不好的问题。用简陋的方法，虽然也能进行复杂的计算，但是太花时间，容易出差错；用高效能的方法就能节省时间，少出差错。那么什么是高效能的计算方法呢？那自然是要充分利用了数学的成果才能得到的。所以我们一方面不过高地估价数学方法，它不过是我们计算中的工具，它不能把本来没有道理的理论变成有道理，也不能把本来有道理的变成没有道理；我们另一方面也十分重视数学方法，因为它是一个非常有效的研究工具。因此在科技大学里，我们的数学课是比较全面的，它的内容不比解放前大学数学专业所学的整个数学课少。但是我们的教法却与解放前的数学专业所用的教法大不相同，我们的教法，首先是唯物主义的，我们对每一个数学概念都从它来源讲起，说明它不是凭空掉下来的，在这里我们都引用实际科学问题的例子来解说。一个概念引入了之后，我们就进行系统的、严格的论证和发展，使学生有一个巩固的基础，即使他们在将来遇到了以前没有学过的数学工具，也能靠自己来掌握它。自然，我们在注重数学概念的同时，也没有忘了我们不是为数学而数学，我们学数学是为了作具体计算；所以在每讲了一个数学的概念和系统论证之后，我们还通过具体的实际问题来解说使用这个理论的方法。我们认为这样能把数学的理论与实践相结合起来，让学生既充分掌握理论，也能灵活地使用理论，进行计算和分析。

在科技大学里的另一类基础课是基础技术，这有包括工程画、机械原理、材料力学和机件设计的机械设计课，也有包括电工和电子技术的电子学课等。我们重视这些课的缘故是：在新科学、新技术的研究工作中，常常要设计比较复杂的实验装置，例如研究高速气动力问题就得有超声速的风洞，研究基本粒子物理就得有高能加速器。要设计这些设备就不能用敲敲打打的办法，必须进行比较正规的技术设计。因此基础技术的训练就非常必要了。

我们重视基础课，不但可以从学时所占的比例上看出来，而且也可以从科技大学基础课的教师名单上看出来：在我们基础课教师中有中国科学院副院长、数理化学部学部委员、物理学家吴有训，有中国科学院数学研究所所长、数理化学部学部委员、数学家华罗庚，有中国科学院技术科学部主任、数理化学部学部委员、物理学家严济慈，有中国科学院化学研究所研究员、数理化学部学部委员、化学家王葆仁。其他基础课教师也都是中国科学院各研究所的高级研究人员。这些教师们在学术方面都是有成就的，知识面也广，因此他们对学科都有比较成熟和特有的看法，学生能和他们经常接触会得到深刻的启发。当然，这些高级研究人员的任务是很重的，再要抽出时间来讲课并不容易；但是为祖国迅速地培养一批尖端科学的青年干部，这是一项光荣的任务，再多白一些头发又算什么？

科学技术工作中的"手艺"

人类之所以能认识自然，从而改造自然是靠实践，实践是知识的泉源。但对一个人来讲，实践并不是取得知识的唯一方法，我们还可以学习前人和他人实践的总结，来加速取得知识。不然，光靠一个人去实践，不去学习前人和他人，一切都从人初生落地时的水平做起，那么就是辛勤劳动一辈子，所能达到的知识水平，恐怕还比不上一个小学生；因为就是二加三等于五那样的简单知识，你如果不学，那就非靠你自己总结千万次实践结果，把数的概念从事物中提炼出来以后才能得出这个规律。

学习他人是经验交流，学习前人主要靠读书，在学校里学习就是继承前人的经验。

有过这样一种想法：认为像数学、物理、化学这类基础课，光讲自然规律，空空洞洞，不联系到具体如何解决生产问题，因此是"脱离实际"；从而主张把基础课大大削减，以至根本取消，把专业课所需的数学、物理和化学等基础课知识收到专业课里去，结合专业课来讲。其实这个做法也不算新，在资本主义国家里的一些资本家工厂老板办的技工学校确是这样教他们的学生；但那是老板不想认真把学生教好，只想叫学生刚刚学到在工厂里做工所必需的知识，赶快叫学生毕业到工厂里去受剥削。我们的社会主义制度，是要把学生认真教好，要学生有比较全面的工作能力，那我们就不能那样搞。

我们再从基础学科的发展来看，在早先也不是有数学、物理、化学这样的学科划分的，统而言之叫做"自然哲学"；更早些就连"自然哲学"同生产知识也不分，统统都是人们通过生产实践的经验总结而得到的一些学问。科学的发展和形成是人们逐步深入研究自然，逐渐丰富知识内容的一个过程，也是提高理论水平的一个过程。今天的每一个基础学科比起早先的自然哲学有更强的系统性，更精炼了，更概括了。所以把基础课并入专业课是与科学发展的过程相反的。

基础学科也就是因为它比较概括，内容也就比较深入地表达了自然世界的规律；概括是说其普遍性，深入是说接触到本质。也就是因为这个缘故，基础学科虽然也是在很快地发展着的，其内容是在不断增加的，但它们的理论却是比较稳定的。例如我们今天还在大量使用的数学，像解析几何、微积分等那是至少一百多年没有变了；我们常用的物理和化学原理也都有近百年的历史了。这比起高等院校专业课就有显然的不同：专业课的内容接近生产、接近实践，接近人和自然作战的前线，因此随着生产实践的开展，技术的革新和革命，它们是日新月异的。不掌握好基础课，不先掌握好自然的一般规律和自然现象的共性，就难以应付变化很快的专业科学技术；先有一个不大变化的坚固基础，就好在这上面随着需要建起强大的结构。

这是说明要学好基础课，要先学基础课，而且这也说明基础课不能混在专业课里去学，本来是两种不同性质的东西，不同味道的菜混在一起吃，辨不清什么是什么，不会有好处；那必然顾此失彼，不能都学好。就是造房子也是先打基础，后起高楼，没有基础和房子一起建的道理。

我是一个在旧中国和资本主义的美国受过教育的人，受了条件的限制，学习的经历不那么有条理。在旧上海交通大学学习的时候，学校专抄美国工科高等学校的那一套，基础课的内容比较贫乏：数学里学到高等微积分、常微分方程初步；物理里没有原子物理、量子力学；化学里没有分子结构等。后来我搞高速飞行问题就感到基础不行，才又补学了数学分析、偏微分方程、积分方程、原子物理、量子力学、统计力学、相对论、分子结构、量子化学等。我所走的道路是不足为训的，今天年轻的一代所处的条件好得多了，应该好好地利用这个条件。

当然，基础学科知识和专业知识的关系是辩证的：搞好了基础去搞专业是对的，但由于专业的进一步需要又会发现基础不够，有必要再返回来把基础扩大些、巩固些。在高等院校里是打第一个回合，结业后在工作岗位上再准备打第二个、第三个回合。

要做好工作，除了基础学科和专业知识之外，还需要一套工作中的操作方法和习惯。这是科学技术工作中的"手艺"，一个科学技术工作者也要像工人一样地讲究手艺，这绝不是件小事。科学是严肃的、严格的、严密的，是不允许马虎的，所以科学技术工作者必须首先有良好的科学工作习惯，要有条有理。例如：为了研究工作有一个日后可查的记录，我们要讲究书写清楚，用符号有系统，不能乱换，实验和理论推算必须有条有理地写下。记录的保存也是不能忽视的，要有档案。

属于操作方法的有两方面：一是理论工作中的，一是实验工作中的。理论工作中的操作方法是推理及运算的敏捷和准确；推理要锐利，不能拖泥带水；什么是可能的，什么是一时还不清楚的，必须分清。养成这种能力的基础是基础学科，我们是运用基础学科的原理来判断事物。例如：要希望能确定几个未知数就必须有与未知数数目相同的几个方程，少了是不行的；再如能量必须守恒，能量不守恒的事物是不可能的。这些事说出来似乎是理所当然的，并不稀奇，也确实不稀奇；但是青年工作者却常会有了基础科学的知识而不会运用这个知识，有了刀但不知从何处下刀。这需要锻炼。

所谓运算的敏捷和准确，那也是练出来的。这里一方面是必须记住一些常用的数学关系，如三角里的一些公式，一般微分积分的公式等；一方面是用得熟。这虽都是死功夫，但非常重要，是取得速度和精度所必需的。要练，练就能练出本领来。

在院校学习中，理论工作中的操作主要是靠做习题来练，不做习题是练不出本领的。

实验工作中的操作方法也有两方面，一是如何去做实验才能得到更准确的结果，而且更省设备、省时间。这就是对测量方法、测量仪器以及误差分析要下一番工夫。有人说过：做实验不在做得多，而在做得少！也就是少而精，也就是做实验要事先要有研究，不能盲目地去干；不然干了一通之后，会发现大部分的测量数据是没有价值的。

实验工作的另一面，是具体做实验过程中的眼明手快，观察敏捷，不放过一点滴有用的征候，而又不是慢吞吞地老取不到测量数据。这就要求熟悉测量仪器和试验设备的具体操作，要严守操作规范，不要随便"别出心裁"地乱来；并且要不但会用，而且熟练。

其实，我们在这里所讲的基础知识和一全套科学技术工作的操作方法和习惯，它们都是科学技术工作中的基本训练。要做科学技术工作而不注意科学技术的基本训练是不行的，这正如要演好戏，不练"功"是不行的。也像演戏一样，尽管基本功夫是从实践总结出来的，在发展历史上看是先生产实践而后基础学科，但我们在高等院校里学习是继承前人的创造，而不是复演历史，那就得反过来做：先讲基本训练，而后讲专业知识。人们创造的过程和学校里的学习是不该混淆的。因此，什么先掌握技术后学基础理论，什么以科研带教学，以科研带实验等说法，那都是错误的。

自然，在我们的社会制度下，我们大家都是为了社会主义建设，今天我们强调科学技术中的基本训练是要年轻的一代科学技术工作者能够很快地成长起来。在旧社会里，在资本主义国家里，那会儿有科学家用基本训练来难住年轻人，吓唬年轻人，不希望年轻人很快地出师，与老师竞争。这在我们国家里是不该有的了，所以所有负有教育年轻一代的人，像高等院校的教师们，必须不断地根据教学实践，研究如何提高教学质量，如何多快好省地加强基础课的讲授，以及使学生在习题和实验课中得到必需的锻炼；只要条件成熟，确实可行，就应大胆地突破陈规；我们在党的领导下，一定能比资本主义国家中最好的学校还做得好些。我们今天不是否定教学改革，而是要纠正那种以轻率的态度来对待教学改革的偏向。现在党已经指出了问题所在，我们大家努力，一定能总结经验，改正缺点，使我国高等教育工作在质量上取得大跃进！

练好科学工作的基本功

科学工作的基本功

科学工作者必须养成有条有理进行工作的习惯，要加强理论工作基本技巧的锻炼。力学从数学方法和演算技巧都是很有讲究的。力学计算不仅要求在一般原理原则上会论证推演，而且还要能算出正确的数字结果。目前有些大学同学对这点还不够重视。通过我在一所大学的教学工作，接触到的一些学生的作业，其中有的乱用单位的，该写"公里"的地方，错写成"米"，而该用"米"的地方却又用成"公里"，这样两字之差，答案就差了一千倍！也还有些同学的演算速度太慢，方法不对头。做习题需要算得"又快又好"，而算得"又快又好"，没有别的办法，只能多算题。"熟能生巧"，例如算（a^2-b^2），a 和 b 两数又相差不多，笨的算法是两数分别平方以后硬减，而巧的算法则是把它因式分解成（a+b）（a−b）再算。但是要"巧"又必须先记熟许多基本数学关系，而且还要会熟练地应用。有人不赞成熟记公式，主张用的时候去查笔记或手册，那就不妨算一算一生工作中浪费在反复查阅笔记的时间有多少，就知道比较便宜的办法还是花些时间把它们记在脑子里。

在实验工作上也应当训练基本功。实验误差怎样分析？实验精确度怎样保证？——这是实验工作中应当首先注意的问题。如果连自己都不知道实验结果测得准不准？究竟有多大误差？有哪些因素影响着误差？那么谁敢相信这个实验，它的结果就一点用处也没有。

这些都好像是老生常谈，好像不是在中学，就是在大学一二年级就已经解决了的问题，但实际上有许多已经参加工作的青年科学工作者，还需要在这方面多下工夫。

"从薄到厚"和"从厚到薄"

应该如何来掌握基本理论？力学的学科要怎样学习？知名数学家华罗庚先生有一个很好的说法，他说，获得书本知识的过程，是一个"从薄到厚"，再"从厚到薄"的过程。我很同意他这个说法，现在我就来谈谈我是怎样体会这个学习过程的。

何谓"从薄到厚"？在未开始学习一本书以前，我们可能会以为啃几个月就不难学会了。可是一旦深入学习，就会发现问题很复杂，远远不像原先估计的那么简单。越学下去，就觉得需要学的东西越多，学完前几页，后几页的新内容又接踵而来，真所谓"学然后知不足"。当然，这是好事情，这表示这本书里的问题，已经在脑子里展开了，便于你一个一个地去解决。这样，一本书就好像"由薄到厚"了。

那么又怎样再"从厚到薄"呢？这就是要求能分清楚：什么是这本书里最基本的理论？什么是派生出来的理论？什么又是第三次推出的理论？此外，也需要分清楚：什么是这门学科的基本概念？各个概念之间有什么关系？谁是主要的，谁又是次要的？每一个概念的来源是什么？它与事实的关系如何？什么时候这个概念能代表事实，因而是正确的；在什么时候它又不能代表事实；从而明确一个概念的局限性。——能搞清楚这些问题，就不必要把书本里的大量内容和事实都记住，而只要"提纲挈领"地装到脑子里。

为了要使书"从厚到薄"地掌握起来，首先当然是要对这门学科的基本内容掌握得非常熟练；其次就是要善于"提纲挈领"。需要知道，在这门科学中，什么是可能做到的？什么又是不可能做到的？什么前提、什么方法就必定推出什么结果？等等。曾经有一位老师使我很钦佩。有时我请他审阅论文，论文的内容他事先并未研究过，但老师把一篇论文拿来，先把头一页看一看，然后顺手很快一页一页随便翻过去，最后再把结论看一下，便立刻能够发表意见。我当时感到有点"神秘"，后来，自己也慢慢能这样做了以后，才知道这无非是因为"彻底熟练地掌握"了这门学科的结果。看第一页，主要是了解这篇论文提出了什么问题，作者对这个问题看法如何，以及作者用什么方法解决这个问题等等。由于老师对这门学科彻底地掌握了，因此虽然他没有研究过这个具体问题，但是他一看到论文的作者用了什么方法，他就能大致估计这个方法对不对头，这种方法大致应导致什么样的结果。最后，再看看论文的结论，和他的估计相差远不远。如果相差很远，甚至结果相反，那么论文本身就很可能有问题。

说来容易做来难，有人说能不能写一本如何"提纲挈领"的书？这不可能。我可以向青年们指出努力的方向，但一切要靠自己去摸索，在长期学习中多向自己提问题，多分析多比较。只有先学习了许许多多的内容，又从中提炼出最基本的概念，并牢固地掌握它们以后，才能跳出大量具体、琐碎计算的圈子，站在更高的地方，来检查自己的科学工作有没有错误。

准备付出劳动，准备出汗

科学研究工作的过程是很曲折的，要准备付出劳动，准备出汗。发表一篇科学论文，大家所能看到的内容，只是作者科学工作中"搞对"的那一小部分，而错的部分以及从错到对的过程，都不能写到论文里去的。往往以论文形式发表出来这一部分正确的东西，只是作者对这个问题全部科学研究工作量的十分之一甚至百分之一，其他十分之九或百分之九十九的错误的结果，都只记在他自己的笔记本里，锁在抽屉里。因此，每一项科学研究成果，写出来清清楚楚，看起来头头是道，都是经过大量劳动的结晶，来之不易。我自己过去发表过一篇关于薄壳方面的论文，只几十页，可是反复演算报废的却有七百多页。所以说，拿出来看得见的成果，只是像一座宝塔的塔尖。

正确的结果，是从大量错误中得出来的；没有大量错误做台阶，也就登不上最后正确结果的高座。所以你们要随时警惕自己的科学研究工作，特别是刚刚开始的工作，错的可能性总是大于对的可能，慢慢地到后来，才是对的可能超过错误的可能性。因此，科学工作千万不能固执己见，缺乏勇于认错的精神是会吃大亏的。人总是舍不得扔掉那些自己辛辛苦苦花了许多心血得来的东西，但是该扔的还是应当毫不惋惜地扔掉。在科学工作中要有严格地自我批判的精神，有实事求是的精神，这是青年从事科学工作的第一关。青年不要失去信心，只要坚持不懈，就终会有成果的。

基础知识要反复扩大

为了适应工程技术的不断发展，科学工作者需要不断学习、不断扩大自己的知识基础。高等学校的学习，是打基础的时期，应当强调学好基础课程。对自然科学工作者讲来，基础知识主要是指数学、物理和化学。但是高等学校打基础，也只能有一定的限度，有人说，可不可能先苦学十年基础课，然后工作就一帆风顺，再也碰不到基础不足的问题呢？我认为这是不现实的：苦读十年基础课，茫无头绪，会成书呆子！我以为打基础也要有"自强不息，不断学习"的精神，先学好一定限度的基础知识，而后在工作中，在解决实际问题过程中，又会陆续不断地发现自己的基础知识的不足，需要每过一定时期又反过头来，再充实自己的基础知识。

广和深之间的关系是辩证的。知识面是需要广一点，像我们搞力学的人，可能对化学的兴趣不大；但是工作中又可能碰到化学方面的问题，就需要请教化学专家，但往往他给我讲了一大套道理，却解决不了我的具体问题，感到其中隔着一层膜。所以化学家的意见要听，但自己对化学知识也要多少懂一些。可是广的基础，也并不能一下全打好，因为在没深入研究某些问题以前你甚至很可能并不知道要学什么。例如在 20 世纪 40 年代搞"气动力学"的人，由于当时飞机速度还没有超过声速，气动热的问题不严重，没有化学知识也过得去，但是到了 60 年代的今天，当星际飞船以高超声速返回稠密大气层时，飞船表面由于剧烈地气动加热就会产生"燃蚀"现象，那么气动力学家接触到这个问题时，就会感觉到自己化学和物理"分子运动论"知识的不足，需要重新再扩大自己的知识领域。因此，深和广，基础和上层都有辩证的关系。在广的基础上才能深，而也只有深以后才需要更广。

学习、批判和具体帮助

科学工作者要学会在科学上如何"学习和批判"。首先要认真学习前人的东西。力学不是从石头缝中迸出来的，不可能割断和前人成果的联系，今天力学有这样的成就需要感谢走在我们前面的力学工作者，他们的辛勤劳动给我们打下了基础，开辟了道路。对这些已有的成果，我们必须用功学习，要钻进去。第一步，要先承认前人的遗产中有好的东西，才能下决心钻进去学，不要害怕其中有毒素，也不要想"这个人是唯心主义，他的理论不可学"。自然科学是人类向自然作斗争的经验总结，可以为资产阶级所用，也可以为无产阶级所用，不要由于害怕糟粕，就连精华也丢掉了。

但在另外一方面，钻进去学的目的，却是为了批判。绝对不要读死书，把书读死了。古人说"尽信书不如无书"，因为科学总是要前进，要前进就要否定掉一些前人过时的东西，这需要自己动脑筋认真分析，万万不可采用"人云亦云"、"老学究式"的读书法。有的青年科学工作者，能够对一个科学问题如数家珍地背出："甲科学家是怎样看法，乙科学家又是什么意见，丙又如何如何……"，我问他："你有什么意见"，他却答道："我没有什么意见。"这就很不好。只有能够批判，才能把前人科学工作成果中对的承继、吸收，错的去掉。

怎样帮助青年科学工作者学习？对现在的青年科学工作者说来，"先学再干"和"干而不学"都行不通，只有"边干边学"。怎样"边干边学"呢？过去强调发挥青年的主观能动性多一些，而提倡由比较有经验的前辈对青年具体帮助少一些。当然，首先得有主观能动性；如果干劲不足，那就万事难说了；但一味蛮干也成不了事。我想过很久，究竟对青年科学工作者要如何教？想来想去只有"手把着手教"这一条办法。我们自古以来，师父教徒弟有什么秘诀吗？也不过就是"手把着手教"这一条。要对他们的具体工作，进行具体帮助。原则和大道理也要讲一些，但更重要的还是具体的指导。具体帮助是一项很细致的工作，需要有热情，需要有"不厌其烦"的精神。很简单的题目，会的人看来很容易，可是不会的人却认为很复杂。因此不能再"讲客气"了，大家把责任担负起来，共同帮助培养年轻的一代。

学的人应当虚心诚恳，不要忽视任何"细枝末节"，因为任何科学上的伟大创造，都是平凡的大量积累的结果。只要我们认真、刻苦、实事求是、谦虚、谨慎、互教互学，就可以在较短的时期内，改变我国科学技术上落后的状态。

第十五讲

为什么我们的学校培养不出杰出人才？

——谈教育

人的才能从哪里来？ *

在我们社会主义国家中，人民是当家做主的，国家对人民负责，国家有责任爱护全体人民、组织人民，最大限度地发挥人民的积极性，发挥人民的聪明才智，来为人民的利益建设社会主义。我们说的人民是包括了工人、农民、知识分子以及其他爱国人士在内的全体人民，因此人才的概念也扩大了。我们说的人才，不是什么天才，而是人民之才，是人民当中各行各业的有能力的人。这样的人才问题在以往的社会是不会有的，只有在社会主义制度下才提得出来，所以是一个崭新的问题。

对这个重要而又广阔的问题，我在这里讲的，自然很有限，也不成熟，只是想提点看法，引起大家讨论。

人的才能从哪里来的？是天生的，还是出生后学来的？现代心理学以及生理心理学的研究都说明，人的才能绝大部分是出生后逐渐学来的，即通过实践逐渐获得的。动物与人不同，它主要靠遗传，猫就天生要抓老鼠，蜜蜂中的工蜂就天生要采蜜。人的"天赋"可以说就在于人脑有极大的可塑性。人一辈子在学习，一辈子在增长才智。周恩来同志说："要活到老，学到老，改造到老"，的的确确如此，是科学的论断。那是否就认为人和人都是一样的呢？当然不一样：比如人一生下来可以带有遗传或胎中缺陷，但这是极少数。更重要的是人从出生之后所接受的事物，他的实践，千差万别，以后的教育，后来的实践更是人人不同，这才是人的能力有差别的主要原因。可惜的是，直到现在心理学和教育学还没有找到整套的规律。所以我们常常说，这个孩子聪明，那个孩子笨，而不知其所以然。要找到这个规律必须开展思维科学的研究，而目前不能不依靠一些不那么完整的"经验谈"，一些成功人物、大科学家的自传之类的东西，来培养孩子们的智力。所以思维科学以及心理学和教育学才是智力开发的基础，我们应该重视这些科学的研究。不幸的是，十年内乱期间，这方面的

---

* 这一讲内容选自《集大成　得智慧——钱学森谈教育》一书，现标题为编者所加。

研究工作都不同程度地受到打击和摧残，其恶劣影响到今天还在。

人的才能除了智力之外就是知识。也就是把人类自有文字记载以来的实践经验和由此而总结出来的对客观世界的认识系统化为学科，这些学科知识是可以向新的一代，向需要的人讲授的。或者是老师讲、学生听；或者学生读书自学。我们说的教育主要是指这件事。教育在培养人的能力中的重要性是大家所熟知的。

我在这里把智力和知识分开两部分讲，是强调它们之间有不同，人的聪明如何培养是至今不太清楚的问题，而如何长知识，就比较好办，有一套有效的办法。当然两者又有联系，智力高，知识吸收得快；知识多也有助于提高智力。一个人的见识不能光靠聪明，还得有学问。

不管怎样，人从出生之后，经历不同，学习条件不同，能力也不同。不同在两个方面，一是能力有大小，二是能力的方面不同。前者是说做某一方面工作的效果不同，质和量有高低；后者是说所长不同，有人干某一方面工作的质和量高，干另一方面的工作质和量就低。所以从国家来说，如何把最合适的人放在最合适的工作岗位上就是一个大问题。这就是用人的问题，而其核心是识人的问题。人们爱举历史上伯乐识千里马的故事，甚至说什么伯乐学。有不少青年自以为是向科学进军的千里马，抱怨没有伯乐来认识他，所以对这个问题津津乐道。我们应该科学地对待这个问题。

第一，千里马只是马的一个类型，千里马挽载重车不一定能比上一匹挽重马。而建设社会主义需要各种各样的人才。所以千里马不一定比其他的马高超，要看做什么工作。旧社会鼓吹的所谓"天才"，往往不承认人民当中各行各业的人才，那是一种狭隘性的表现，可以说是阶级偏见。我们不但要有千里马和识千里马的伯乐，也需要其他类型的马和识别它们的在行人。

第二，伯乐的本事是神奇的吗？当然不是，客观事物总是有其规律，要认识这规律。认识规律就那么难吗？也不见得。我们党在几十年的革命斗争中，不就是从千百万革命者中，认出并选拔出一大批干部，又从他们中提拔了优秀的领导人吗？这不是非常成功的吗？选拔革命干部和革命领导人成功了，就说明识别优秀的做革命工作的人的规律是可以掌握的。能知其一，就能知其二，知其三……识人的问题在于研究建设社会主义中各行各业能人的特征，能很快很准确认出这些特征。这才是人才学的任务。人才学要研究的范围是宽广的，不能只限于认出科学研究的人才。

人人皆可为"神仙"

一、开展人工智能基础理论研究

刚才，听报告人讲了智能接口方面的问题，使我们学到了不少东西。这个问题正如报告人讲的，很重要，是已经逼到我们头上来的一个问题。我们要把电子计算机纳入到人—机系统中去，这是一个必须解决的问题。

作点历史回顾，这就有点像航空技术在本世纪 20 年代时的情况。第一次世界大战后，航空就上马了，到了 20 年代，就要求大力发展。但是，当时的航空理论基础还没有很好地建立起来。所以，20 年代的航空完全是硬干起来的，没有多少理论做指导。道理很简单，就是技术要求的迫切性走到了科学发展的前面。30 年代、40 年代航空理论的大发展促进了航空技术的发展。当然，航空技术的发展又给航空理论提出了新的课题。我有这么个感觉，就是人工智能也是现实压得我们必须解决的一个问题。但是，现在的理论基础还很差。比如，今天介绍的情况，现在使用的工具很零碎。像语音这个问题，它涉及到语义，还有图形和图像等等问题，同时也涉及到人的思维。但是，迄今对人的思维还没有完全搞清楚。搞清楚的只有一种，就是抽象思维，或者叫逻辑思维。现在用的也只是这种思维工具。但是我们知道，这只是思维的一部分。还有更重要的一部分，就是形象直感思维，还远没有搞清楚，没有办法用。这就是目前的基本情况。

我在多种场合下呼吁，人工智能这方面的工作非常重要，但是千万不要忘了，还要同时去大力发展理论工作。不然，最后恐怕难以深入下去。我相信，理论发展了，一定会促进人工智能，促进接口这些实际问题的解决。这方面的先例已经有过，那就是 20 年代和 30 年代航空技术发展的情况。从大道理上看，马克思早已讲过了，理论和实践是互相促进的，不能只搞一方面的东西。这就是我听了这个报告之后的一点感想。

二、发展教育科学，进行教学改革

今天是 12 月 29 日，是我们今年最后一次学术活动。我们都是科技人员，得想想今年走过的路以及 1987 年和以后要走的路。

今天，我想从更大的方面讲讲，这就是人的潜在能力。

首先，从教育培养大学生、硕士、博士这个问题讲起。我不是搞教育的，没有研究过教育学，只是实践过。但是，我这个门外汉感觉到教育科学还不够科学，可以说还不存在教育科学。虽然在北京有个教育科学研究院，但是教育并不科学，主要是经验性的东西，形不成一门科学，恐怕还没有理论。所以，两年前我写过一篇文章。我从自己的经验出发来讲这个问题，我没有什么理论。我说：我六岁入小学，上了六年小学，六年中学，是规规矩矩地按年龄入学，高中毕业是十八岁。现在想来，我的中学实在好，就是现在和平门外的师大附中。那个时候，这个中学的学风非常好，学生是求知，而不是死背书。到高中时选课很多，例如伦理学、数学的非欧几里得几何都可以学。高中分一部和二部，我在二部，属理工科。那时我学的东西很多：大代数、解析几何、微积分都学过。后来我进了上海交通大学时，第一年就没什么新东西可学，第二年大部分时间也没有什么新东西可学，等于放了一年半"羊"。到了大学三年级才有新的课。四年级要毕业了，又放羊了，放了半年。在旧中国，学生快毕业了，教授和教师还满客气的，要求不高，好像要把师生关系搞得好一点。所以，我在交通大学真正花力气学习只有两年。

因此，我在两年前的文章里认为，六岁入学，十二年后毕业，即十八岁毕业时相当于现在大学的二年级学习程度。我认为，在大学学习两年就可成为学士，如果大学学四年，就应该是现在的硕士水平。以上这些，并不是我钱学森的个人经验，还包括我同班同学的经验。因此我认为六岁入学，十八岁高中毕业，再上四年大学，就可以达到现在的硕士水平。这在旧中国能做到的事情，在新中国也一定能做到。但我也考虑到有障碍。我们现在的改革，什么事情都会有障碍的。所以，我也给了点时间，这个宏伟计划是不是在 2000 年实现呢？

大概在一年多以前，我又受到一次教育。中国科学院心理研究所一位研究员，她来找我，说她受到马克思主义哲学，即恩格斯自然辩证法的启发，做过多年的实验，对小学生进行抽象思维教学。她认真去做了，并且发现可行。这个给我很深刻的教育。因为，我从自己的实践认为，恐怕到初中三年级才可以接受抽象思维教育。但这是人的经验主义，因为我是初三开始学几何。在没学几何前，没有抽象思维，学习硬记而已。小孩子只是凭兴趣记住许多东西，对事物之间的关系，还不会推理。所以，我的错误概念是小学生不能进行抽象思维。她打破了我这个观念，她真的到小学做实验了。

她给我举的例子很有意思。比如，一与多的辩证关系。教师在黑板上画一个苹果，问学生这是什么？回答是一个苹果；再画一个，答两个苹果；再画一个，答三个苹果。接着在三个苹果下边画一个盘子，再问学生，有的就愣住了，但有的学生大胆地说，这是一盘苹果。刘教师说对，现在三变成一了，成为一盘苹果。她就用这种方式来启发孩子。后来，她就在小学教中学的数学课，很成功。

孩子们可以独立思考了。对有些课程，一些学生说，教师你不用讲了，我自己看课本就懂了。而且，教其他课的教师就跟她讲，你这个办法好得很哪，你的那些学生在我的课上，表现得特别聪明。我听了这些，心里挺开窍。我承认自己的错误观念。这样，我就觉得应该有个新计划。再加上我在家观察我的第三代，我看应该把过去的制度打破，孩子们四岁就可入小学。高中毕业也不需要十二年，我们的景山学校不就是十年一贯制吗。听说上海还有九年一贯制的。暂不说九年的，只提十年一贯制，孩子到十四岁就可以达到现在大学二年级的水平。照此说法，青年到十八岁的时候就可以达到硕士水平。

我这个想法跟上海搞教育改革的人谈过，他们把我的话登出来，题目是《钱学森在上海谈教育改革》。其实，我没到上海，我是在北京跟上海一个调查组谈的，十八岁可以达到硕士水平，但做起来可能很难，是不是到 21 世纪去实现呢？我认为是可以做得到的，因为有事实根据。

最近，还有一件事给了我启发。那天早晨，我刚到办公室，秘书同志跟我讲，说今天上午震寰同志带来个神童，一定要见我。我说见就见吧。这个神童后面跟了一位武汉大学的教师，一问神童的名字叫津津，才六岁，还是武汉大学的大学生！我问他些问题，他说了不少东西，好多事都能说。不仅能看中文的东西，英文的也能看，而且英语说得也不错。可见这孩子脑功能的发育水平至少是初中或高中程度。当然，神童也是带引号的，他也不怎么"神"。后来知道，他的父母在他小的时候就进行教育。据说他母亲在怀孕时就开始注意了。对于他，震寰同志有一大包材料，我还没来得及看。这是个知识分子家庭，孩子一生下来就进行教育。所以，这个孩子是教育起来的，他的大脑是通过教育而发育起来的，仅仅六岁，聪明得让人吃惊，英语讲得很流利，知识很丰富。因此，我觉得十八岁达到硕士水平完全可能，看来还可以再高一点。

三、挖掘人的潜力

以上讲的这些，预示着教育是大有可为的。把这些情况总结出来，那么，我们就可以通过教育，使每个人都成为"圣贤"，就是有高度智慧的、有知识的和有素养的人。但我又想，还不能到此为止。因为我们这里还在搞人体科学，搞人体特异功能。现在，我们所已经证明了特异功能这个事实，这不是传说，也不是作假。这里包含许多东西值得探讨。因为大家都知道了，我就不仔细讲了。我再讲一个特异功能者，他能预感地震。这件事说怪也不怪，从前历史上有过许多观察和记载。老鼠、蛇都能预感地震，就是说地震有些信息传出来，使老鼠和蛇感到不安，如蛇要搬家等现象。实际上，我们人也会感受到这些信息。但问题出在我们这些人受教育太多了，主观上把感受到的信息给抹掉了，认为不是自己要考虑的问题。但是，这个人把感觉到的信息处理了，预报出地震，那也不奇怪呀！连老鼠和蛇都能预感地震，作为有健全大脑的人更应该预感准确些。这样一想，特异功能也就不怎么特异了。同志们都知道，特异功能可以诱发。所以，我觉得从前的人说什么"神仙"，无非是人们想象出来的东西。但是，如果把人体科学研究的成果运用到培养人的方面，把人的潜在能力发掘出来，那就又高出一层，不仅是人皆可为圣贤，而是人人皆可为"神仙"了！同志们想想，如果把前边讲的神童这套东西发展了，用到教育系统中去，那么，到21世纪，我们就可以做到人皆"圣贤"。如果能从人体特异功能中找出规律，能够挖掘出人的潜在能力，那就是更高一个层次，人皆可为"神仙"。这是一个推理。因此，我们在做这件事情时应该考虑这些问题，实际上这是人类认识客观世界和改造客观世界的一次大飞跃。

怎样提高人的智慧?

关于人的智慧与马克思主义哲学之间的关系问题，近来我在几个场合提到过，但都没有展开谈。在这篇短文里，想更仔细地讲讲我的体会，以求教于同志们。

先要说说自己的一个朴素感受：我在国外从事教学和研究工作期间，没有好的机会学马克思主义哲学，只是在工作中，从经验和教训中得出了几条治学应该注意的东西：如看问题应找什么角度，碰了钉子又如何办等。当时还自以为这是我的心得。回到社会主义祖国后，有可能认真学点马克思列宁主义、毛泽东思想的著作了，才发现我的那几条治学心得，比起马克思主义哲学来，就好比大海中漂着几个小水泡，算不了什么!

因为有这个感受，所以我常常向中青年科学技术工作者宣传学习并运用马克思主义哲学的重要性。可是效果不那么好，和者甚寡。我想，听者大概在想：资本主义国家的科学技术不是很先进吗，他们并不用马克思主义哲学啊!我没有说服人，所以要继续努力。在这里讲讲我这个主张：要有智慧，就必须懂得并会运用马克思主义哲学去观察分析客观世界的事物。

一

先要说明什么叫智慧。我们常常说这个孩子聪明，那个青年机灵。但聪明和机灵是说对客观世界的事物反应比较快，比较敏捷，那是指对一般日常事物而言，比如学生学习中的课堂提问等。这种智能是有方法培养锻炼的，例如国外有许多广告宣传什么"三个月讲一门外语"，"包教包会"等等。国内也有同志搞智力工程，还有创造学会这样的学术组织。天津有一家《智力》月刊，专门为培养青少年智能服务。我是赞成所有这些同志的努力的，年轻人要有这种智能教育；而我们今天的学校教育中，这方面的训练太少了。但我必须说，这类方法出不了智慧。智慧是人脑更高层次的活动，聪明、机灵，以及所谓智力、智能都是在低层次，低一个或几个层次。所以这些同志的工作是有益的，但还远不能用以敲开智慧的大门。

为什么这样讲？中国有句老话："大智若愚"嘛，真正有智慧的人，看上去好像还有点迟钝！这是因为他用智慧去考虑深邃的问题，对一般问题反而不感兴趣，不愿去花心思。另外，现在"高技术"工作中一项重要课题是人工智能和智能机，但谁也不会把2000年能搞出来的人工智能和智能机同人的智慧等价，那是有很大区别的。因此英国的一家期刊 *New Scientist* 在去年出的一期上挖苦说："人们都在讲人工智能，怎么不说人工愚蠢！"

还有一点要说明的：智慧并不仅仅是有知识，正如不久前苗作斌同志所说，有丰富的知识是必要的。但也要说清楚，不是有了知识就自然而然地有智慧了。这里有一个运用知识的问题，中国从前就笑话那些"老学究"，说明有知识不会用，也不能达到智慧。在今天，电子计算机检索的信息资料库时代，更可以说清这个区别，信息资料库所存储的知识比任何人所能知道的都多千倍、万倍、亿倍，但信息资料库本身并没有智慧，甚至连比智慧在档次上低得多的智能都没有。当然，这也绝不是说电子计算机检索的信息资料系统没有用，一个有一定知识和智慧的人用了这种网络系统，就如虎添翼，能获得大量"激活"了的情报，也就是有针对性的活知识；而这有针对性的活知识又是人的智慧的原始素材。

二

其实上面讲的也是老话了，我之所以重复地写在这里，是为了强调它们的正确性，说明我是赞同这些观点的。关于人的智慧的描述和议论还有很多，就如前面提到的那个《智力》月刊，差不多每期开篇都是论述智力的论文，也常常说到智慧。但我认为这些宏论说来说去，都是旁敲侧击，没有能够真正从智慧的本质上去探讨培养智慧的切实可行而又有效的途径。

怎么解答这个问题？第一步应该解答的是用什么立场？是唯心主义吗？智慧是天生的吗？那小娃娃就能有智慧了，这在历史上还没有记载。智慧是神授的？天上掉下来的？我们也不信这种鬼话。剩下来唯一的可能就是唯物主义了，而且是辩证唯物主义：人的主观可以通过实践去认识客观世界，认识了的，人又可以主观能动地用以影响、改造客观世界。这是我们的立场。

第二步要解答的是用什么观点？我在这里建议，用系统科学这个现代化的观点。就是说智慧作为现象，不可能是孤立于一切之外的，它也一定是与其他事物有关联的。前面讲了，人能认识客观世界的规律，然后用这种知识去影响和改造客观世界。而且在上一节我们已经提到智慧要靠知识，特别是活的而不是死的知识。所以我们应该考虑智慧与知识的体系，或系统化了的、有结构的人类知识之间的关系。这样就把问题推向什么是系统化了的、有结构的人类知识。对这后一个问题正好现在已经有了答案，就是现代科学技术的体系，当然这是我的答案，还远不是什么定案。关于现代科学技术体系的问题我已写过几篇东西，在这里仅就它联系到智慧的这一个题目，简略说一说。

这里讲的现代科学技术体系有两个特征：一是它以马克思主义哲学为最高概括，也就是说，体系中所有的学科、理论都要以马克思主义哲学为指导，不能违背马克思主义哲学的原理。但马克思主义哲学又不是一成不变的教条，体系中所有学科、理论的发展，即科学技术的成果，又要用来丰富、深化和发展马克思主义哲学。第二个特征是：这样的结构就把一些知识性的、经验性的东西放在体系之外了，因为这些东西与整个体系的联系还说不清。此外，资产阶级的社会科学等当然也在体系之外，这是由于其指导思想的不同。所以我们的体系本身并不是孤立的，而是处于暂时还进入不了体系的知识海洋之中的。不但不孤立，而且体系内和体系外还要有不断的交往，我们要重视研究体系外的知识，经过整理和鉴别，有的还要随时吸收到体系中来，以充实和发展这个体系。所以这个体系的第二个特征是开放、不断生长发展。

这个现代科学技术体系的结构是：在最高概括的马克思主义哲学下，分若干个大的学科部门，暂时有九个大部门；每个部门又有三个层次，一个基础理论学科层次，一个应用理论学科层次，和一个应用业务性或工程技术层次。每一个大部门也有它自己的哲学概括，可以说成是这一部门过渡到马克思主义哲学这个殿堂的桥梁；这些部门的概括也可以认为是马克思主义哲学的基石。这九大部门及其哲学概括是：自然科学和自然辩证法，社会科学和历史唯物主义，数学科学和数学哲学（元数学），系统科学和系统论（不是所谓"一般系统论"，也不是所谓"老三论"，"新三论"），思维科学和认识论，人体科学和人天观，军事科学和军事哲学，行为科学和社会论（暂用词），以及文艺理论和马克思主义美学。文艺理论这个大部门看来只有一个基础理论学科层次，因为文学艺术的创作属艺术和技巧，不在科学技术的范围之内。

以上所说的科学技术体系，包括了人类现在所认识到的客观世界规律的全部精华，它就是智慧的泉源，而这个科学技术体系的最高概括——马克思主义哲学难道还不是人类智慧的结晶吗？我还可以举出许许多多例证，就是在资本主义国家的伟大科学家，他们的成就都在于他们不自觉地、或多或少地运用了马克思主义哲学的原理。我也可以举出许许多多例证，当这些科学家和学者碰壁闹笑话的时候，也就在于他们违背了马克思主义哲学的原理。在我们国家过去和今天也有同志讲错话，做错事，其中不少也是因为他们离开了马克思主义哲学的原理。

因此结论是：要有智慧就必须懂得并会运用马克思主义哲学去观察分析客观世界的事物。这样我们就重新肯定了哲学的涵义：智慧的学问；但更明确了，必须是马克思主义哲学。

三

这样也就明确了如何去培养提高青年的智慧，古人千百年不能解答的问题，现在可以解答了：除了现在已经在做的对学生的智力教育、智力竞赛测验这些必要的、低层次的、普遍的工作之外，还要从高中开始进行马克思主义哲学的教育；在高等院校除了深化马克思主义哲学的教育外，还要讲现代科学技术体系，使学生开阔眼界，能高瞻远瞩，也就能更好地领悟马克思主义哲学。要把这方面的教学放到打基础的重要位置上，并以此来改革现在的马列主义教学。

我以前估算过，到2000年，我国初中以上的在校学生将达四千万，再添一千万继续教育的对象，一共五千万学生要接受马克思主义哲学和现代科学技术体系的教育。如果每两百名学生有一位这方面的老师，那也要有二十五万老师。不小的教学队伍呵！当然还有教学计划和教材问题，必须早日动手搞。

我以为，如果我们能大致按上述的建议去培养青年，那我们就比西方国家的那套什么人文科学教学制度高明得多。

最后在结束这篇短文时，我还要说：一个有智慧的人，是懂得大道理的人，是有社会主义和共产主义理想的人，因而也是一个有道德的人。也因为他懂得大道理，"事理看破胆气壮"，他也一定勇于改革创新，不怕艰难挫折，他不会去贪图安逸，更不会去同流合污，他懂得："平楚日和憎健翮，小山香满蔽高岑"。

我的中学

一

我是 1923 年至 1929 年在师大附中学习的，想到在师大附中学习的情景，我是很有感触的。那时候，这儿是城的边缘，很荒凉，再往南去的陶然亭是一片荒野。北京城里就怕刮风，俗话说："无风三尺土，下雨一街泥。"胡同里常有做小买卖的叫卖声，听起来很凄凉。我们在附中上学，都感到一个问题压在心上，就是民族、国家的存亡问题。不要说老师们，就是所有的学生，也都在心里头存着这个问题。就在这样的气氛下，我们努力学习，为了振兴中华。我们班上，给我们同学印象最深的是教语文（那时叫国语）的董鲁安老师。董老师实际上把这个课变成了思想政治教育课，讲了许多大道理。我们这些学生也就从那个时候懂得了许多道理，我们要感谢董老师。1935 年初夏，我已准备出国，去看望董老师。后来人家告诉我，董老师那时已在进行地下党的工作，为了掩护，公开面貌是信佛教的居士。就在那以后不久，他便离开北京到解放区去了。全国解放以后，我在报纸上见到了董老师的名字，他是河北省委的负责人之一。我 1955 年回到祖国时，董老师已经故去了，没有能够再见到他。董老师给我们的教育是很深刻的，我们这些学生，一辈子也不会忘记他。

在知识能力教育方面，我们的印象也很深刻，例如矿物硬度有十度，哪几个矿物能代表这十度呢？"滑、膏、方、萤、磷、长、石英、黄玉、刚、金刚"，挺押韵的，好记，有用！这就好似硬度的十度。滑就是滑石，膏是石膏，方是方解石，萤是萤石，磷是磷石，刚是刚玉。这是谁教给我们的？是我们的李士博老师，他编了这个词，我到今天还背得烂熟。

还有教几何的傅仲孙老师，他自己编几何讲义，用古汉语编。傅老师古文水平很高，是桐城派古文。教我们的时候还拉着腔调念讲义，很带味。给我印象很深的是老师说的："你只要承认公理，定理是根据逻辑推断的必然结果，没有第二种定理。在中国是如此，全世界也是如此，就是拿到火星上去它也得是如此。"他的这个讲法好，彻底极了，火星上都是一样的，跑不了。

几十年前在师大附中所受的教育，我们这些人是终身感谢的，现在还在影响着我们。所以我提两条建议。第一条，是不是可以找老校友讲讲当年学习的一些情况，总结一下那个时期老师们的教学方法，供现在教师参考，进一步办好师大附中。因为我总想，我们附中毕业的校友们当中有不少很有成绩的，那就是说附中的教育对他们是起了很大作用的，那么这些经验是可以总结一下的。第二条，我们还有很多附中校友流落生活在台湾，我们要联合台湾的师大附中校友共同努力，争取台湾早日回归祖国，完成统一大业。

二

老附中师资水平很高，对学生很亲切，常和学生接触，像教我们生物的于君石老师（同音），常带学生到野外采集标本、制作标本，我记得给了我一条蛇，让我作标本，后来这位老师去了南昌，现在是江西大学教授、省政协委员。教我们的还有翁文颐、董鲁安、夏宇众。

我对师大附中很有感情。在我一生的道路上，有两个高潮，一个是在师大附中，一个是在美国读研究生的时候。六年的师大附中学习生活对我的教育很深，对我的一生，对我的知识和人生观起了很大的作用。现在的中学离老师大附中的水平差远啦！现在的中学水平像师大附中那样就行。六年小学、六年中学、四年大学应培养出硕士生水平。20年代，正是北洋军阀时代，当时那样困难，能办出附中那样的好学校，现在条件好多了，为什么办不到？要研究一下是怎么回事？我附中毕业后，到上海交通大学，第一年就觉得大学的功课没有什么，因为我在中学都学过。在上海交大四年，实际上就学了两年，后来考上公费留学美国，还是靠附中打下的基础。现在有好多的问题需要解决。20年代做到的，现在有没有做到，我看，做到像师大附中那样水平才行。现在的教育应该做到 6+6+4 ＝硕士水平。现在讲附中那时的情景，有点像神话。学生知识丰富，当时小孩子都知道，世界上有两个伟人，一个是列宁，一个是爱因斯坦。现在应该研究一下，目前的教育制度、师资水平、技术革命和对学校的要求。

现在的父母对教育孩子很费劲，我们那个时候没有像现在这样受罪。在学校里玩得好，不天黑不回家，不怕考试，不突击考试，可以说没有考不上大学的。现在的学生对知识没有兴趣，老师教到什么程度学生学到什么程度，这样的教育是不行的，教材不是主要的，主要是教师。

附中培养的学生水平很高，就是不怕考试，不能死考课本，要提倡多看课外书。附中的选修课很多，学生的知识面很广，每天中午大家吃了饭，在教室里互相交谈感兴趣的各种科学知识，数学的、物理的、化学的，什么都有。附中高中毕业生水平可以和大学一年级水平一样，关键是师资水平。附中的特点，一个是师资水平高，一个是学生愿意学，不死记硬背。当时师大附中很穷，但是化学实验做得很多，化学实验室对学生随时开放。当时校长林励儒，是有名的教育家，学校经费困难，甚至发不出工资，但是他能把教师们团结起来，使大家都能热心干好学校工作。

附中的学生求知欲强，把学习当成一种享受，而不是一种困难，对学生要诱导，而不是强迫，师生关系密切，息息相通。

当时附中高中有些课用英文讲，到了高中二年要学第二外语，当时设有英语、德语和法语，我选修了德语。外语要情景教学，创造语言环境，初中学了的东西，高中就要用。

现在限制太多、太死，要培养孩子们多方面的兴趣。

我们的教育要改革

我五年前在一次会议上说过，30年代，我们到美国进修、读研究生（许多人来自中国的名牌大学，如清华、北大、交大），也是去名牌大学，像麻省理工学院，不需要考试。那时候，中国学生成绩都很好，名声也很好，在班里都是冒尖的。我最近在国家教委的一次职称评定会上讲了一个故事。1935年至1936年，我在麻省理工学院航空系。班里有几个中国学生，还有一个英国学生，有一次这个英国人来了，他说："我借你的笔记用用，前几天我发烧了，没上课，缺笔记。"我开玩笑说，我们的英语不行，你还是借美国人的笔记吧。他说："我是英国人，还有点自豪感，我不借美国人的笔记。我为什么借中国人笔记，因为我服输了，我比不过你们。"中国人在那个时候，名气是很过硬的。旧中国，我们的条件那么糟，但好的大学却能够办到很高的程度，现在的条件好多了，我们反而办不到。我没有答案，只说现象。我的母校是北师大一附中，校长要我去讲讲，我说不能去。因为我去讲，要把老师讲糊涂了。那个时候是苦难的中国，你把师大附中讲得那么好，而现在是幸福的中国，你倒反而说不好。

因此，教育界的同志要真正实事求是客观地研究这个问题，不要随便扣政治帽子。我不赞成这样一种意见，把现在的教育学说得那么科学，从脑科学、思维科学、心理学一股脑儿下来，好像说得很清楚，就像有了牛顿定律，科学可以推断、控制一切物质运动似的。其实，现在这些科学还不像牛顿三定律那么清楚，所以把教育建立在这个基础上恐怕很困难。因此我认为，应该采用客观的、半经验半理论的方法，有点理论的指导，但更多的还要靠经验。

根据我自己那一班同学的实践，证明我们的教育可以比现在办得好得多。现在是六岁入学，小学六年、中学六年。实际上高中毕业就可以达到大学二年级的水平。再上二年就是学士、四年就是硕士。这没有什么新东西，旧中国就已经做到了。我在北师大附中毕业到上海交大念书，就感到闲得没事，一年级教的内容我在高中都学了，而且学得还多。新的东西是在二年级下半年学的，三年级是真学了一点东西，四年级快毕业了，老师对学生很客气，有点马马虎虎，又没学什么。以上说的中学六年就能达到大学二年的水平，这并不是过分乐观，而确实是我们的经验。是不是师大附中的同学特别聪明呢？不是，而是学风好。那时考试也很多，但学生们说，明天要考试，今天要备考，那是没出息。要考试，就是不作准备的考，那才叫真本事。学校也提倡这个风气。我那个班里，一般考下来都是七十多分，拔尖的有几个考八十多分，不过如此，但这是真的，不是假的，不是死记硬背的。

在中学里，高中分一部（文科）、二部（理科），我在二部，选科很多。其中有一门是非欧几里得，现在大学数学系才学这个，其他还有有机化学、无机化学、工业化学等。还有一点也表示了学校的开放性。化学老师让我们一部分对化学有兴趣的同学，任何时候都可以去实验室，只要跟实验室管理老师说一声，而不受课程科目的限制。其他方面如中国的诗词、音乐都可选修。学校开放是有很大好处的，我们那时的小孩就知道世界上有两大伟人：爱因斯坦和列宁。他就是从书本上看来的。学生有很多时间看各种各样的书，兴趣很广，最主要的就是不在于背书，而是理解。因此，学校有一个好的校长，有一个正确的教育方针，是很重要的。这些事情说明一个问题，青少年的潜力是很大的，我们现在不是去挖这些潜力，而是在埋没这些潜力，方法不对。

中国科学院心理学所的刘静和曾对我说，她经过长期实验认为，核心在于更早地发掘孩子的理论思维，从小就让孩子学。方法就是马克思主义的哲学。用了自然辩证法作为课本。念了讲，不懂再念，一直到有一些入门。然后，在上课时举例说明，黑板上画一个苹果，问小孩这是什么？答一个苹果；再画一个，答两个苹果；再画一个，答三个苹果。接着在三个苹果下画了一个盘子，问这是什么？小孩愣了。老师就说，这是一盘苹果。然后就讲一、二、三，多与一的辩证关系。然后再讲数学。这样一教，孩子们确实变得聪明了。有些小孩就说，有些课本，老师你不用讲了，我自己看就能懂。教其他课的老师对刘静和说，你的那些学生在我的课上，也显得非常聪明。她的讲话给我很大启发，我过去认为理论思维只能从中学起，我就是从高中开始的。因此，我就把前面的想法又改了，觉得学制还可以缩短。我观察我的第三代，四岁就能学习了。按照刘静和的方法，搞十年一贯制，到十四岁时就能达到现在大学二年级的水平，十六岁成为学士、十八岁成为硕士。

有同志问：为什么要把学制搞得那么短？因为，现在的科学技术知识太多了，博士也没有什么了不起。美国就认为博士只是刚开始，没有这些学识，就无法认识和应付复杂的科学技术。今后要做真正的科学技术工作，博士是必要的条件，也就像从前的大学生一样。前几天我去部队放炮，说肖克同志前几年讲，军队的干部必须有大学水平。我说根据这样的观点，连排长是学士，师长必须是硕士，军长必须是博士。这一点也不夸张。美国、苏联都是这样。美国在 30 年代，打仗的军官是军事院校毕业的，近几年中，许多将军就是博士。地方上也是这样，司局长是硕士，部长一定要是博士。这不是说一定要强调博士文凭，而是讲知识一定要达到那个程度。不然的话，在 21 世纪就无法竞争。不但如此，而且在工作中还要不断地继续学习，更新知识。我同意童大林的意见，把教育作为第一位的事情。中央讲得很清楚，第一步 2000 年翻两番；第二步建党一百周年，2021 年达到小康水平；第三步建国一百周年，2049 年达到或接近那个时候的发达国家的水平。要实现这三部曲，没有教育的发展是不可能的。21 世纪是智力竞争的时代，上海应当带头。现在同志们考虑教育发展战略，也就是这样的战略。

这里有一个教育要放开搞活的问题。在讨论教育体制改革决定的一次座谈会上，北京市第二实验小学的校长说，我当校长没有一点办法，我明明看着不对的事，也得那样办。这说明办教育有很多困难，所以希望是有的，办法也是有的，问题是怎么去做。

什么叫聪明，什么叫愚笨，我们现在不清楚。一些华裔教授对我说，你们所谓的好孩子，在我们美国是最笨的孩子。你们的孩子，爸爸妈妈就问"你们考得如何"。而美国的爸爸妈妈问孩子，总是说，你在班里有没有提出什么冒尖的问题，也就是鼓励创造性思维。前不久，我碰到英国的一位天文学家、皇家学会的会员。他对我说，我现在发现，年轻人倒反而变得保守了。美国、英国的年轻学者也是胆子小、老老实实的。年轻人要培养他们的创新精神，这在中国疏忽很大。上海可能也有。年轻人如果与老师的观点不一样，就非常难办了，甚至不让他毕业。我在外国的老师可不一样，他是航空的权威，他跟我们研究生的关系完全平等。我那时是博士生，有一次我报告工作时，他不知是没听懂我讲的意思，还是在想着另外一件事，他认为我讲错了，就拍桌子瞪眼，说我胡闹。我们这些中国人还有点中国习惯，老师发脾气，就不吵了，等他气消了再说，于是告别了。但这位闻名世界的权威，是崇尚真理的，他把我轰走后，想想自己不对，第二天早上，他跑到我工作的房间，立正，还稍微带点鞠躬的样子，对我说，昨天下午，你是正确的，我是错误的。这就造成了一种追求真理的气氛。如果压制学生，那是最糟糕的。我说，如果查出哪个导师压制学生，就通报，再不改，就撤职。科学就是追求真理，一个标准。

上海交大有一位老师写了一篇《组织学生课余兴趣小组活动》的文章，主张着眼于智能培养，这很好，我赞成。不要老是让学生去啃书本。他的这个提法在国外已经通行，就是学术讨论。但这个学术讨论和中国不一样。我们现在讨论，是一种很僵的气氛。论文宣读后鸦雀无声。外国是把论文发给大家，发言十分钟，定了五分钟提问题，提问很尖锐、简要。会下两人便展开讨论。我第一次参加学术讨论，讲我的工作，我的导师也在听，讲完后，有一个老头提了意见，我一句话就给他回答了："你这个意见，在类似你提的意见的工作上是对的，但是用在我这个工作上不行。"这老头就坐下了。会议结束后，我的导师过来对我哈哈大笑说，你知道提意见的这个老头是谁吗？我说不知道。他说，这是个鼎鼎有名的大教授，又说，你回答的这句话好极了，一下子给顶回去了。学校里讨论会更活跃，一个讨论会共两个半小时，主讲人讲五十分钟，一个多小时讨论，然后会议主持人花十五分钟小结。假如我们的学校里都能组织这样的活动就好了，很能培养智能。不要搞成死气沉沉的课堂教学。

现在年轻的同志知识面太窄。一些四十多岁的同志来找我，我让他们看几本书。第二次来找我时，我问他们看了没有，回答说没有。我说，我老头看书都比你们快。他们说，你不知道，我们家里的事可真多啊，学习读书的气氛、环境不行。毛主席讲要博览群书，这是很对的。看书不多，怎么做学问。学校里应该有一个活跃的气氛，让学生们博览群书。音乐、画画、诗词、文学爱好都可以。

关于办世界高水平大学，我看很简单，第一，要有钱。比如美国加州理工学院，很小，本科生八百人，研究生八百人，教师、研究员八百人。一年经费一亿美元。这样研究工作才展得开。我们的学校不能比，北大、清华的经费折合美元，只有近一千万美元，现在更不到了，大约是两千六百万人民币。没钱，就买不起设备，没有设备，就无法开展研究工作。第二，要开放。学校是否有自主权，这很重要，只要开放了，学校就会有办法。第三，请客座教授。有了以上条件，就能引进人才。现在有那么多华裔以及外国人，他们三年里有一年休假。只要你有条件，他们就会愿意到中国来执教。

改什么？怎么改？

1984 年我写过一篇关于教育的文字，认为我们应该在马克思主义哲学的指导下，认真总结我国教育事业半个多世纪以来的成功经验和失败教训，并参考现代教育科学的理论，找出一条符合我国国情的办教育的道路。但我在那时仅仅看到本世纪末，只提出了一个轮廓的图案。虽说那也是为了 21 世纪的社会主义中国，可又没有具体指出哪些才是 21 世纪我国教育所需要的。所以我想在这里谈谈这个问题，也是参加《教育研究》组织的关于我国教育问题的笔谈，并向同志们请教。

智力战对我国教育提出的要求

人类社会中生产力的发展已经经过几次飞跃——产业革命：继 18 世纪后期的所谓"工业革命"的产业革命之后，又有上世纪末、本世纪初的所谓"垄断资本主义"组织的大横向联合，以至跨国公司的产业革命；现在正在兴起的是以信息产业为龙头的又一次新的产业革命。到下一个世纪还会有现在还看不清的产业革命，如生物技术的发展可能会激起再一次新的产业革命。尽管现在还看不清 21 世纪的事，但回顾总结历次产业革命对劳动者素质的要求，有一点是十分清晰的：对劳动者教育文化水平的要求是越来越高了。从前一个劳动者会用简单工具，能干活就是个好劳动者。现在一个劳动者使用的机器，有的是复杂的机器，甚至是有电子计算机的复杂机械系统，对劳动者教育文化水平的要求已经不是什么小学的"基础教育"所能满足的了，至少要有中专的水平，甚至要大学水平。今天我们已从实践中发现，某些进口的高级机器生产系统需要高等院校毕业的技术人员操作运转才能获得应有的效益。当然这在我国还是个别现象，但它给我们一个非常重要的启示：把体力劳动与脑力劳动分家，把工人、农民与知识分子分开的古老观念该抛弃了。"万般皆下品，唯有读书高"的封建思想更是要不得！共产主义的理想之一——消灭体力劳动和脑力劳动差别，要提前实现了。在 21 世纪，国与国的竞争，综合国力的比赛，最关紧要并有决定性的，是公民的教育文化水平。水平高的占优势，水平低的处劣势，甚至有被开除"球籍"的危险。

这就是智力战。

世界各国都在研究这个问题。美国也在研究教育问题，认为他们的教育事业问题严重，要改革。美国科学促进会、国家科学基金会、国际商用机器公司、卡内基公司、梅隆基金会以及参与其事的几个州政府，共同在制订一个所谓"2061 计划"，意思是说，为那些能活到 2061 年哈雷彗星再次回归的美国公民制订的计划，即研究现在刚出生的美国公民，他们未来该受什么样的教育，并该有什么样的美国教育制度。已经出了一本书，书名就叫《所有美国人都需要的科学》，书中提出要打破老框框，重新组织教材。这说明他们已经看到 21 世纪了。

我们要推进中国的社会主义现代化建设，再不放弃陈旧的观念，再不认识到提高人民素质和公民教育水平的重要性，就要犯大错误了。

到本世纪末和建党一百周年的两个大阶段

以前我们讨论的到 20 世纪末我国教育事业的大轮廓是：儿童六岁入学，六年制小学，每年毕业的小学学生，年十二岁，有大约两千万。其中约有一半进职业学校，三年毕业，每年一千万。另一半小学毕业后入初级中学，每年也是一千万，三年毕业，年十五岁。这一千万初中毕业生，其中多一半，可能是六百万进中等专科学校、职业中学和技术学校，三年毕业，十八岁；其余四百万初中毕业生入高中，三年毕业，在大大改进中小学教学效率的基础上，达到今天大学二年级的水平，也就是十八岁达到今天大学二年级的水平。从这些高中毕业生中选拔大约三百万入大学，四年毕业，达到今天硕士水平。我估计这样一个到本世纪末实现的我国教育体系，年教育经费约需一千亿元。按目前的估算，如果到本世纪末，我国国民生产总值为两万六千亿元，则届时教育经费占国民生产总值不到百分之四，应该是能够做到的。

这是到 20 世纪末，即第一阶段的教育体制改革。这实际上是总结我国过去半个多世纪的成功经验提出来的，所以是完全可以做到的。第二阶段，即到

2021 年建党一百周年，那时要求我国教育事业有更大的进步，要为 21 世纪做好准备。

到那时，我国要为每一个青年接受高等教育建立必要的体制，可以考虑把入学年龄提前到四岁，而且像北京景山学校那样，十年一贯制，到十四岁高中毕业。这个高中毕业水平又如前面所讲，实际是今天大学二年级的。然后再读大学四年，达到硕士水平。这就把那时和从那以后四岁入学的中国小"公民"用十四年时间培养成十八岁硕士。我初步估算，这样一个教育体系，开始时每年经费将是八千四百亿元。而到 2021 年我国国民生产总值可能将达十万亿元；所以到时每年教育经费占国民生产总值的百分之八点四。这是今天一般发达国家教育所占的比例，也是我国国民经济发展以后的比例，所以也是可行的。

但这第二步迈得比较大，不完全是过去的经验所能保证的，所以要创新才行，如何创新？这在下面谈。

教学方法的革新

首先要讲讲教学方法革新的可能性。

一件已经有了实验结果的是：小学就可以引入抽象思维的教育。在过去，人们总以为小学生只能做知识的累积，教会简单的加减乘除，至于逻辑推理，那是在初中后期的事。但中国科学院心理研究所的刘静和同志和她的同事从 50 年代就开始对小学生进行数学教学试验，而且用辩证逻辑作指导，试验很成功，近年来已在全国办了上千个实验班，教材已汇编出版。实验的结果是学生理论推理的能力大大提高，比以前可以提前六至七年。小学生因为有了抽象思维的能力，不但数学知识丰富了，同时其他课程的学习也变得更聪明了，对课本不要教师讲，自己就能读懂。这不是一件非常重要的革新吗？

第二件也是已经试验了的：把现代信息技术引入教学中来，即电化教育。这就是用通信卫星，把一个教师的讲课用电视广播到全国的课堂，而课堂也不是传统的一大间教室，全国都成为一个大课堂了。这样，一位优秀教师可以代替上千万教师向全国的学生授课，学生旁边只需有辅导教师就可以了。而利用通信卫星远距离传播电视节目的技术和电视录像技术我国已经完全掌握，设备生产能力也有，用到教育事业上只是一个推广应用的问题。

第三件是教学方法的革新：电子计算机教育。这已经有了开端，但还需要开拓发展。我国现在已经生产出用于青少年普及计算机知识的微机——中华学习机，今年就将生产 CAC-1 型等二十万台。而已有的学习机就有十多万台，并有七千名教师参加了计算机培训，四十万名中小学生参加了计算机教育。李铁映同志曾指出：我国电视机和录音机的保有量都已达到一亿台上下。把电视机作为监视器，把录音机作为存储器和语言系统，家庭再花几百元买个中华学习机，将构成一个比较完整的"学习系统"。这不是说我们在计算机教育方面已经有了开端吗？今后再在软件和数据库方面加以努力，那么诸如使用电子字典和电子辞书之类的工具（经手写和打字后就有读音及条文解释，不必翻书）是容易做到的。

还有一件教学方法的革新，国外已经试行了，但我国似乎还没有做：用电子计算机和必要的信息数据库同学生对话的教学系统。在实际工作中有很多问题不是规定一些条文、规则所能解决的，而是要在复杂条件下根据决策人做出的正确判断才能解决的；判断错误，就会受损失。我们常常把这种判断能力称为工作经验；而一个刚毕业的学生，初出茅庐，没有经验，常常失误。只有在工作中干了几年，遇到各种复杂情况，积累了成功的经验，也有失败教训，增长了见识，才知道该怎么干了。这几年的经验积累过程现在可以缩短了，办法是把复杂的问题放到电子计算机和信息数据库系统中去，让操作的人，也就是学生跟它对话，显示屏上显示出一个复杂的情况，学生根据自己的判断，回答处理的答案，打入电子系统；然后电子系统下评语，是优良，还是可以，或失误，给出结果。全过程只几分钟，不像实际生活中要几天、一个月或几个月的时间间隔，而且无实际风险损失。这样，青年人学得很快，一个星期或最多几个月就锻炼出来了。这实际上是把人工智能的专家系统用到人才培训上。这不是教学方法的大革新吗？

上面讲的四件教学方法的革新只是我个人所知道的，一定还有许多我现在还不知道的，所以教学方法的革新是大有可为的。

教育观念的革新

不久前见到查有梁同志写的一篇论 21 世纪教育的文章，讲到教育观念必须转变，教育体制灵活多元，教育模式综合互补，都很好。关于 21 世纪我国教育事业总的轮廓前面已经说了，是全民教育。但我以为最根本的是教育观念的革新，这是近年来大家热烈讨论的题目，在这一节里我也说说个人的看法。我们的出发点是：要把国家全部青年培养成硕士和硕士以上的毕业生。

　　教育是传授知识的，所以第一个问题是：在今天看来，什么是知识、知识的体系？我以为人类知识有个科学技术的体系，这是系统化了的知识，而在这个科学技术体系的外围还是许多不能纳入体系的片断、点滴知识，有的是一得之见，有的好似尚未经充分论证的见解（如资本主义国家的许多关于社会和经济的理论）。再在这之外的，是人类实践所得的认识海洋，谁也说不清，很模糊，但也不是一无所知。所有这些加在一起就是人类的全部知识。核心体系和外围，以至认识海洋都是有交往的，不是封闭的。随着人类社会实践活动的不断更新、充实，最终还会有结构性的变化。例如在两百年前，能说得上是科学的只有自然科学；而看到 21 世纪，我以为科学技术的大部门就有十个：自然科学、社会科学、数学科学、系统科学、思维科学、人体科学、地理科学、军事科学、行为科学和文艺理论。除文艺理论外，其他九个大部门都有三个层次：基础学科、技术科学和工程应用；每个大部门又都有一个过渡到科学的哲学，即马克思主义哲学的桥梁。依照上述十大部门的次序，它们分别为：自然辩证法、历史唯物主义、数学哲学（元数学）、系统论、知识论、人天观、地理哲学、军事哲学、社会论和美学。这十架桥梁同辩证唯物主义这个马克思主义哲学的核心，构成马克思主义哲学的整体；这一哲学体系比起经典的哲学四大块，充实而又系统得多了。然而，属于这个科学技术大体系的学科数目，可能达到上千个或几千个。这也就提出一个难题，高等院校如按老规矩设系，一个学科一个系，那就会有几千个不同的"系"，几百个不同的"院"，而且科学技术体系又不是固定的，是发展变化的，今后还会变得更快，这种老模式的僵化制度总是不妥当的吧？这不就说明观念需要革新吗？

　　学科的分隔不但对院系的设置会造成麻烦，而且在今天和今后，学生离开学校进入社会所面临的工作都不是单一的，总是综合多方面的，所以出来的硕士，如果其知识只限于一个学科，不知其他，那将是书呆子，教育就失败了。我想 21 世纪中国的公民，即一位硕士，应该受全方位的教育，有以下六个方面的素养，即：一是要有马克思列宁主义毛泽东思想的素养和知识，要有正确的世界观，并会用马克思主义哲学去指导工作；二是要知道他所在的世界，熟悉他所在的世界，熟悉世界的地理环境，各国的人情和经济，这也就要知道世界各国的历史；三是要对科学技术的发展、当前的科技成果有个了解；能看得懂科技新闻报道和各种成就的信息，科学技术是第一生产力嘛；四是要有文学艺术的修养，要会运用形象思维解决抽象思维所不能解决的实际问题，要会在实践和知识都不具备的情况下做出判断；五是要懂得点军事科学，因为竞争就如同打仗，要有战略、战役和战术观点，据说日本的企业家就抢着学我们的《孙子兵法》，连我们的《三国演义》和《西游记》都当做经营方法来学；六是要懂得卫生和锻炼，身体健康也可以益智。这六个方面是每个公民，每个毕业生所必须具有的。我们的目标是博的基础上的专，和专的引导下的博，博与专要互相配合。

从这些观念出发，我想 21 世纪每个中国公民在受了上述教育之后，十八岁硕士毕业了，参加了工作，如果感到学识还不够，要再深造，读博士，以至"博士后"，那就不必设置专业，博士生或博士后学员自己选择研究课题，提出学习计划，由学院的委员会审批就行了。这在形式上又回到欧洲上个世纪的学院培养方式，但有新时代的内涵了。

经费每年要占中国国民生产总值百分之八以上的教育事业是一个庞大的事业，要动员全社会来参与。举例说，教师队伍就要扩大，不能只限于专职教师，要动员全社会来当教师，一切能挤出时间从事教学的人都要受聘做兼职教员、兼职讲师、兼职教授。这样可以把 21 世纪中国社会上为数众多的退休人员积极性调动起来为教育事业出力。另外在职工作人员，不论从事生产，还是进行管理、行政、创作或者研究工作的人，他们在实践中的新经验，可以不失时机地传授给下一代新人。

以上所述的这些看法，可能是不全面的，我也只想在这里讲出来，作为参加 21 世纪社会主义中国教育问题的探讨。

为 21 世纪社会主义中国设计我们的教育事业是件艰巨的任务，现在就要开始具体做的是逐步实现第一阶段的改革和改造，这个内容比较清楚并且把握性也大，应该计划到 2000 年在总体上全部实现。在细节方面当然还有许多问题要研究，例如理工科高等院校的数学课程就要改革，把重点放到学会利用计算机求解和理解计算机给出的答案上，而不是目前这套在半个多世纪前开始的，在没有电子计算机时所制定的数学课程。

在 2000 年完成这一阶段任务之后，就要逐步走向在 2021 年全面实施的第二阶段任务，为此要进行的设计工作就非常艰巨了。先要探讨许多理论、观念问题和观念革新问题。这项工作现在就要开始。

关键还是基础理论

邓小平同志 1983 年 9 月为景山学校题词，用很简练的语言概括我国当前教育事业的要求："教育要面向现代化，面向世界，面向未来。"他在建国三十五周年天安门广场庆祝典礼上的讲话也明确了"要大大加强科学技术研究工作，大大加强各级教育工作，以及全体职工和干部的教育工作。全党和全社会都要真正尊重知识，真正发挥知识分子的作用"。这些话都是党中央的方针和政策，充分阐明了教育的重要性。根据党中央的这一精神，也有领导同志提出：按现在世界的形势和我国的实际情况看，我们面临的是一场"知识战"、"智力战"。

听了这些话，使得我这个科技工作者感到着急，我国的教育事业该怎么办？因此，虽然在回到祖国的二十九年中，我几乎没有做过学校教育工作，也想作为外行，讲讲我的点滴感受和想法。它们是不成熟的，很可能有错误，写出来，为了参加讨论，求教于同志们。

——

尽管新中国成立三十五周年来，教育事业取得了很大成就，但我仍感到我国的教育问题是一个十分紧迫的问题。

我国现在还有两亿多文盲和半文盲。

听说我们现在有教小学生记生字的办法是在家庭作业中要每个生字写一千次，小孩子天天搞到晚上 11 时才能睡！小学生作文，老师规定格式，分几段，每段内容，少一段老师不给分；小学生作文也成了封建取士的"八股文"了。

我也知道有一位初中生在晚饭时向他的父亲说他想自动退学，自学成才，因为学校教学的一套，他受不了了。他父亲只好用一个晚上说服这位初中生。

我也曾到一所重点高等院校去听课，一堂课是高等数学（微积分），一堂课是随机过程数学，都是两节相连的课。我听了之后，感到教师讲得太繁琐，连习题也在课堂上讲，有的学生连笔记都不记！课后我找两位教师谈，我说两节课，改成一节课就行了，留下习题让学生自己思考去做，教学效果会更好些，而上课时间也减少了。我说"这不是很好吗？"两位教师说他们同意我的意见，但不能照我们认为正确的方法去办：因为那样办，有些学生会不习惯，是灌惯了改不过来了，就会向教师提批评意见。"条子"多了，教务部门不察，就会影响教师评职称，提级别！这是落后阻挡了前进，不准前进！

在解放前，我国民不聊生，教育事业十分落后，但也有几所名牌大学，如北京大学、清华大学、交通大学等的教学质量是好的，这些名牌大学的毕业生到美国的名牌大学，如哈佛大学、麻省理工学院、加州理工学院去读研究生是照例许可，不必再经过考试。这是因为这些学生学习成绩优异，比美国人强，从而建立起中国人的信誉。但现在好像变了，我们的大学毕业生到美国，有的要经过考试，再补课，才能进美国的研究生班！

而我们自己的研究生呢？知识面窄，只一心钻在写毕业论文上，外文水平比较差，不习惯看外文参考图书，这又反过来使他们扩展不了知识面！

现在四十多岁的教师呢？他们之中有的是副教授了，是我们这些人的接班人呀。他们之中的一部分是十分优秀的，报纸上常常表扬他们的事迹，读后令人得到鼓舞。但也必须说，四十多岁的教师中的大多数也深受"十年浩劫"之害，因此知识面很窄，外文阅读能力很差，这都使他们缺乏高瞻远瞩的见识。

以上我从小学教育讲起，一直讲到大学、到研究生、到中年教师们，描述了一幅令人担心的情景。这是虚构的吗？虽然我但愿错了，可是我放不下心呀！

二

担心着急的人看来绝不止我一个。那么有什么办法？有什么科学的办法，也就是可靠的办法，合乎事物本身规律的办法？我看以前在我国教育界奉为大师的苏联凯洛夫似乎不能回答我们的问题；反之，也许就是因为我们受了凯洛夫的影响而吃了亏。

我们知道的第一位提出要搞"教育工程"改革教育工作的是敢锋同志，早在党的十一届三中全会前夕，他就试图把自然科学中的一些物理学概念套用到人的教育工作中来。意图是好的，但人的思维过程和学习过程毕竟远比机械物理过程复杂得多，有它们自己的特殊规律，强行套用物理概念不见得会成功。后来敢锋同志好像也没有把这一想法继续发展下去。

1983 年 6 月，我国在广西南宁举行了创造学学术讨论会，并邀请日本创造学家村上幸雄先生参加，开始了我国创造学的讲习和研究。日本的创造学是与又一门所谓"发明学"有关的；发明学是想教人如何去发明，搞能够取得专利权的发明，而创造学的范围更广一些，讲解一切领域内的发明创造该怎么搞。发明学和创造学都比"教育工程"前进了一步，承认人的智力发展不是一个简单的机械物理过程。但这些专家们都讲：如果你要发明，要创造，那就请你按下述条款办，一、二、三、四……创造真的如此简单吗？如果如此简单，那教育工作也好办了，教育不也就成了去学会做这一、二、三、四……了吗？

学生不会，就叫学生去念呀，记呀，背诵呀。教育能这样搞吗？我看不能。这样搞会适得其反的，这是把培养一个人的智力同教会人一项技艺这两件不在同一等级上的事混在一起了。学一项简单的技艺，例如学讲一种外语，讲到外国人能听懂，可以用这种强行灌输的方法。外国期刊上这一类包教包会的广告很多，但没有包教出诺贝尔奖金获得者的广告！就是讲外语，能说到使外国人听懂是一项技艺，但要讲外语讲得达到文理优美，有风趣，那就不是一项简单的技艺，是文化教养的问题。

由于以上认识，江西南昌师范学校徐章英同志就提出要以生理学、脑科学、心理学，特别是思维科学为基础，创立智力开发的工程——智力工程，江西省科协副主席李忠显高级工程师也以智力工程为题发表了很全面的意见。我一方面认为这是看问题的正确方向，教育工作的最终机理在于人脑的思维过程；但我又以为智力工程包括的范围太广了，从机理一直到教育工作的实施，连教育工作的组织、计划、管理都在内了。而教育工作的组织、计划和管理是一项可以应用现代组织管理技术——系统工程的工作，也就是我称之为教育系统工程的技术。教育科学中最难的问题，也是最核心的问题是教育科学的基础理论，即人的知识和应用知识的智力是怎样获得的，有什么规律。解决了这个核心问题，教育科学的其他学问和教育工作的其他部门都有了基础，有了依据。没有这个基础理论，其他也都难说准。研究智力工程应该先集中研究教育科学的基础理论。

三

怎样研究教育科学的基础理论呢？徐章英同志看问题似乎比较单纯，她认为不是有心理学吗？还有心理学的基础脑科学吗？这不是在近二十年来有了很大发展的学科吗？徐章英同志还寄希望于刚提出来的思维科学。我想人脑的活动的确表现为思维，人脑是思维的物质基础，思维科学最终要靠脑科学来阐明它的机理。但那是"最终"，不是现在。如果现在就要用脑科学来阐明思维，那只有等待，成了无所作为了。但这是不必要的，人的思维过程已有大量的观察结果，是宏观的观察，不是深入到神经元的微观观测。为什么不从宏观观察开始？完全可以嘛，这样我们就能立即开始动手研究思维科学，而不必等待脑科学的成果。这就好像化学家远在原子物理、基本粒子物理搞清原子结构、搞清原子核结构之前，就研究分子结构及其性质了。相对于原子、原子核，分子是宏观的，化学家是从宏观开始的。思维科学也要从宏观开始，这是实事求是的科学态度。

但对教育科学的基础理论来说，思维科学又像是微观的，更深入到机理的学问。如果思维科学已经建立起来了，而不是它处于目前的草创时期，那我们也许可以用思维科学来建立教育科学的基础理论。但实际并非如此，人的个体思维过程中的三种，只有一种中的一部分即抽象（逻辑）思维中的逻辑思维研究得比较清楚，这一种的另一部分，即辩证思维还未掌握其全部规律。个体思维的其他两种，即形象（直感）思维和灵感（顿悟）思维的规律还未掌握。至于对教育工作有重要作用的人与人的思维相互作用，即"社会思维"，也没有掌握其规律。因此从目前思维科学的发展情况看，要从思维科学引出教育科学的基础理论也是不现实的。

怎么办？只有再进一步"宏观化"，从人受教育过程的本身开始，从古今中外的教育经验中总结。这里说的教育经验包括学校教育的经验、社会影响或社会教育的经验（其中有家庭影响、家庭教育），而从孩子一生下起，直到人的老年，一生的全过程都有教育经验。这里说的经验当然包括成功的经验，也包括失败的教训。古今中外，事例千千万万，记载在汗牛充栋的典籍图书之中，材料十分丰富，怎么不能总结出教育科学的基础理论来呢？

也许有同志会问：你说材料丰富，能总结出教育科学的基础理论，为什么那么多年了，却至今还没有人总结出这个理论呢？我现在回答这个问题。我们能办到，由于以下原因：

第一，我们有马克思列宁主义、毛泽东思想这个最锐利的武器，我们有马克思主义这个一切科学技术知识的最高概括和指导一切科学研究的原则。辩证唯物主义以及它的基础，自然辩证法、历史唯物主义、数学哲学、系统论、认识论、人天观、军事科学、美的哲学构筑成现代化的马克思主义哲学体系，用它就能帮助我们在材料千头万绪极端复杂的情况下，分清表象与本质，找出条理来。在以前，这是不可能的。

其次，现代科学技术毕竟有了很大的发展，即便如前面讲的，它还不能直接为教育科学的基础理论提供构筑件，它却能为我们总结经验提供许多极为有用的线索。例如人的才能是先天的还是后天的？有教育所无能为力的吗？当然有：有极少数幼儿，大脑有损伤，那就不是教育所能完全补救的了。此外也有遗传的因素，但不会有很大影响，只要是人类，各民族之间的差异是微不足道的。过去有那么一些人热衷于夸大民族之间的智力差别，把"智商"（IQ）测试结果说成是证明了民族智力的不同。现在已经越来越站不住脚了，智商已被看做是教育结果的评定，而不是什么先天的遗传因素了。既然如此，一个民族中，先天遗传因素的作用也是不大的。皮亚杰（J. Piaget）等儿童心理学家的研究更明确幼儿一生下来，大脑还远没有成长起来，是儿童在生活中接受外界刺激后才逐渐发展的。外界刺激就发生在教育过程中，所以教育不是从幼儿园开始的，教育是从婴儿开始的。这个认识对我们总结教育经验是有重要意义的。

又如，人的思维是从语言开始的吗？从前人们常说语言是思维的工具，所以语言先于思维。现在对形象思维的研究说明只是抽象思维靠语言，形象思维不靠语言，形象的感知是只可意会，不可言传的。幼儿心理学也证明形象思维先于语言，也先于抽象思维。这就说明形象思维在教育工作中的重要性。形象思维教育可以通过文学艺术的欣赏来实现，所以教育中的美育是重要的。

有了上面讲的两个理由，我认为我们现在应该有信心从古今中外的教育经验中总结出教育科学的基础理论——教育过程的客观基本规律。当然，在这个总结经验的过程中，如果脑科学、心理学，以及思维科学有什么新发现、新成果可以利用，那就更能促进这项工作。

四

前途如何？我们能总结出一套指导教育工作的基础理论，从而大大改进我们的教育工作，培养出工作能力和创造能力很强的新一代人，由他们来担当世界范围"知识战"、"智力战"的主力部队吗？我认为一定可以。理由是：如前面章节中讲的，人的才能主要靠后天培养而不是什么先天就有的天才，既然古今中外都有一批才能卓越的人才，他们也是他们所经历的学习环境所教育出来的；只要掌握了他们之所以才能出众的规律，有几个就能有一批，有一批就能有一大批，以至成千上万！这是过去历史所提供的论据。关键在于掌握教育科学的基础理论，把个别推广到一般。

从我个人的实践来说，对此我也是乐观的。因为我之所以有今天，当然是由于党和人民的培养，但这与我在旧中国二十四年所受的教育，从幼儿园、小学，到初中、高中，到大学，也有很大关系。旧中国国家多难，人民处于水深火热的灾难中，但我这一段所受的教育却是一个小小局部现象，情况比较好，特别是中学。

20 年代的北京师范大学附属中学有个特别优良的学习环境，我就是在那里度过了六年，这是我一辈子忘不了的六年。当时这个学校的教学特点是考试制度，或说学生对考试形成的风气：学生临考是不做准备的，从不因为明天要考什么而加班背诵课本。大家都重在理解不在记忆。考试结果，一般学生都是七十多分，优秀学生八十多分。就是说对这样的学生，不论什么时候考，怎么考，都能得七八十分。这个学校的教学内容也很深刻和现代化，我还记得高中一年级时几何老师是傅仲孙先生（当时他还是师大数学讲师，新中国成立初年任北京师大副校长），他说：他讲的道理是纯推理，得出的道理，不但在教室里如此，在全中国也如此，不但在全中国如此，全世界也如此，就是到了火星，也还得如此！他是把逻辑推理讲得透彻极了，而且也现代化。举例说，化学课，在 20 年代就讲化学键是由原子外壳层电子形成的，八个电子成闭壳，等等。这个学校的高中分两部：一部是文史部，二部是理工部。我在二部，正课和选修课有大代数、解析几何、微积分、非欧几里得几何、物理学（用美国当时的大学一年级课本）、无机化学、有机化学、工业化学、英语、德语、伦理学。伦理学课是由学校校长（称主任）林砺儒先生（新中国成立初期任国家教育部副部长）教，明确道德规范是因社会的发展而演变的，这不也是现代化了吗？化学试验课比较丰富，但也有当时的困难，试剂不纯，滤纸是穷办法，用北京冬天糊纸窗的"高丽纸"！此外，音乐、美术课学校也是重视的，我们的美术教师就是不久前去世的国画大师高希舜先生。

由于我有这样一个中学的基础，当我进了上海交通大学，第一年是学不到很多新鲜东西的。但这个大学与师大附中不同，考个八十多分不算好学生，得考九十五分以上才行。所以我的功用在背诵上去了，以应付考试。我是在机械工程系的，第四年是专业课，我学的是铁道机械工程。因为在旧中国，国民党政府不搞工业建设，工程教课实际不易开展，所以第四年也有点放羊，学习并不很紧张。因此，我在上海交大四年中，只有两个学习年收益比较大。

我讲了这样一大段自己在旧中国受教育的经历，是为了说明实践证明能做到的事：六年小学和六年中学可以达到现在高等院校一年到一年半的学习水平。所以如果要培养在某一专业领域内能实干的人才，大学不要四年，有两年就可以了。这就是两年制大学专科。四年制大学可以是培养有开发科学技术的能力的人才，达到的水平相当于现在我国硕士。这不是一个很大的进步吗？而这还没有用将来会总结出来的教育科学基础理论，没有用更高明的教育方案。所以我是乐观的。

五

在这一节里，我想绘制一幅本世纪末我国教育事业的草图。到 20 世纪末，我国大概有十二亿人口。根据我国第三次人口普查百分之十抽样结果，四十岁以下的人口流，即每年进入一个岁数的人数（也大致等于长了一岁而走出这个岁数的人口数）大约是两千万。到 20 世纪末，我国如果普及小学教育，这就是每年入学和毕业的小学生，在校小学生一共一点二亿。

只有小学教育工作还不行，这每年毕业的两千万小学生有一半要进职业学校，三年毕业。每年一千万，在校学生三千万。其他一半进初级中学，每年也是一千万，在校初中生三千万。

初中毕业的学生，每年有一千万，其中多一半，可能是六百万进中等专科学校，三年毕业，在中专学习的学生是一千八百万。还有四百万进高中，三年学习，在高中的学生是一千三百万。

每年有四百万高中毕业生，其中多数约三百万进大专，两年毕业，在校学生为六百万。

另有一百万高中毕业生进高等院校，四年制，在校学生四百万。

以上只是大致情况，不算细节，如择优录取和类别之间的调整等。这样在校学生一共有两点二亿。即便因采用现代化电化教学，大大节省教师力量，教这两点二亿学生也要有大专或大学（硕士）毕业水平的教师大约两千两百万人。由于技术进步而需要对在职工作人员进行再教育，这还没有计算在内。所以大学（硕士）毕业水平的教师总得在一千万以上。

我以前曾建议：到2000年，我国干部的文化水平都要是大学毕业的，而现在我国已有约两千万干部，将来还要增加。所以加上大大扩充了的教师队伍，全部大学毕业水平的工作人员将近四千万。以每人平均在位工作四十年计，每年需要补充新大学毕业生一百万。这个数字和上面方案的数字相符。

这样一个教育体系估计每年经费将近一千亿元，比目前增长十倍左右。但这是21世纪所必需的。当然，可以多方集资办学，这一千亿不必都由国家财政支出。

在以上各节里，我试图陈述我对改革我国教育事业的意见。我认为我们应该从根本问题，即教育科学的基础理论做起，不要简单地引用别国的现成经验，这才是马克思列宁主义、毛泽东思想的做法。从古今中外千百年来的经验总结出基础理论很不容易，但想到这是21世纪的大事，再费气力也是应该的。这需要大力协同，不只是教育工作者的事，社会科学家要参加，自然科学家也要参加。请国家有关部门来领导这一攻关吧！

攻关的结果将导致一场我国教育事业的大改革。

我的大学

　　我是北京师范大学附属中学高中二部（理工科）毕业后，于 1929 年夏考入上海交大机械工程系的。记得当录取名单在上海《申报》公布时，我在机械工程系的名次是第三。第一名是钱钟韩，现在的南京理工大学名誉校长；第二名是俞调梅，现在的上海同济大学教授。不过他们二位后来都转入他系，只有我留在机械工程系，于 1934 年毕业于机械工程系铁道机械工程门。记得四年级大半年的专业设计课是在图板上画蒸汽机车。专业基础课中给我教育最深的是陈石英先生，他讲工程热力学严肃认真而又结合实际，对我们这些未来工程师是一堂深刻的课。我对陈先生是尊敬的，有幸于 1955 年 10 月归国后到母校参观，又是陈先生作为上海交大的领导接见了我。我 1980 年春在上海还去拜访了陈石英先生。还有许多老师如电机工程的钟兆琳先生对我的教育，我也是十分感谢的，师恩永志于心！只是毕业后未有机会再见到他们。

　　我在上海交大读了五年，因为在一年级与二年级之间的暑假快终了的时候我害了伤寒，康复时间长，只得休学一年。但休学一年对我也有好处，乘机看了些科学社会主义的书，对当时政府的所作所为知道了点底细，人生观上升了。于是再回到学校读二年级时，对每星期一上午的"纪念周"就想逃，不愿恭听黎照寰校长的讲话。正好这时同级的林津（也是北师大附中的）来动员加入学校的铜管乐队，说在"纪念周"开始时乐队伴奏后就可以退席。我欣然从命，学吹中音喇叭。

　　1934 年夏我报考清华公费留美，改行了，要学航空工程。录取后，在国内杭州笕桥及南昌的飞机工厂见习了几个月，算是入门。

　　1935 年秋就到美国麻省理工学院航空工程系学习，这才发现，原来不知，上海交大的课程安排全部是抄此校的，连实验课的实验内容都是一样的。上海交大是把此校搬到中国来了！因此也可以说，上海交大当时的大学本科教学是世界先进水平的。

　　近来我们国内对教育事业议论颇为热烈，都说问题不少，大家有危机感。

所以不能不令人提出这样一个问题：我们 1934 级校友毕业已五十五年了，中国的工科教育在这期间是不是退步了？这可是个重大的问题，是国家大事！科学技术是第一生产力嘛。

其实一切事物都在不断发展前进的，我们不进则退。30 年代麻省理工学院的工科教育安排是本世纪初的模式，对培养一种成型的工程技术的工程师是有效的，但对迅速发展进步的工程技术，如航空工程就显得不适应。当时美国加州理工学院就带头改革，大大加重基础课和专业基础课的分量，使学生毕业后能应付技术的新发展。这一措施和改革，到 50 年代已是美国工科院校所普遍采用的了。这是工科教育在半个世纪中的大变革。

但我想今天已是 20 世纪后期，我们正面临世纪之交，所以要考虑 21 世纪会需要什么样的工科教育；保持 50 年代的模式不行，保持 80 年代的模式也不行。我想现在已经可以看到电子计算机对工程技术工作的影响：今后对一个问题求解可以全部让电子计算机去干，不需要人去一点点算。而直到今天，工科理科大学一二年级的数学课是构筑在人自己去算这一要求上的。从解析几何、微积分、微分方程、复变函数论、偏微分方程等，无不如此。将来全部可以用电子计算机了，这套课就失去目的。所以理工科的数学课必须改革，数学课不是为了学生学会自己去求解，而是为了学生学会让电子计算机去求解，学会理解电子计算机给出的答案，知其所以然，这就是工科教学改革的一部分。

我们这些上海交通大学 1934 级级友，一方面对我们在 30 年代受到的优良教育感到欣慰，另一方面又对 21 世纪的挑战感到兴奋！我们还要尽力做出贡献！让我们共勉。

"有见解"才有前途

我 1934 年毕业于交大,四十五年了。1947 年来过一次,至今也三十二年了。从国外回到新中国后,1955 年又来过一次,也二十四年了。前一时期,即林彪、"四人帮"时代,我不敢来上海。交大虽是我的母校,但情况不甚了解,总的对高等院校接触不多。今天的座谈,应该是同志们对我有更多的启发和教育。

长沙工学院提出要尽最大努力培养高质量、高水平的人才。要达到这个目的,教师队伍要大大加强,提高教学质量,现在还差得很远。科学发展的速度很快,要求教师适应时代的要求。长沙工学院提出:学校还是围绕教育,以教学为主,为了能教出符合要求的学生,要求教师同时做一些研究工作,否则不知道科学最新发展情况。他们的提法是:以教学为中心,积极开展科学研究。

报上曾发表文章,说科研工作分四大类:①基础理论研究;②应用基础研究;③应用研究;④推广、技术设计、型号研究。方针明确了,长沙工学院属前两类,正在调整,但调整涉及人和设备。要求每个系统要制定长远计划,有自己的研究方向,不是做具体产品,而是解决下一代产品的关键问题。

长沙工学院培养的这种类型的学生,这种培养的方法,全国不能都用,美国的学校也是各种各样的。全国形成全面的教学体系,这不是一个学校能形成的,我们培养的理想的大学生,不应是埋头数学,不联系实际的人,这是没有用的。我们要赶上世界先进水平,需要有一批对于工程技术问题有真正深刻理解能力的专家。现在不大重视这方面的人才,而是讲拼命干,加班熬夜。当然,好人好事有干劲要宣传,但光靠干劲不能解决科学的问题,还要靠知识和见解,仅有干劲没有知识,这种干劲是没有用的。人们往往一听说理论就认为是数学公式,我看,也许最高深的理论连一个数学公式也没有。理论,就是人们的实践经验的概括,最概括的理论也许不是用数学表达,而是对现象的理解能力。

国内同志对麻省理工学院比较熟悉,我在加州理工学院读书,知道它的重点是培养有见解的人，培养在科学技术前沿打头阵、冲锋陷阵的人。该院仅有一千六百人，学生不多。在加州理工学院没有超过一般见解是站不住脚的，当然不能都像加州理工那样的学校，要有各种类型的学校，要配套。要有自己的见解，应比较深刻，不管遇到什么情况不能动摇。要开拓一个领域，总会出现这样那样的困难，甚至失败。你若放弃，就失去了前途，就不会有将来的事情，领导也不要因为暂时困难而丧失信心。

"创新精神"最宝贵 *

今天找你们来，想和你们说说我近来思考的一个问题，即人才培养问题。我想说的不是一般人才的培养问题，而是科技创新人才的培养问题。我认为这是我们国家长远发展的一个大问题。

今天党和国家都很重视科技创新问题，投了不少钱搞什么"创新工程"、"创新计划"等等，这是必要的。但我觉得更重要的是要有具有创新思想的人才。问题在于中国还没有一所大学能够按照培养科学技术发明创造人才的模式去办学，都是些人云亦云，一般化的，没有自己独特的创新东西，受封建思想的影响，一直是这个样子。我看这是中国当前的一个很大的问题。

最近我读《参考消息》，看到上面讲美国加州理工学院的情况。这使我想起我在美国加州理工学院所受的教育。

我是在上个世纪 30 年代去美国的，开始在麻省理工学院学习。麻省理工学院在当时也算是鼎鼎大名了，但我觉得没什么，一年就把硕士学位拿下了，成绩还拔尖。其实这一年并没学到什么创新的东西，很一般化。后来我转到加州理工学院，一下子就感觉到它和麻省理工学院很不一样，创新的学风弥漫在整个校园，可以说整个学校的一个精神就是创新。在这里，你必须想别人没有想到的东西，说别人没有说过的话。拔尖的人才很多，我得和他们竞赛，才能跑在前沿。这里的创新还不能是一般的，迈小步，那不行，你很快就会被别人超过。你所想的、做的要比别人高出一大截才行。那里的学术气氛非常浓厚，学术讨论会十分活跃，互相启发，互相促进。我们现在倒好，一些讨论会还互相保密，互相封锁，这不是发展科学的学风。你真的有本事，就不怕别人赶上来。我记得在一次学术讨论会上，我的老师冯·卡门讲了一个非常好的学术思想，美国人叫"good idea"。这在科学工作中是很重要的。有没有创新，首先就取决于你有没有一个"good idea"。所以马上就有人说："卡门教授，你把这

---

* 这是 2005 年 3 月 29 日钱学森同志与他的秘书的说话。

么好的思想都讲出来了，就不怕别人超过你？"卡门说："我不怕，等他赶上我这个想法，我又跑到前面老远去了。"所以我到加州理工学院一下子脑子就开了窍，以前从来没想到的事这里全讲到了，讲的内容都是科学发展最前沿的东西，让我大开眼界。

我本来是航空系的研究生，我的老师鼓励我学习各种有用的知识。我到物理系去听课，讲的是物理学的前沿，原子、原子核理论、核技术，连原子弹都提到了。生物系有摩根这个大权威，讲遗传学，我们中国的遗传学家谈家桢就是摩根的学生。化学系的课我也去听，化学系主任 L. 鲍林讲结构化学，也是化学的前沿。他在结构化学上的工作还获得诺贝尔化学奖。以前我们科学院的院长卢嘉锡就在加州理工学院化学系进修过。L. 鲍林对于我这个航空系的研究生去听他的课，参加化学系的学术讨论会一点也不排斥。他比我大十几岁，我们后来成为好朋友。他这个人很有意思，思想"左"倾，却又瞧不起美国共产党，人家动员他入党，他说我不入你们这个党，我看你们干不了什么大事。这在当时是很奇特的看法，但后来证明他是对的。他甚至瞧不起苏联，在世界和平运动中跟苏联人也闹矛盾。但他活动能力很强，影响很大。由于他搞和平运动有功，还得过诺贝尔和平奖。他晚年主张服用大剂量维生素的思想遭到生物医学界的普遍反对，但他仍坚持自己的观点，甚至和整个医学界辩论不止。他自己就每天服用大剂量维生素，活到九十三岁。加州理工学院就有许多这样的大师，这样的怪人，决不随大流，敢于想别人不敢想的，做别人不敢做的。大家都说好的东西，在他看来很一般，没什么。没有这种精神，怎么会有创新！

加州理工学院给这些学者、教授们，也给年轻的学生、研究生们提供了充分的学术权力和民主氛围。不同的学派，不同的学术观点都可以充分发表。学生们也可以充分发表自己的不同学术见解，可以向权威们挑战。过去我曾讲过我在加州理工学院当研究生时和一些权威辩论的情况，其实这在加州理工学院是很平常的事。那时，我们这些搞应用力学的，就是用数学计算来解决工程上的复杂问题。所以人家又管我们叫应用数学家。可是数学系的那些搞纯粹数学的人偏偏瞧不起我们这些搞工程数学的。两个学派常常在一起辩论。有一次，数学系的权威在学校布告栏里贴出了一个海报，说他在什么时间什么地点讲理论数学，欢迎大家去听讲。我的老师冯·卡门一看，他也马上贴出一个海报，说在同一时间他在什么地方讲应用数学，也欢迎大家去听。结果两个讲座都大受欢迎。这就是加州理工学院的学术风气，民主而又活跃。我们这些年轻人在这里学习真是大受教益，大开眼界。今天我们有哪一所大学能做到这样？大家见面都是客客气气，学术讨论活跃不起来。这怎么能够培养创新人才？更不用说大师级人才了。

像加州理工学院这样的学校，光是为中国就培养出许多著名科学家。钱伟长、谈家桢、郭永怀等等，都是加州理工学院出来的。郭永怀是很了不起的，但他去世得早，很多人不了解他。在加州理工学院，他也是冯·卡门的学生，很优秀。我们在一个办公室工作，常常在一起讨论问题。我发现他聪明极了。你若跟他谈些一般性的问题，他不满意，总要追问一些深刻的概念。他毕业以后到康奈尔大学当教授。因为卡门的另一位高才生西尔斯在康奈尔大学组建航空研究院，他了解郭永怀，邀请他去那里工作。郭回国后开始在力学所担任副所长，我们一起开创中国的力学事业。后来搞核武器的钱三强找我，说搞原子弹、氢弹需要一位搞力学的人参加，解决复杂的力学计算问题，开始他想请我去。我说现在中央已委托我搞导弹，事情很多，我没精力参加核武器的事了。但我可以推荐一个人，郭永怀。郭后来担任九院副院长，专门负责爆炸力学等等方面的计算问题。在我国原子弹、氢弹问题上他是立了大功的。可惜在一次出差中因飞机失事牺牲了。那个时候就是这样一批有创新精神的人把中国的原子弹、氢弹、导弹、卫星搞起来的。

今天我们办学，一定要有加州理工学院的那种科技创新精神，培养会动脑筋，具有非凡创造能力的人才。我回国这么多年，感到中国还没有一所这样的学校。都是些一般的，别人说过的才说，没说过的就不敢说，这样是培养不出顶尖帅才的。我们国家应该解决这个问题。你是不是真正的创新，就看是不是敢于研究别人没有研究过的科学前沿问题。而不是别人已经说过的东西我们知道，没有说过的东西我们就不知道。所谓优秀学生就是要有创新，没有创新，死记硬背，考试成绩再好也不是优秀学生。

我在加州理工学院接受的就是这样的教育，这是我感受最深的。回国以后，我觉得国家对我很重视，但是社会主义建设需要更多的钱学森，国家才会有大的发展。

我说了这么多，就是想告诉大家，我们要向加州理工学院学习，学习它的科学创新精神。我们中国学生到加州理工学院学习的，回国以后都发挥了很好的作用。所有在那学习过的人都受它创新精神的熏陶，知道不创新不行。我们不能人云亦云，这不是科学精神，科学精神最重要的就是创新。

　　我今年已九十多岁了，想到中国长远发展的事情，忧虑的就是这一点。

怎样培养科技帅才 [*]

中央领导同志曾多次讲到学习的重要性。江泽民总书记在建党七十周年的讲话和中央工作会议上的讲话都强调了提高干部水平的重要性。对此，我完全拥护。关于科技人才的培养问题，据我所知，西方发达国家是到上个世纪的下半叶才开始有培训工程技术人才的学校。美国有名的麻省理工学院是上个世纪70 年代建立的。它实行四年制，培养工程师。前两年学习基础理论，包括物理、化学等；后两年学专业技术，毕业时作毕业设计。经过这四年的学习，培养出一个能到工厂去负责技术工作的工程师。这样的工程师与瓦特那样的工匠不同，他具有基础理论知识，能适应新的发展并能创造性工作。这套教育体制后来流行于全世界。我过去上的大学——上海交通大学就是实行了麻省理工学院这套教育制度。后来我到麻省理工学院留学，使我大吃一惊的是，在交大做的实验都与麻省理工学院一样。

到 20 世纪 30 年代，这套教育体制的缺陷就逐渐显示出来。当时科学技术发展迅速，用麻省理工学院方式培养出来的人，很难适应这种新的形势。而从20 世纪初，德国的哥廷根大学开创了所谓应用力学专业，将基础理论与工程应用联系起来，加强基础理论的学习。后来美国的加州理工学院发展完善了这套教育体制。具体做法是适当减少了一点工程课程，加强基础理论的教育，而且将学制延长到七年。这样培养出来的学生，科学知识的基础要坚实得多，各种新的发展都能跟上。第二次世界大战以后，这一教育思想已被普遍接受。

经过五六十年的发展，到今天，世界形势又发生了很大变化，而且我们要面向 21 世纪，加州理工学院这一套教育制度还能适应今天的形势吗？我曾经向中央领导建议要培养科技帅才，那套老的教育体制能培养出帅才吗？我认为是不行的。所谓科技帅才，就不只是一个方面的专家，他要全面指挥，就必须有广博的知识，而且要能敏锐地看到未来的发展。怎样培养帅才？我提出五点

---

* 选自《集大成　得智慧——钱学森谈教育》一书。

建议：

（1）要学习马克思列宁主义、毛泽东思想。因为马克思主义哲学是人类智慧的结晶，所以，帅才要在学习马克思列宁主义、毛泽东思想上真正下点工夫。

（2）要了解整个科学技术，即我前面所讲的十个部门组成的科学技术体系的发展情况，即要掌握世界科学技术发展的新动态。杨振宁教授最近提出到图书馆去翻翻，我看这很重要。多到图书馆去看看，从中发现新动向，然后组织人去研究，帅才必须具备这样的素质。怎样才能做到这一点？那就是要了解科学技术整体发展情况。

（3）要学习世界的知识，如海湾战争、南斯拉夫内战等，要了解它的起因、历史，等等，这样才能迎接世界的挑战。

（4）当今是一个激烈竞争的时代，竞争实际上就是打仗，所以要学习军事科学知识，也包括组织管理方面的知识和才能。

（5）学点文学艺术，它可以培养一个人从另一角度看问题，避免"死心眼"和机械唯物论。老一代革命家文艺修养都比较高，是我们的榜样。

当然，帅才还要身体健康。

以上五点，或者说六点，我在中央党校讲过多次，因为中央党校就是培养领导干部，培养帅才的。今天我再次提出来，请中央考虑。

最后我要说的是，建设有中国特色的社会主义是史无先例的艰巨事业。但我们有中国共产党的领导，只要我们用马克思列宁主义、毛泽东思想来总结自己的经验，总结世界的经验教训，我们一定能找到一种科学的方法，用现代科学技术来建设有中国特色的社会主义。这一切应当在 90 年代有个良好的开端。

搞好我国的学位制 *

　　我国是社会主义国家，我们的学位与资本主义国家的学位不同，应该有自己的特点。第一，申请授予学位者必须有一定的马克思主义哲学的素养，能用马克思主义哲学来指导研究工作。这一条应该在我国学位制中体现得很突出。例如学自然科学、工程技术的，首先要好好学习自然辩证法、认识论、科学史。研究生写的论文前面，要讲清楚你的论文在本门学科发展中占什么地位，怎样辩证发展的，以考察作者对马克思主义哲学掌握的程度。这样，不只是对研究生，就是对导师的要求也提高了。第二，申请授予学位者一定要树立为人民服务的观念。作为一个科学工作者，应该有这样的本事，能用普通的语言向人民（包括领导）讲解你的专业知识。研究生在撰写论文的同时，最好再写一篇同样内容的科普论文，这应作为考核的一项重要内容。这有利于打破死啃书本、只会讲"行话"的弊病。第三，各专业学位要有计划按比例地发展。现在是哪个专业有培养条件，就培养哪个专业的人才，开始可以这样做，但科学技术是在发展的，学科专业之间的相互比重不断变化，新学科、新专业不断出现，今后应逐步根据社会主义建设的需要，安排培养计划。要积极扶持新兴学科、急需的和薄弱的专业，动员一部分科研人员转到这些学科和专业上来，有计划地培养这些方面的人才。第四，要全国一盘棋。资本主义国家学位是自由市场，名牌大学的学位才值钱。我们则不同，我们国家统一规定了学位标准。学位论文不能发表的也要印出来，分送有关学科评议组成员和同行，让他们评议。只要真正做到学术民主，就可以把好质量关。授予学位单位通过了论文后，应有一段时间允许同行提出不同意见，个别不行的，可以取消学位资格。

　　我们培养的专业人才要为四化建设服务。学位研究生的研究课题，要紧密结合国家的需要。一个临床的医学博士，不会治病怎么行呢？在研究方法上要防止钻牛角尖，搞烦琐哲学。目前在社会科学中，有的人就古人的一句话大做

---

* 选自《集大成　得智慧——钱学森谈教育》一书，原书中题为《关于搞好我国学位制的建议》，现标题为编者所加。

文章，反复考证，写了一大篇论文，我看没什么意思。

提高师资队伍的水平，是保证学位质量的基础。现在我国老一代的科学家为数不多，而且年岁也大了，战斗在第一线的是中年副教授、讲师。他们毕业于"文化大革命"前，学习的知识比较系统，已工作二三十年，做常规性的研究工作是胜任的，是有潜力的。他们中有许多人已做了很多科研工作，也取得了一定的成绩，可以说像登泰山，过了"中天门"，正在爬"十八盘"，上"南天门"，尚未登上"玉皇顶"，不能"一览众山小"。这是因为他们知识面比较窄，缺乏创造性，就只能跟在别人后边走。把他们抓上去，就是"突破"，这是当务之急。我看这首先要解决他们的志气问题，没有振兴中华的志气是上不去的。其次要有科学的思想方法，教育界、科学界都要认真组织马克思主义认识论和方法论的学习，学习有关科研的方针、政策。再是要确实发扬学术民主。例如，每个教研室每周可组织一次学术讨论，不同专业可以"串门"，自由参加，专家可以讲看法，学生也可以发表意见，经过反复讨论，最后归纳起来，就会出成果。这种百家争鸣，去粗取精，去伪存真的做法，对每个参加者来说，都是很好的学习。我们在国外当研究生时，就靠这个办法来提高，世界各国的学术中心都是采用这种办法的。

解决了以上的问题，就有了实现科学技术现代化最重要的基础。

如何做好大学生的毕业论文 *

今天我想讲下面几个问题：第一，我们国家科学技术现代化的总要求和我的体会；第二，同学们现在正从事的毕业论文问题。

一、我国科学技术现代化的总要求和个人的体会

今年初，刘少奇主席在接见科学技术工作者时指出，要把我国建设成为具有现代工业、现代农业、现代科学文化和现代国防的社会主义强国，首先要求科学技术的现代化。每个人都必须认清这是党和国家对我们科学工作者的期待，是我们所面临的艰巨、光荣而迫切的任务。

怎样迅速实现我国科学技术现代化这一宏伟的目标呢？周恩来总理在上海科学技术会议上提出具体的做法是："实事求是，循序渐进，齐头并进，迎头赶上。"我体会，这是科学技术现代化的总目标总方向，这是战略问题。我们要有迎头赶上的劲头，决不能用 30 年代的标准来衡量 60 年代今天的科学技术水平。时代在前进，时代在发展，科学技术也在飞跃前进。我们去迎头赶上，努力掌握那些最新东西，用这些最新知识来建设我们的国家。"实事求是，循序渐进。"这是战术问题。我们既要有"迎头赶上"的宏伟气魄，要有踏踏实实，稳扎稳打，苦钻苦干的精神，实事求是，锲而不舍，顽强奋进。只有这样奋斗下去，才有可能实现"迎头赶上"这一远大的目标。

迎头赶上，迅速实现我国科学技术的现代化，也是一场紧张的战斗任务。鉴于形势的发展，取得这场战斗的胜利不仅会促进我国迅速实现四化，而且还具有重大的国际意义。同学们应该有远大的志向，不怕苦，不怕累，党要我们做什么就做什么，发愤图强地干下去，雄心勃勃地去攀登科学高峰，我们的前途是极其光明的。

二、关于毕业论文的问题

我们有远大的目标，从今天科学技术的落后状态走到 60 年代世界先进水

---

* 选自《集大成　得智慧——钱学森谈教育》一书。

平，道路是不平坦的，攀登高峰也不是容易的，同学们即将毕业，走出校门，踏上新的征途。那么毕业论文在这条路上占有怎样的地位呢？目的是什么？

在学校里主要是学习，学习前人的东西。毕业后到了工作岗位，仍然是学习，俗语说："活到老，学到老。"但这里的"学"和在学校里的"学"很不相同。因为不能天天学习，要进行工作，要有新贡献，边干边学。毕业论文就是给大家一个过渡，作一次攀登高峰工作进行前的练兵。这就是毕业论文的目的，练习一下怎样把所学过的东西应用到具体工作上。

做毕业论文是练兵，但要求严格，要真刀真枪地练，要像是真实工作一样认真对待。论文的科学内容要求不能太高。同学们刚毕业，既不是专家，也不是经验丰富的科学家，所以论文的科学内容太高是不切实际的。有同学认为："不干则已，要干就要达到世界水平。"干出来当然很好，但这不太实事求是。内容要定得恰如其分。通过做论文，达到练兵的目的。

应该以严肃、严密、严格的三严作风来对待论文。论文要写得像个样子。论文必须按照一般世界科学论文的总格式来写。这一套格式就是：第一部分，首先写明论文题目，指明写论文的目的；指出前人在这些方面已做了些什么工作，引出不同于前人的观点，用什么方法解决问题。这一段是自我介绍（引言）。第二部分，如属理论性分析论文，要介绍本题；若属实验性论文就介绍具体实验。第三部分，具体结果。理论分析论文，清楚地写出具体计算结果；实验性论文，写出实验结果。第四部分，由所得结果可以总结出什么规律，并进行讨论是否解决了问题，要老老实实，不能乱吹，不能含糊。如解决问题不那么彻底，要提出今后工作的建议。最后，引出文献索引（书籍、期刊名称，某某人著，卷册数，页数，出版社，出版年月）。论文就要这样写。这是世界科学论文的总格式，不标新立异。我主张字要楷书，不能潦草，文句要顺畅、达意、准确。但也不能太"浪漫主义"了，是一就是一，是二就是二，简明扼要，不能啰唆。论文里的图要上墨，画得清清楚楚，不要用铅笔，否则容易磨掉或模糊。

三严是做好工作的基础，第一次做论文，难免有错误，犯了错误也并不奇怪，但是要敢于正视错误，改正错误。在科学的道路上，决不能掩盖错误，对待错误不能姑息。在国外时，一个人（现在还是力学界有名的人）跟我做毕业论文，遇到一个线性方程解不出来。我一看问题出在方程数不等于未知数的个数。他被我指出错误后，很难过，一夜都没有睡觉，他说这样的错误是不应该犯的。这种严肃对待错误的态度是很可贵的，后来他工作得很好，在科学中就要有这种精神。科学工作要老老实实，严肃认真，任何马马虎虎是出不了科学成果的。特别强调三严并不是给同学们为难，而是使同学们养成良好的习惯。

毕业论文也是打基本功，只是比平时上课做作业要全面些。无论是计算、实验操作都要麻烦得多。我们要练的就是做麻烦的实验和繁琐的计算。没有这些大量的平凡劳动，决不会出成果。做具体工作和学习是有差异的。课堂学习，理论多，实验少，而具体工作则相反，有大量的实验和实验操作。因为实验是探索科学奥秘的手段，是科学技术的生命。现代科学技术所需要的实验设备是极其复杂的，投资很大。在进行实验工作时，要爱护仪器，节约材料。进了实验室大门，不妨打听一下仪器价值多少，这有好处，能胸中有数，不会乱来。

经以上一说，也许有人对论文产生恐惧心理。这也有好处，提高了警惕。第一次做论文是有困难，但只要我们在战略上藐视困难，战术上重视困难，实事求是，刻苦勤奋，在老师的指导下一定会干得好的。

如果论文是几个人合作，就应该有所分工，但更重要的是几个人协作，要同心协力。一个人只做某一方面的问题。为了解决这个问题，一定会牵连到别人所进行的工作、别人问题的解决。只有通过充分的讨论、密切合作才能解决问题。任何想私自搞"自留地"的人都是不可能拿出论文来的。即使拿出来了，也许会很臭。不养成和别人合作的良好作风，将来在科学工作中是要吃亏的。

根据多年来的工作，我深深体会到研究科学只能一步一步来，扎扎实实，顽强苦干。起初解决芝麻大的问题，以后慢慢变大，直到最后能建立一门科学。在科学道路上必须要有一股傻劲，不要怕做小的工作，需要付出大量的平凡劳动。取得一次成功，必须经过千百次的失败。跌倒了，爬起来，满怀信心，干劲充沛，任何困难也难不住，工作就一定能做好。

同学们就要毕业了，将为科学技术增添新的力量。让我们鼓起革命干劲，胸怀大志，分秒必争，为攀登科学高峰，为科学技术的现代化做出贡献。

名家讲谈录系列即出书目

方立天，1933 年生，享誉国际的佛教学家、中国哲学史家和宗教学家，中国人民大学一级教授，博士生导师，中央文史馆研究馆员，中国人民大学宗教高等研究院院长，教育部人文社会科学重点研究基地、中国人民大学佛教与宗教学理论研究所所长，是至今仍活跃在我国高等教育事业第一线的著名教育家、社会活动家。主要从事中国佛教和中国哲学的教学与研究，尤其是在中国佛教思想史研究领域卓有建树。

方立天讲谈录

本书主要收录方教授面向大众读者谈佛学与人生的演讲，内容丰富，从通俗易懂的角度解读佛教的佛理、佛法，具有可读性。全书共分为五大部分：（一）禅；（二）佛教与人生；（三）佛教与社会生活；（四）佛教与文化；（五）佛教思维方式。

陈来，1952 年生，哲学博士，清华大学国学研究院院长。师从冯友兰先生和张岱年先生，曾担任哈佛大学、东京大学、香港科技大学、台湾中央大学等校客座教授，国际中国哲学学会副执行长。现任全国中国哲学史学会会长、教育部社会科学委员会委员，中央文史研究馆馆员。主要研究领域为中国哲学与中国文化。

陈来讲谈录

本书整理收录了进入 21 世纪以来陈来教授在全国各地不同场合所作的重要演讲。全书分为儒学历史与基本知识、儒家文化在当代中国、儒家思想与全球化、儒学研究的重要方法等部分，提出诸多富有见地和影响的新观点。本书为读者提供了一个与重量级文化学者"面对面"交流的机会，让您感受大家风采，聆听当代儒家的脉搏与心声。

林毅夫讲谈录　林毅夫，1952 年 10 月 15 日出生于台湾宜兰县，曾任世界银行首席经济学家、副行长，北京大学中国经济研究中心主任等职，现任全国工商联专职副主席、北京大学国家发展研究院名誉院长。先后毕业于台湾政治大学、北京大学、美国芝加哥大学、耶鲁大学。著名经济学家，教授，博士生导师，主要研究领域为发展经济学、农业经济学、制度经济学。

本书收入林毅夫教授的各种讲座、访谈录，比较全面地体现了他的经济思想演进轨迹，反映了他对于全球发展问题、世界金融危机、中国经济发展过程中出现的现象及解决路径等问题的关注以及相关的重要观点。